科学度量 One

杨新洪 编著

"九⁺ⁿ"中国统计改革落地深圳（下卷）

中国社会科学出版社

下卷目录

十二　规范引领发展统计中介（民间）服务 ……………………………… （691）
　（一）制定《指引》的主要考虑与背景 ………………………………… （691）
　（二）制定《指引》的指导思想与框架 ………………………………… （693）
　（三）制定《指引》重点规制的几个问题 ……………………………… （693）
　附录12－1　深圳市统计中介机构管理指引 …………………………… （695）
　附录12－2　深圳市统计中介调查规范化指引 ………………………… （698）
　附录12－3　深圳市统计中介机构信用管理指引 ……………………… （701）
　附录12－4　深圳市政府统计购买服务规范指引 ……………………… （704）

十三　"外单内共"统计数据共享应用系统建设 ………………………… （708）
　（一）建设背景 …………………………………………………………… （708）
　（二）前期准备 …………………………………………………………… （709）
　（三）数据共享平台主体内容 …………………………………………… （711）
　（四）展望和计划 ………………………………………………………… （722）
　附录13－1　肯定评价 …………………………………………………… （724）
　附录13－2　深圳市人民政府办公厅关于印发《加强"四上"企业按季
　　　　　　 动态入库工作》的通知 …………………………………… （725）
　附录13－3　深圳市统计局规范政府涉企数据管理工作指引 ………… （727）

十四　绿色低碳经济统计创新 …………………………………………… （747）
　（一）碳交易试点统计 …………………………………………………… （747）
　（二）新能源与节能环保产业统计 ……………………………………… （749）

· 1 ·

（三）温室气体排放统计核算试点 …………………………………（752）
　　（四）循环经济统计试点 …………………………………………（754）
　　（五）展望和计划 …………………………………………………（755）
　　附录14-1　深圳市碳排放权交易管理暂行办法（节选）…………（756）
　　附录14-2　新能源企业统计报表制度 ……………………………（759）
　　附录14-3　深圳市温室气体排放统计核算体系研究报告（节选）………（768）
　　附录14-4　肯定评价 ………………………………………………（812）

十五　深圳市GDP"统一核算，下算一级"情况报告 ………………（814）
　　（一）率先开展GDP"统一核算，下算一级"主要考虑 ……………（814）
　　（二）深圳市GDP"统一核算，下算一级"运行情况 ………………（815）
　　（三）GDP"统一核算，下算一级"发现的相关问题 …………………（819）
　　（四）几点启示与借鉴 ……………………………………………（821）
　　附录15-1　深圳市GDP下算一级实施方案 ………………………（823）
　　附录15-2　2005—2016年深圳各区GDP统一核算结果 …………（827）

十六　深圳市统计事业发展"十三五"规划纲要 ……………………（830）
　　（一）问题与形势 …………………………………………………（831）
　　（二）工作思路和原则 ……………………………………………（833）
　　（三）建立完善"一个"高效运转的统计数据采集生成系统 ………（835）
　　（四）适时创新"一套"反映深圳发展特点的地方科学统计
　　　　　指标体系 ……………………………………………………（839）
　　（五）创新驱动布局"六个"方面突破 ……………………………（853）
　　（六）建立"九项"保障机制 ………………………………………（863）
　　（七）营造实施目标与重点突破布局的环境 ……………………（874）

十七　"求人先求己、求上先求下"的深圳统计增能力强基础
　　　创新机制与做法 …………………………………………………（876）
　　（一）西点军校22条军规与五性极简 ……………………………（876）
　　（二）专业委员会等创新管理体制 ………………………………（878）
　　（三）基层基础建设 ………………………………………………（879）

(四)部门信息资源共享机制 …………………………………………… (881)

十八 防治假数,构筑以"三个没有纯粹"为主题主线的数据质量生命安全底线 ………………………………………… (883)
(一)没有纯粹的统计工作,特区统计在党的领导下打造创新 ………… (883)
(二)没有纯粹的自由市场,特区统计在国家制度下依法统计 ………… (884)
(三)没有纯粹的开放空间,特区统计在求真务实中追求磊落 ………… (885)
附录18-1 深圳市统计局办公室关于印发"深圳市统计系统干预与违法提供统计数据台账记录表格"的通知 …………………… (887)

十九 深圳市规模以下企业研发统计抽样调查试点情况报告 ……………… (890)
(一)国家统计局宁吉喆局长会见深圳市委王伟中书记时座谈统计创新 ……………………………………………………… (890)
(二)国家统计局《要情专报》:深圳市探索并开展规模以下企业研发统计调查 ……………………………………………… (890)
(三)深圳市规模以下企业研发统计抽样调查报告 …………………… (894)
(四)深圳市规模以下企业研发统计抽样调查方案 …………………… (909)
附录19-1 深圳市探索并开展规模以下企业研发统计调查情况汇报 …… (934)
附录19-2 肯定评价和相关材料 ……………………………………… (978)

二十 2017年深圳"三新"统计数据与相关情况 ………………………… (988)
(一)形成较完善的以新产业为主的"三新"统计制度 ………………… (988)
(二)新兴产业成为新旧动能转换推进器 ……………………………… (989)
(三)新业态新商业模式持续发展 ……………………………………… (993)
(四)新增"四上"企业增势良好 ……………………………………… (994)
(五)"三新"统计创新得益于"专业机制创新" ……………………… (995)

附录一 国家统计局关于同意深圳开展统计改革创新试点的批复 ………… (997)

附录二 国家统计局宁吉喆局长关于深圳统计改革创新试点的批示 ……… (999)

附录三　榜样的力量 …………………………………………………………（1000）

参考文献 ………………………………………………………………………（1005）

跨入2017"金鸡报福":怎么大风越狠,你心会越静 …………………………（1011）

走近分享中国统计改革落地深圳,与有荣焉(代后记) ………………………（1015）

十二　规范引领发展统计中介（民间）服务

根据中共中央办公厅、国务院办公厅印发《关于深化统计管理体制改革提高统计数据真实性的意见》中探索推进向社会力量购买服务，研究制定相关法律法规，严惩民间统计调查中的违法行为，将其纳入社会信用体系和联合惩戒执法的文件精神，结合近几年深圳市统计中介服务市场完善发展的需要，结合政府与社会对日益增加的统计中介服务需求，制定加强规范统计中介服务市场相关指引工作具有必要性和紧迫性。

深圳市统计局局党组对此项工作高度重视，多次召开会议专题研讨规范管理统计中介机构工作，提出制定《深圳市统计中介机构管理指引》（以下简称《指引》）的创新尝试及其重大意义。2017年1月，局起草小组前后五易其稿，先后6次召开市局、区局、各大统计中介企业参与的座谈会，与市法制办多次修改并反馈意见，最终形成了规范统计中介服务市场的相关指引，并在《深圳市人民政府公报》上发布。

（一）制定《指引》的主要考虑与背景

1. 深圳经济的快速发展，催生一批统计中介机构新生力量快速发展

2000年，深圳首家统计中介机构深圳市维度市场研究咨询有限公司成立，而后深圳市万人市场调查股份有限公司、深圳市索迪统计师事务所有限公司、深圳市精邃统计师事务所有限公司、深圳市森易凯企业管理顾问有限公司、深圳市鹏润统计事务所有限公司等统计中介机构相继成立。随着市场经济的发展，这些统计中介机构借鉴国内、国外成功经验，不断引进海外先进市场研究专业技术和分析模型，参考海外抽样调查方法，结合不同的系统和推算方式，由样本推算整体，建立以政府、社会及公众三者需求为导向的统计调查内容，拓宽统计范围。承接参与了全国第三次经济普查、全国第三次农业普查、全国1%人口抽样调查、全国第一次海洋经济普查、体育产业统计等大型统计调查及研究分析。经过十几年的发展与积累，这些统计中介机构在统计技术、研究方法、调查经验等方面已较为成熟，数量增至35家。这些统计中介机构顺应了统计服务需求日益增长的大环境，保持其旺盛的生命力并在逐渐发展壮大，行业格局由单一的数据采集发展成以研究咨询为主并向大数据领域逐步延伸，调查范围涉及市场经济体系的各个方面，统计服务成效及影响尤为凸显。近几年迅速催生了一批统计中介机构新生力量的注入，截至目前，深圳市具有市场调查、统计服务功能的统计中介机构数量已达到200余家。

2. 深圳统计改革的发展，促使统计中介机构成为政府统计力量的有益补充

当前，统计部门正处于深化统计管理体制改革的大背景下，积极探索和实践统计改革创新方法是重要任务之一。随着市场主体多元化，经济现象的复杂化，宏观决策的科学化，政府统计工作在有限的统计力量下面临着不同的统计任务挑战。一是全国经济普查、农业普查、人口普查等大型普查活动，全国普查活动要求高、时间紧、内容多、任务重，与当前深圳市街道统计机构不全、统计员配备力量不足等管理模式相矛盾；二是新经济业态的产生，统计上面临着界定难、采集难、核算难"三难"问题，同时，深圳还承接了国家新赋予的五项重要统计改革创新试点任务；三是政府部门统计调查项目日益增多，2016年全年完成统计调查项目达16个，如深圳市入户意愿统计调查、深圳市电子商务统计调查、自贸区统计调查等项目。这些统计任务仅靠政府统计力量完成的难度越来越大，急需专业统计中介机构及第三方力量补充，建立"政府组织，统计中介机构参与"的合作模式。为此，完善相关制度，积极推进部分政府统计业务由统计中介机构及相关社会力量承担是客观需要。

3. 统计中介服务市场的发展，亟待出台与之相适应的管理办法加以规制

2009年，深圳在全国率先出台了《深圳市统计代理管理办法》（以下简称《办法》），实现了统计代理机构管理体制机制的一大创新。《办法》的出台为统计中介机构健康发展提供了有效的机制，使其以人力资源丰富，调查方式专业，具备在大型普查、专项调查活动中承担电子地图绘制、PDA数据采集、数据处理、资料开发等工作能力的优势，在政府购买统计服务中扮演着重要角色。随着统计服务需求日益增多，统计中介服务市场迅速发展，以及当前国家对各大型普查、统计调查的时效性、数据保密、数据质量方面都提出严格的要求，政府统计部门不仅要加强对统计调查数据质量的监管，还要对可能出现的虚假数据现象形成严肃的惩戒机制。因此，统计中介服务市场亟须从以下几方面规制，进一步保证统计中介机构具备较强的综合实力参与到其中：一是执业资格、执业行为、同业竞争需要规制；二是统计调查、资料管理需要规制；三是信用管理及信用状况认定需要规制；四是政府购买统计服务需要规制。任何一项规制的缺失，都将影响统计中介机构在统计中介服务市场的健康发展。

（二）制定《指引》的指导思想与框架

制定的指导思想是：深入贯彻落实习近平总书记等中央领导同志关于统计工作的重要讲话指示批示精神，贯彻落实中办、国办印发《关于深化统计管理体制改革提高统计数据真实性的意见》，以及《国家统计局关于深入学习贯彻执行〈中共中央办公厅国务院办公厅关于深化统计管理体制改革提高统计数据真实性的意见〉的通知》等有关文件精神，进一步促进和规范统计中介服务市场健康发展，充分发挥和利用统计中介机构在了解和促进经济社会发展中的作用，使其成为政府统计的有益补充，推进向社会力量购买服务的发展，建立健全统计信用体系，加大统计从业人员和企业统计失信成本，进一步从源头上保证统计数据真实可靠。

根据制定指导思想，深圳市统计中介服务市场管理指引由《深圳市统计中介机构管理指引》《深圳市统计中介调查规范化指引》《深圳市统计中介机构信用管理指引》《深圳市政府统计购买服务规范指引》四部分组成。

（三）制定《指引》重点规制的几个问题

1. 积极推动统计中介机构建立统计行业协会

《深圳市统计中介机构管理指引》中明确提出统计中介机构遵循民主办会、自主办会的原则，可以依法成立统计行业协会，建立行业规范。深圳市统计局借力而行，推动统计中介行业协会的建立和完善，在此利用了一只"有形的手"推动统计中介行业协会积极发挥协调作用，推进行业内的资源整合，通过整合资源提升统计中介机构的整体实力和市场竞争力，促进统计行业协会进行行业自律和行业监督，为统计中介机构、统计中介服务市场健康发展发挥了积极作用。进一步明确了统计中介机构的活动必须符合行业整体利益，以提供服务、反映诉求、规范行业为基本职能，为统计中介行业协会的建立和发展创造了条件。

2. 进一步规范统计中介调查及资料管理

《深圳市统计中介调查规范化指引》中重点调整了两个关系，一是统计中介机构在义务性调查中只能参与而不能组织实施。《指引》明确规定，统计中介调查原则上是被调查者自愿接受的调查。涉及义务性调查的由委托人组织实施，被委托人参与。由此强调政府统计部门在义务性调查中的主导地位及其主要职能是任何统计中介机构无法替代的，保证了义务性调查的强制性、合法性、科学性。二是提供、公布、使用统计中介调查资料应当符合法律法规和国家有关规定，以及合同或者协议规定，对调查中获得的商业秘密或者能够识别、推断单个调查对象身份的资料予以保密，未经调查对象书面同意，不得对外提供、泄露，对获得的调查对象原始资料，应当依法至少保存 3 年。

3. 严格规制统计中介同业竞争中的不正当竞争行为

统计中介机构是市场经济的产物，必然要遵循市场经济的规律，进行市场化操作，不能由政府统计机构主导统计中介机构的经营行为。为此，《深圳市统计中介机构管理指引》中明确不得采取借助行政机关、行业管理部门的权利或者行业组织、社会团体的特殊地位，对中介统计业务及其相关事宜进行垄断，或者限制其他统计中介机构的正当业务竞争。此外，统计中介机构作为第三方调查机构应具备公正性、权威性，不得诽谤、诋毁其他统计中介机构的专业能力、水平或者服务，不得采取任何串通抬高或者压低行业收费标准、采用财务或者其他手段进行商业贿赂等恶性竞争手段，以此维护统计调查秩序及统计中介服务市场公平。

4. 全力推进统计中介机构信用管理体系建设

《深圳市统计中介机构信用管理指引》的制定，旨在促进深圳市统计中介机构社会诚信体系建设，保护消费者和统计中介机构的合法权益。《指引》明确了政府统计部门应当依法建立统计中介机构信用信息管理系统，采集及公示统计中介机构的相关信息。按照诚信守法便利、失信违法惩戒原则，政府统计部门结合其他有关部门的信用记录，将统计中介机构信用状况科学、合理地认定为守信统计中介机构和失信统计中介机构，并对统计中介机构信用状况的认定结果实施动态调整，以此提高统计中介机构对信用的重视度，认识到诚信是企业正常经营的一大保障，是完善统计服务市场诚信体系建设的重要组成部分。

5. 进一步加强对统计中介机构购买服务的管控

《深圳市政府统计购买服务规范指引》中明确规定，政府统计购买服务项目实行"政府采购、合同管理、绩效评价、信息公开"的管理指引。政府统计部门在购买服务过程中，一是要严格审核监督统计中介机构或第三方的资质，购买服务的内容、期限、质量、价格以及双方权利义务事项和违约责任等内容；二是加强跟踪监督，要及时了解购买项目实施进度，是否严格按照有关规定和合同约定支付款项；三是要检查验收是否按照合同规定的技术、服务和安全标准等要求的履约提供服务，就公共服务项目，验收时应邀请服务对象参与并出具意见，并向社会公告验收成果。

目前，深圳是全国首个发布进一步加强规范统计中介服务市场发展相关指引的城市，这项工作也是深圳统计局在贯彻落实党中央、国家深化统计管理体制改革文件精神作出的一大创新实践和尝试，恳请国家统计局继续给予关心、支持与指导。

附录 12-1 深圳市统计中介机构管理指引

第一章 总则

第一条 为促进本市统计中介机构健康发展，规范统计中介服务市场，根据有关法律法规规定及中共中央办公厅、国务院办公厅印发《关于深化统计管理体制改革提高统计数据真实性的意见》（中办发〔2016〕76号），结合本市实际，制定本指引。

第二条 本指引适用于本市行政区域内依法注册登记的统计中介机构的管理。

本指引所称统计中介机构是指依法设立的运用专门的统计知识和技能，在登记注册或者批准的业务范围或经营范围内，为委托人提供中介服务的公司制专业组织机构。

第三条 统计中介机构遵循民主办会、自主办会的原则，可以依法成立统计行业协会，建立行业规范，加强行业自律和行业监督，指导统计中介行业的发展。

第四条 统计中介机构的活动必须遵守有关法律、法规，维护国家利益和社会公共利益，符合行业整体利益。统计中介机构以提供服务、反映诉求、规范行业为基本职能，其合法权益受法律保护。

第二章 统计中介机构与执业资格

第五条 设立统计中介机构，依法应当具备下列条件：
（一）有符合条件的名称和章程；
（二）有固定的办公场所，以及必要的数据处理设备；
（三）应当有三名以上统计从业人员，其中至少有两名具有统计师以上统计专业技术职务资格；
（四）有独立承担民事责任的能力；
（五）法律、法规规定的其他条件。

第三章 统计中介机构执业行为

第六条 统计中介机构及其执业人员在执业过程中，依法应当遵守下列规定：
（一）依法调查、收集、查阅统计调查对象的有关统计原始记录、统计台账以及其他必要的统计资料和文件；
（二）对统计调查对象提供的原始统计资料和文件的真实性、完整性、准确性进行审查；
（三）应当及时更新执业所需的专业知识，按照有关规定接受继续教育；
（四）对执业中获悉的统计调查对象的商业秘密，负有保密义务；
（五）对执业中形成的原始记录、统计台账以及其他应当归档的统计资料，应当在业务完成后整理归档，并及时向委托单位移交；
（六）如期完成委托合同及业务规范的有关规定义务。

第七条 统计中介机构提供服务，应当依法与委托人签订合同。

第八条 统计中介机构及其执业人员依法不得从事下列行为：
（一）执业人员以个人名义承接统计业务；
（二）执业人员同时在两个以上的统计中介机构执业；
（三）就同一委托调查事项，同时接受调查机构和被调查对象的委托；

（四）篡改、伪造统计调查资料；

（五）以任何方式要求调查对象提供不真实的统计调查资料；

（六）预先设定统计调查结果；

（七）以不正当手段承揽业务；

（八）索取、收受合同约定报酬外的费用，或者利用业务便利牟取不正当利益；

（九）其他违反法律、法规的行为。

第四章 同业竞争

第九条 统计中介机构依法不得采取下列方式进行不正当竞争：

（一）诽谤、诋毁其他统计中介机构的专业能力、水平或服务；

（二）采用财物或者其他手段进行商业贿赂；

（三）无正当理由，以低于成本的价格收取服务费用；

（四）与其他统计中介机构串通抬高或者压低行业收费标准；

（五）不正当获取其他统计中介机构客户信息等商业秘密；

（六）借助行政机关、行业管理部门的权力或行业组织、社会团体的特殊地位，对中介统计业务及其相关事宜进行垄断，或者限制其他统计中介机构的正当业务竞争；

（七）其他不正当竞争行为。

第五章 政府监管

第十条 市、区政府统计部门要依法加强对统计中介机构的指导与监督，对统计中介机构日常运营情况特别是执业情况进行管理，依法对违法违规的统计中介机构及其执业人员实施行政处罚。

第十一条 加强统计中介机构信用制度建设。建立统计中介机构及其执业人员信用档案，并提供有条件的查询。

第六章 附则

第十二条 本指引由市统计局负责解释。

第十三条 本指引自公布之日起施行。

附录12-2 深圳市统计中介调查规范化指引

第一章 总则

第一条 为规范本市统计中介调查，维护国家利益和社会公共利益，保护统计中介调查当事人合法权益，促进统计中介调查行业健康有序发展，根据《中华人民共和国统计法》《深圳经济特区统计条例》等有关规定，制定本指引。

第二条 本指引适用于本市统计中介调查以及提供、公布、使用统计中介调查资料的活动。

本指引所称统计中介调查，是指除各级政府统计部门和有关部门组织实施的统计活动以外，由统计中介机构组织实施的统计调查活动。

第三条 鼓励各级政府及其有关部门依法委托统计中介机构开展统计调查活动，或者向统计中介机构购买统计调查服务。

第四条 统计中介调查应当遵循依法公正、科学客观、诚信尊重原则，遵守行业规范，运用统计调查方法制度。

第五条 统计中介调查原则上是被调查者自愿接受的调查。涉及义务性调查的由委托人组织实施，被委托人参与。

第六条 统计中介调查应当接受社会公众的监督，任何组织和个人有权检举统计中介调查中弄虚作假等违法行为。

第二章 统计中介调查实施

第七条 统计中介调查应当遵守法律法规和国家有关规定，不得具有下列情形：

（一）违背法律法规规定的；

（二）公布涉及国家重要宏观经济社会指标的统计中介调查资料，扰乱经济社会秩序的；

（三）伪造、篡改统计调查资料，或者要求调查对象提供不真实的统计调查资料，造成严重后果的；

（四）冒用政府统计调查的名义组织实施统计中介调查，误导、欺骗调查对象的；

（五）泄露统计调查中获得的商业秘密、个人信息的；

（六）未经调查对象书面同意，对外提供、泄露统计中介调查中获得的能够识别或者推断单个调查对象身份的资料的；

（七）拒绝、阻碍统计中介调查监督检查，或者在接受统计中介调查监督检查时转移、隐匿、篡改、毁弃、编造或者拒绝提供与统计中介调查有关的委托合同、调查方案、调查表、调查资料、调查报告及其他证明和资料的；

（八）超出自身业务范围或者经营范围进行统计中介调查的；

（九）未在调查表显著位置标明本指引第十一条规定的标识的；

（十）调查对象所提供的原始资料3年内毁损、灭失，造成不良后果的。

第八条 组织实施统计中介调查，应当采用国家统计标准。没有国家统计标准的，鼓励采用行业标准或者国际标准。

第九条 组织实施统计中介调查，应当采用科学的统计方法、规范的调查程序，搜集、整理统计调查资料。

第十条 统计中介调查应当在其业务范围或者经营范围内进行，并且具有与所开展统计调查相适应的能力，以及健全的资料管理制度。

第十一条 组织实施统计中介调查时，应当依法向调查对象表明身份，明确告知该统计调查属于自愿性调查或者义务性调查，并对调查目的、调查资料的使用等情况予以说明。

组织实施统计中介调查，应当依法在调查表的显著位置标明组织实施单位名称和自愿性调查、义务性调查等标识，不得冒用政府统计调查的名义，不得误导、欺骗调查对象。

第三章 统计中介调查资料管理

第十二条 提供、公布、使用统计中介调查资料，应当符合法律法规和国家有关规定，以及合同或者协议规定。

第十三条 统计中介调查应当依法对调查中获得的商业秘密或者能够识别、推断单个调查对象身份的资料予以保密，未经调查对象书面同意，不得对外提供、泄露。

第十四条 统计中介调查中获得的调查对象原始资料，应当依法至少保存3年。

第十五条 公布统计中介调查资料，应当依法同时公布该统计调查的组织实施单位和调查范围、调查方法、样本量以及所采用的指标含义、计算方法、分类目录等。

第十六条 任何单位和个人不得公布与国家重要宏观经济社会指标相重复的统计中介调查资料。

第十七条 使用统计中介调查资料的，应当依法标明组织实施单位和来源渠道。

第四章 监督检查

第十八条 市、区政府统计部门和有关部门根据法律法规规定，依照法定职责分工，对统计中介调查实施监督，依法查处统计中介调查中的违法行为。

第十九条 市、区政府统计部门依法履行监督检查职责时，依法有权采取下列措施：

（一）发出检查查询书，向检查对象查询有关事项；

（二）要求检查对象提供与统计调查有关的合同、调查方案、调查表、调查资料、调查报告及其他证明和资料；

（三）进入检查对象的业务场所和统计数据处理信息系统进行检查、核对；

（四）就与检查有关的事项询问有关人员；

（五）经本机构负责人批准，登记保存检查对象与统计调查有关的委托合同、调查方案、调查表、调查资料、调查报告及其他证明和资料；

（六）对与检查事项有关的情况和资料进行记录、录音、录像、照相和复制。

市、区政府统计部门进行监督检查时，监督检查人员不得少于2人，并应当出示执法证件；未出示的，有关单位和个人有权拒绝检查。

第二十条 市、区政府统计部门依法履行监督检查职责时，有关单位和个人应当如实反映情况，提供相关证明和资料，不得拒绝、阻碍检查，不得转移、隐匿、篡改、毁弃与统计中介调查有关的委托合同、调查方案、调查表、调查资料、调查报告及其他证明和资料。

第五章 附则

第二十一条 本指引由市统计局负责解释。

第二十二条 本指引自公布之日起施行。

附录12-3 深圳市统计中介机构信用管理指引

第一章 总则

第一条 为促进本市统计中介机构社会诚信体系建设，规范统计中介市场，保护消费者和统计中介机构的合法权益，根据《中华人民共和国统计法》及有关法律法规的规定，结合深圳市实际，制定本指引。

第二条 本市行政区域内依法注册登记的统计中介机构信用信息的采集、公示，统计中介机构信用状况的认定、管理等适用本指引。

第三条 市政府统计部门负责对本市统计中介机构信用管理工作的指导、协调和监督。

第四条 政府统计部门根据政府统计及有关部门的信用记录，将统计中介机构信用状况认定为守信统计中介机构和失信统计中介机构，按照诚信守法便利、失信违法惩戒原则，分别适用相应的管理措施。

第二章 统计中介机构信用信息采集和公示

第五条 政府统计部门应当依法建立统计中介机构信用信息管理系统，依法采集下列能够反映统计中介机构信用状况的信息：

（一）统计中介机构在政府部门注册登记信息；

（二）统计中介机构经营管理信息；

（三）对统计中介机构行政奖罚信息；

（四）统计中介机构在其他行政管理部门的信息；

（五）其他与统计中介机构相关信息。

第六条 政府统计部门应当在保护国家秘密、商业秘密和个人隐私的前提下，依法公示统计中介机构下列信用信息：

（一）统计中介机构在政府部门注册登记信息；

（二）对统计中介机构信用状况的认定结果；

（三）对统计中介机构行政奖惩信息；

（四）其他应当公示的统计中介机构信息。

政府统计部门对统计中介机构行政奖惩信息的公示期限为2年。

政府统计部门应当公布统计中介机构信用信息的查询方式。

第七条 公民、法人或者其他组织认为政府统计部门公示的统计中介机构信用信息不准确的,可以向政府统计部门提出异议,并提供相关资料或者证明材料。政府统计部门应当自收到异议申请之日起20日内复核。公民、法人或者其他组织提出异议的理由成立的,政府统计部门应当采纳。

第三章 统计中介机构信用状况的认定

第八条 统计中介机构有下列情形的,政府统计部门认定其为守信统计中介机构:

(一) 首次注册登记的统计中介机构;

(二) 未发生本指引第九条所列情形的;

(三) 适用失信统计中介机构管理满1年,且未再发生本指引第九条规定情形的。

第九条 统计中介机构有下列情形之一且情节严重的,政府统计部门参考其他行政管理部门信息认定为失信统计中介机构:

(一) 组织实施违反统计中介机构调查规定的统计中介调查;

(二) 公布涉及国家重要宏观经济社会指标的统计中介调查资料,扰乱经济社会秩序;

(三) 伪造、篡改统计调查资料,或者要求调查对象提供不真实的统计调查资料,造成严重后果;

(四) 冒用政府统计调查的名义组织实施统计中介调查,误导、欺骗调查对象;

(五) 泄露统计调查中获得的商业秘密、个人信息;

(六) 未经调查对象书面同意,对外提供、泄露统计中介调查中获得的能够识别或者推断单个调查对象身份的资料;

(七) 拒绝、阻碍对统计中介调查监督检查,或者在接受统计中介调查监督检查时转移、隐匿、篡改、毁弃、编造或者拒绝提供与统计中介调查有关的委托合同、调查方案、调查表、调查资料、调查报告及其他证明和资料;

(八) 超出自身业务范围或者经营范围进行统计中介调查;

(九) 未在调查表显著位置标明组织实施单位名称和自愿性调查等标识;

（十）调查对象所提供的原始资料3年内毁损、灭失，造成不良后果；

（十一）其他政府统计部门认定为失信统计中介机构的情形。

第十条 政府统计部门对统计中介机构信用状况的认定结果实施动态调整。

第四章　管理原则和措施

第十一条 统计中介机构名称、注册编码发生变更的，政府统计部门对统计中介机构信用状况的认定结果和管理措施继续适用。

第十二条 统计中介机构有下列情形之一的，按照以下原则作出调整：

（一）统计中介机构发生存续分立，分立后的存续统计中介机构承继分立前统计中介机构主要权利义务的，适用政府统计部门对分立前统计中介机构的信用状况认定结果和管理措施，其余的分立统计中介机构视为首次注册统计中介机构；

（二）统计中介机构发生解散分立，分立后的统计中介机构视为首次注册统计中介机构；

（三）统计中介机构发生吸收合并，合并统计中介机构适用政府统计部门对合并后存续统计中介机构的信用状况认定结果和管理措施；

（四）统计中介机构发生新设合并，合并统计中介机构视为首次注册统计中介机构。

第十三条 政府统计部门及其工作人员，有下列情形之一的，依法追究其责任；构成犯罪的，依法移交司法机关追究刑事责任：

（一）不录入、不发布或者不按规定程序和时限录入、发布应当录入、发布的信用信息；

（二）录入、发布按规定不应当录入、发布的信用信息；

（三）利用信用信息管理的便利牟取不正当利益；

（四）依法应当追究责任的其他情形。

第五章　附则

第十四条 本指引由市统计局负责解释。

第十五条 本指引自公布之日起施行。

附录 12-4　深圳市政府统计购买服务规范指引

第一章　总则

第一条　为大力推广和规范政府统计购买服务，依据《国务院办公厅关于政府向社会力量购买服务的指导意见》（国办发〔2013〕96号）、《深圳市人民政府办公厅关于印发政府统计购买服务的实施意见及两个配套文件的通知》（深府办〔2014〕15号），制定本指引。

第二条　本指引所称政府统计购买服务，是指通过发挥市场机制作用，把政府统计直接提供的一部分公共服务事项以及政府统计履职所需服务事项，按照一定的方式和程序，交由具备条件的统计中介机构或者第三方承担，并由政府统计部门根据合同约定向其支付费用。

第三条　政府统计购买服务项目实行"政府采购、合同管理、绩效评价、信息公开"的管理指引。

第二章　购买主体

第四条　购买主体是本市统计行政机关、行政类事业单位以及参照行政类管理的事业单位。

第三章　承接主体

第五条　承接主体包括在登记管理部门登记或经国务院批准免予登记的社会组织、按事业单位分类改革应划入公益二类或转为企业的事业单位，依法在市场监管部门或行业主管部门登记成立的统计中介机构或者第三方。

第六条　承接主体应依法具备以下条件：

（一）依法设立，具有独立承担民事责任的能力；

（二）治理结构健全，内部管理和监督制度完善；

（三）具有独立、健全的财务管理、会计核算和资产管理制度；

（四）具备提供服务所必需的设施、人员和专业技术能力；

（五）具有依法缴纳税收和社会保障资金的良好记录；

（六）前3年无重大违法记录，通过年检或按要求履行年度报告公示义务，信用状况良好，未被列入经营异常名录或者严重违法企业名单；

（七）符合国家有关政事分开、政社分开、政企分开的要求；

（八）法律、法规规定以及购买服务项目要求的其他条件。

第四章 购买内容

第七条 政府统计购买服务包括政府统计履职所需的专业性及辅助性服务。

第五章 预算管理

第八条 政府统计购买服务的资金，在既有财政预算中统筹考虑。参照购买服务目录，优先选择条件成熟的项目，编制年度购买服务项目预算，并严格按照市级部门预算管理要求，纳入部门预算项目库管理。

第六章 购买标准

第九条 购买主体应按照国家标准、行业标准，结合实际需要及工作目标，综合物价水平、工资水平、社会保障规定、费用成本和财政支付能力等因素，根据厉行节约的原则科学测算，提出购买服务的价格标准和数量标准，在此基础上合理申报预算需求。

对经评估确属不适合政府统计购买服务事项，应从政府统计购买服务实施目录中剔除。

第七章 合同管理

第十条 按规定程序确定承接主体后，购买主体应及时与承接主体签订购买服务合同，明确购买服务的内容、期限、数量、质量、价格等要求，以及资金结算方式、双方的权利义务事项和违约责任等内容。

第十一条 对承接主体履约时出现损害或可能损害公共利益、公共安全情形的，购买主体可按合同约定终止合同，并为保障公共服务连续性、稳定性，可以在原中标、成交候选人中按顺序确定临时承接方，如无合格候选人的，可以采取简便措施另行确定符合条件的临时承接方。

第十二条 购买主体应依法加强对承接主体提供服务的跟踪监督，及时了解掌握购买项目实施进度，严格按照国库集中支付管理有关规定和合同约定支付款项。承接主体实施完成合同约定的服务事项后，购买主体应按照合同规定的技术、服务和安全标准等组织对供应商履约情况的检查验收，对政府统计向社会公众提供的公共服务项目，验收时应邀请服务对象参与并出具意见，验收结果应向社会公告。

第十三条 承接主体应按合同履行提供服务的义务，认真组织实施服务项目，按时完成服务项目任务，保证服务数量、质量和效果，主动接受有关部门、服务对象及社会监督，严禁转包行为。

第十四条 承接主体应建立健全财务管理制度，严格遵守相关财政财务规定，对购买服务的项目资金进行规范的财务管理和会计核算，加强自身监督，确保资金规范管理和使用。

第十五条 承接主体应建立健全财务报告制度，按要求向购买主体提供资金的使用情况、项目执行情况、成果总结等材料。

第八章 绩效评价

第十六条 购买主体应依法建立健全体现政府统计购买服务项目特点和要求的绩效指标体系，编报政府统计购买服务项目绩效目标，开展对政府统计购买服务项目的绩效评价。

第九章 信息公开

第十七条 购买主体实施购买服务前，按照政府统计采购的有关要求及时向社会公告购买内容、规模、对承接主体的资质要求和应提交的相关材料等有关信息。签订购买服务合同后，应及时将购买的服务项目内容、合同金额、具体承接对象等相关信息向社会公开。完成购买服务及其绩效评价工作后，购买主体应及时将绩效评价结果信息向社会公开。

第十章 监督管理

第十八条 购买主体应依法建立健全监督检查机制。加强购买服务项目全过程监督，积极配合有关部门将承接主体的承接政府统计购买服务行为纳入年检（报）、评估、执法等监管体系，确保资金规范管理、安全使用和绩效目标如期实现。对于购买金额较大、受益面广的公共服务项目，在完成服务后，购买主体应委托第三方独立审计机构进行审计，并出具审计报告。

第十九条 对弄虚作假、冒领财政资金以及有其他违法违规行为的承接主体，列入政府统计购买服务黑名单，3年之内不得参加政府统计购买服务活动。

第二十条 对截留、挪用和滞留资金等行为，依照《中华人民共和国政府采购法》《财政违法行为处罚处分条例》等规定，依法追究法律责任。

第十一章 附则

第二十一条 本指引由市统计局负责解释。

第二十二条 本指引自公布之日起施行。

十三 "外单内共"统计数据共享应用系统建设

根据深圳市统计局"十三五"规划"1169"发展战略的要求,深圳市统计局自2016年10月开始建设深圳市"外单内共"统计数据应用系统,目前顺利完成一期建设目标并正式投入运行。

(一)建设背景

1. 经济社会背景

改革开放30多年来,随着经济结构调整、转型升级和创新驱动,深圳的"新产业、新业态、新商业模式"蓬勃发展,急速增长的经济总量和日益膨胀的创造力已把深圳推向经济总量居内地大中城市第四位的国际化大城市。目前,深圳市统计信息化工作正面临着前所未有的严峻考验和挑战。

新常态下,党政需求变化,新旧经济换挡,统计制度也在革新。在市委、市政府的领导下,深圳市统计局主动适应和引领经济发展新常态,以"问题"和"需求"为双导向,争分夺秒、以"深圳速度"求变求新,摸着石头过河、不断累积"深圳经验",努力完成国家统计局赋予深圳的"9+n"项统计创新试点上不封顶的改革任务,准确把握新时代的脉搏,全面反映深圳新经济变化前进的方向。

2. 大数据时代的要求

我国政府统计数据来源于政府统计部门和部门统计,二者共同形成统计的全部数据,并共同组成政府统计。长期以来,各职能部门和统计部门的数据共享存在两个局限:一是局限于综合汇总数据的共享,明细数据共享难。二是共享手段落后,书面传真、电子邮件方式等传统手段仍是主流。2015年8月,国务院常务会议通过的《促进大数据发展行动纲要》提出,到 2017 年年底前,跨部门数据资源共享共用格局基本形成;到 2018 年年底前,建成国家政府数据统一开放平台。国家统计局宁吉喆局长指出,数据是统计部门安身立命之本,统计工作者要以开放的姿态拥抱大数据,积极推动大数据与现代统计的深度融合,争当大数据开发利用的"排头兵"。要加快统计云建设,对数据资源进行深度整合,达到共建共享,真正打破部门间"信息孤岛",实现"数据上云"。

3. 启发背景

2016 年 2、3 月间,为学习和借鉴先进城市统计工作的经验和做法,深圳市统计局党组书记、局长杨新洪同志率领各处室、中心、办主要负责人先后奔赴广州、北京、天津市统计局学习交流。其中北京和天津的新型统计体系建设经验更是给深圳统计一行留下深刻的印象。

彼时,深圳统计系统全体同人正在极力打破旧有统计方法和制度的堡垒,在"三新·两试"统计改革创新工作的道路上披荆斩棘、探索前行。这一系列的交流活动就像思想碰撞的火花,不仅开阔了视野、启发了思维,更引导我们知行合一、脚踏实地、创新并联,更深入地去思考统计改革创新的抓手和着力点。

针对形势要求和大数据发展需求所迫,杨新洪同志提出要加快推进"准四上"企业的入库工作,改变深圳市统计数据生产方式和流程,集中整合新常态下各部门的数据资源,必须要构建一个完整全面的、便于发现和比对的新型统计数据应用系统共享平台,使部门数据与统计数据的衔接共享切实做到实用、可靠、安全、有效。并将之命名为"新纬度统计数据采集与生成系统共享平台"。

这是深圳市"外单内共"统计数据共享应用系统构建的雏形。

(二) 前期准备

1. 召开平台演示会议

2016 年 3 月 29 日,深圳市统计数据管理中心主持召开观看构建新纬度统计数据采集与生成系统共享平台演示会议。会议邀请相关软件公司的代表进行系统演示。杨新洪同志在会上对新纬度统计数据采集与生成系统共享平台提出进一步的新想法和设计目标要求。

2. 平台建设的设计构思

2016年3月底,深圳市统计局正式将新纬度统计数据采集与生成系统建设列入年度工作重点。深圳市统计数据管理中心作为牵头部门,承担系统开发建设的任务,在研究借鉴北京、天津等市的成功经验的基础上,以"覆盖全面、调查准确、核算科学、运作高效"为建设要求,深入细化系统架构及功能设计,制定完善相关工作制度,全力推动新系统平台建设。

2016年5月,设计构思中的"新纬度统计基础数据采集与生成应用系统"作为中共深圳市统计局机关委员会推送的项目,荣获"党建杯"深圳市直机关工委系统创新大赛点子创意组三等奖。

3. 系统的正式命名

2016年7月7日,数管中心动议发起召开第一次"外单内共"统计专业委员会会议,专门研究新纬度统计基础数据采集与生成应用系统的需求调研情况、相关软件公司制定的方案。会上,杨新洪同志对系统建设提出实现信息资源"外单内共"的要求,即深圳市统计局对外单向共享其他相关部门的数据资源,对内各专业实现数据共享。

至此,深圳市"外单内共"统计数据共享应用系统正式命名。

4. 调研及方案设计

2016年8月29日至9月14日,数管中心以"问题"和"需求"为双导向,一共发起召开了8次统计专业委员会会议,征集"外单内共"统计数据共享应用系统的需求和建议。数管中心先后与普查中心、人口办、低碳能源办、新兴产业办、核算处、贸易外经处、投资处、社科处、综合处、工业处、现代服务业处等11个专业处(办)、中心就系统的设计思路、管理模式、操作功能以及系统建设的重点和难点等问题展开了深入的讨论。

各处(办)、中心的专业人员提出各自相关业务的需求,并结合自身统计工作经验给系统提出许多宝贵的意见和建议。经过多方充分的调研和反复的论证,系统建设目标逐渐明晰,系统架构逐步丰富,"数据池""墩苗池/准四上库"等具有深圳特色的功能模块不断增加,并且以"外单内共"的设计思路贯穿统计数据共享应用系统筹备的全过程。

经过详细周密的调研，按照相关业务需求，我们将系统设计为单位管理模式和项目管理模式，系统设计分为名录信息管理、项目信息管理和综合数据展示等多个功能模块。

（三）数据共享平台主体内容

2016年10月，深圳市统计局开始建设"外单内共"统计数据共享应用系统，系统将分阶段、按步骤实施。根据此前调研的内容，数管中心与开发团队对系统总体架构和业务流程进行重新梳理，确定系统的建设目标与任务、系统管理模式、系统架构及功能、建设内容、建设进度安排等相关事项。

1. 项目概况

（1）项目概述

"外单内共"统计数据共享应用系统，是深圳市统计局围绕实现市委、市政府确定的建成现代化、国际化、创新型城市目标，按照全省统计信息化建设的总体要求和《深圳市统计事业发展"十三五"规划纲要》中"1169"的"两个一"的目标，整合新常态下各部门的数据资源，构建而成的规范、统一、高效的数据采集与生成应用系统与共享平台。

该系统是在国务院推进数据跨部门共享、国家统计局积极拥抱大数据的背景下设计和建设的，是深圳市统计局在大数据时代为规范政府职能部门涉企数据管理，进一步提升统计数据质量，提出和践行的一个统计战略举措。通过整合各个政府部门和其他领域的来源数据，经过比对、清洗后入库，打破了部门"条数据"的壁垒，建设了一个"块数据"为特征的大数据库，在局内实现了共享，推动了各处室工作之间的协同，大大提高了统计工作的效率，支持更加精准地做好"四上"企业入库和数据质量监测等统计工作。

"外单内共"系统建设得到市委、市政府的高度重视和大力支持，市委主要领导多次协调有关部门推进部门数据共享工作。在2017年2月28日召开的全市统计工作会议上举行了深圳市"外单内共"统计数据共享应用系统的启动仪式，分管市领导艾学峰副市长和深圳市统计局的青年代表共同激活了启动球，标志着该战略举措落地，一期系统正式上线使用。根据《深圳市人民政府办公厅关于印发加强"四上"企业按季动态入库工作的通知》（深府办函〔2017〕30号）的相关工作要求,系统开放了面向各有关部门和行业协会的数据接口。目前,该系统已经整合深圳市统计局、市发展改革委、市经贸信息委、市科技创新委、市规划国土委、市住房建设局、市市场和质量监管委、市国税局、市地税局、市人力资源和社会保障局、市民政局、市机构编制委员会办公室、深圳海关、市国资委等14个部门和22家行业协会的海量数据,并建立定期更新机制,形成一个鲜活的大数据库,为深圳市各部门提供权威的企业信息服务,实现企业信息的有效利用,为深圳市宏观经济运行监控和决策提供依据,为深圳市以企业信息为基础的各类经济、社会服务奠定坚实的数据基础,为提升全市统计工作水平,建设智慧统计提供了强劲支持。

"外单内共"系统按照《深圳市人民政府办公厅关于印发规范政府涉企数据管理工作的通知》(深府办函〔2016〕159号)和《深圳市统计局规范政府涉企数据管理工作指引》的要求,更方便快捷地协助市科技创新委、经贸信息委、发展改革委、交通运输委和金融办等职能部门审核涉企数据一致性,提高了统计数据质量,增强了统计对外影响力。同时,系统为深圳各部门提供权威的企业信息服务,实现企业信息的有效利用,各部门可随时了解最新发布的统计月报、统计年鉴和社会综合统计等统计数据和统计信息。

(2)系统建设目标

深圳市"外单内共"统计数据共享应用系统主要实现以下目标。

①建立深圳市统计数据资源中心

以"统计基本单位名录库系统""企业一套表"和"深圳市网上数据直报系统"为基础,利用各部门的行政记录,整合多部门的数据资源,通过比对、转化、加载,形成深圳市基本单位信息库,建成深圳市统计数据资源中心。

②广泛共享及充分利用统计数据

向各类服务对象,包括用户和应用系统提供数据服务,建立统一的服务入口、目录、接口。基于统一的总体规划,避免重复建设,在统一的统计数据资源中心基础上,提供数据服务、开发数据应用,使统计信息资源得到广泛共享和充分利用。

③建立一套规范的统计数据交换机制和共享机制

在符合国家统计局、深圳市统计局对企业法人数据规范基础上,建立深圳市统一的企业法人数据标准规范和深圳市统计数据应用系统技术规范。建立各委办局之间经济数据的互联互通机制,形成深圳市统一的名录库、统一的经济数据库,实现数据资源"外单内共",即深圳市统计局对外单向共享相关部门的数据资源,对内各专业处(办)、室、中心实现数据共享。

2. 系统总体设计要求

（1）独创性。系统需紧跟深圳统计改革发展和统计创新的要求，体现深圳特色。

（2）需求性。系统需对深圳市各相关部门和深圳市统计局各专业处（办）、中心业务需求进行梳理和分析，能充分满足市局及下属统计单位的业务需求。

（3）实用性。系统需界面友好，操作方便，能满足各级统计单位的实际工作需要，深入、全面地推进深圳市各项统计业务工作的进一步开展。

（4）广泛性。系统能涵盖深圳市统计局各专业处（办）、中心需共享的各类信息资源。

（5）可持续性。系统必须具有较高的可维护性，并为其他部门提供数据接口，保证系统具备充分的扩展性，适应今后统计发展要求。

3. 系统架构

系统将实现深圳市政府各部门之间企业信息联动机制，为深圳市各部门的统计工作提供保障，实现企业信息共建共享，更好地支撑深圳市经济管理工作。

按照深圳市现状和实际应用需求，深圳市"外单内共"统计数据共享应用系统建设的业务架构如图13-1所示。

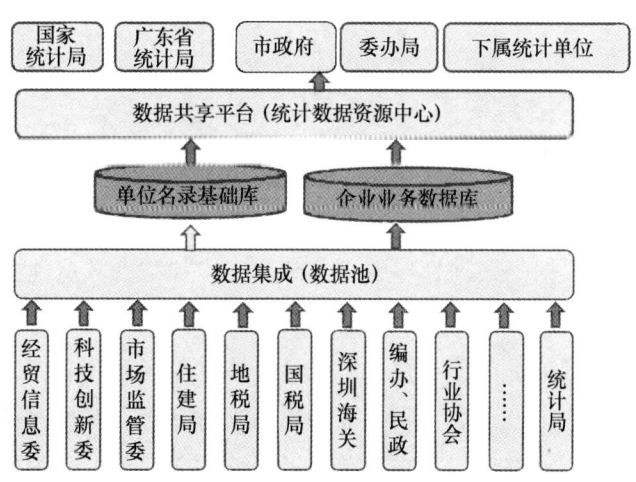

图13-1 深圳市"外单内共"统计数据共享应用系统业务架构

系统是在深圳市多个部门数据资源的基础上,通过数据集成技术,整合、抽取、清洗多部门的基本单位名录信息和业务数据,统计局内各处室以及下属统计单位按照不同权限、不同功能,完善和共享统计数据资源中心,为完成统计工作提供保障。

4. 系统管理模式

(1) 单位管理。深圳市"外单内共"统计数据共享应用系统由市统计数据管理中心牵头建设并负责运行管理,系统管理模式如图13-2所示。

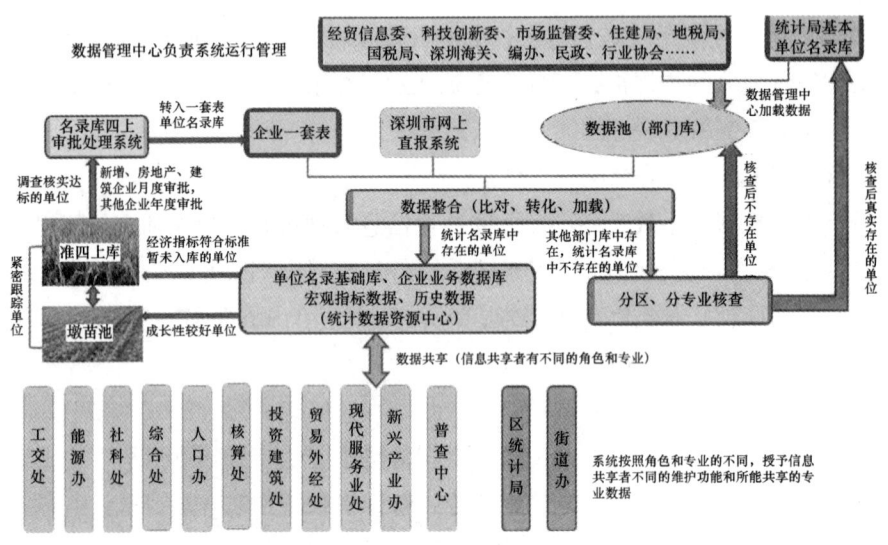

图 13-2 系统管理模式

各相关部门的数据由数据管理中心或部门用户加载到数据池中,系统对数据进行整合,包括数据比对、转化、加载,生成单位名录基础库和企业业务数据库。同时,系统将其他部门库中存在而统计基本单位名录库中不存在的单位分发到区统计局进行核查,核查后真实存在的单位加载到统计基本单位名录库,并进入单位名录基础库;核查后不存在的单位返回到原部门库的数据池中。在单位名录基础库中需对两类单位紧密跟踪:一类是经济指标较大但暂不达标的单位,放入"准四上库";另一类是成长性较好的单位,放入"墩苗池"。当"准四上库"中单位满足四上要求时,则通过国家统计局"名录库四上审批处理系统"录入到一套表单位名录库中。

系统的信息共享者包括市局各专业处(办)、中心和区统计局、街道办的统计人员等,在满足日常统计工作需求的情况下,系统赋予每一位用户不同的角色和不同的专业。系统按照不同角色,授予用户不同的维护功能,如专业管理、数据查询、数据分析、数据比对等权限;同时,用户按所分配的专业共享相应专业的数据,即可共享工业、批发和零售、住宿和餐饮、建筑、房地产、固定资产投资、现代服务业、劳资等一个或多个专业的数据。

信息共享者只能对单位名录基础库和企业业务数据库的数据进行查询、分析、比对等,不能修改,其各项操作通过系统日志进行管理。

(2) 项目总库管理。系统在法人单位管理的同时增加"项目总库"管理,统一管理来自市发展改革委、市经贸信息委、市住房和建设局、市规划国土委和深圳市统计局"企业一套表""市直报系统"的项目。

项目总库分四个分库,分别为在建项目、墩苗项目(准备开工)、竣工项目和前期项目(一年后开工),各项目按开工时间和竣工时间自动设定所在分库,并可随着时间在项目分库间流转。

项目分十个区进行管理,各区可查询其他区的项目。项目管理方式如图13-3所示。

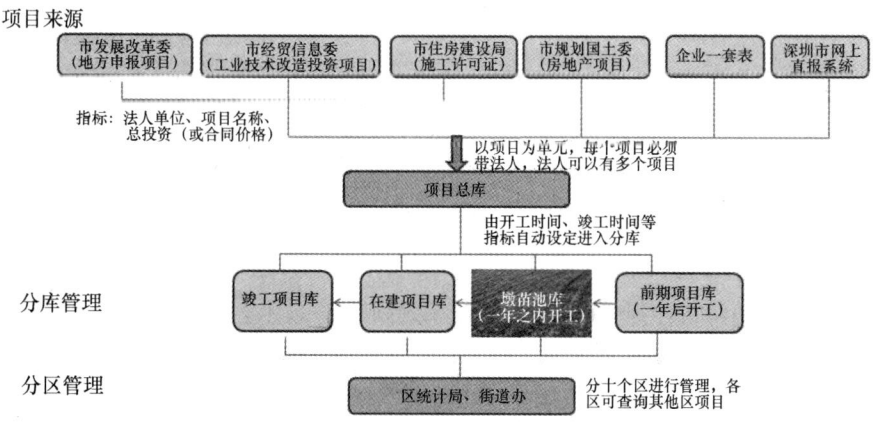

图13-3 项目管理方式

5. 系统建设内容

深圳市"外单内共"统计数据共享应用系统主要包含以下三个部分：

（1）一中心，即统计数据资源中心。在国家统计局"四大工程"的基础上，整理统计历史数据及宏观指标数据，并通过数据共享交换，整合工商、质监、国税、地税等部门的企业相关信息，逐步形成统计数据资源中心。

①数据池（部门库）

部门数据库是各部门基本单位名录和业务数据预存储数据库，并按照统计、国税、地税、市场监管委（工商、质监）、编办、民政、经贸信息委、科技创新委、住建局、海关、社保等部门分别建立。同时，系统为公安、行业协会等其他部门提供数据接口，保证系统具备充分的扩展性。

②单位名录基础库

单位名录基础库记录当前的单位基本信息，是权威、完整地涵盖深圳市统计局、市编办、市民政局、市地税局、市国税局、市市场监管委等多个政府部门关于单位信息的总集合。

单位名录基础库以统计名录库为基础，依托其他部门库数据，通过信息化手段，采用比对法进行数据处理，形成深圳市最新、最全、最实的单位名录库。整个系统为名录信息应用、企业财务数据应用、数据分析与决策系统、移动 APP 等功能提供数据服务。

③企业业务数据库

企业业务数据库主要包含统计经济数据、统计调查数据、部门业务数据等，其中统计数据主要来源于国家一套表和市局专业处（办）、中心提交的综合数据，统计调查数据主要来源于国家普查以及各调查数据等，部门业务数据主要来源于部门库。

（2）一平台。一平台是指提供查询和分析手段对统计数据资源中心中的企业进行相关统计指标测算和分析的统计工作平台。在宏观上通过对数据的挖掘，确定未来经济的走势，制定相应的调整政策；在微观上，对提高统计数据质量有很大帮助，制定相应的判据，精准地甄别和标识出最有可能存在问题的记录。

①名录信息应用系统

名录信息应用系统的建设遵循系统三层共享的建设思路，是深圳市下属统计单位进一步核查其他部门名录未存在统计名录的法人单位基本信息，逐步完善国家名录库，为全市政策服务，提供数据支撑。

名录信息应用系统是在基本单位名录信息应用系统的基础之上，通过各部门的名录数据，跟统计名录作比对，采用信息化数据处理手段，自动生成未比对和比对成功的企业信息。深圳市下属统计单位根据各部门未比对的法人单位，通过电话核实、实地考察等手段，进一步核查单位基本信息，并完善国家名录库，生成单位名录基础库。

同时，名录信息应用系统为各层级用户提供全方面查询功能，掌握企业单位全方位的信息。其主要功能包括：企业综合分析、综合查询、一企一册等，同时可按照数据权限共享给下属统计单位。其中，一企一册包含各部门关于企业的基本信息、从业人员及工资、财务状况、产品生产能力、产品订销存、能源消耗、投资项目、企业动态、企业成长性分析等内容。

②企业业务数据应用系统

企业业务数据应用系统包含数据比对和数据分析，税务部门、统计部门、海关等的企业财务数据进入平台后，要对营业收入、营业利润、本期折旧、营业税金及附加、应交增值税、应付职工薪酬等主要指标进行大小量级比对。系统充分挖掘数据资源，及时、准确地分析数据资源，多指标、多维度，采用数据列表并配合各种图形图表直观显示，并运用同比/环比分析方法，直观分析各指标项的变动情况，给制定策略或决策提供参考。

③数据质量监控系统

数据质量监控系统主要是通过企业法人库与统计数据中心连接，实现数据快速处理，对企业已上报的数据进行汇总、整理和分析，通过对数据的审核分析，及时发现问题和采取相关措施，确保统计数据质量。

④数据分析、监控、预警与决策

各专业处室按重点行业和重点区域内企业上报数据进行监控，并对一套表企业填报数据进行二次审核和数据预警，提高统计数据质量。

根据深圳市对经济运行监管的业务需求，平台提供了经济运行监控系统，为用户提供了总体目标监控、重点区域经济预警、重点产业及行业预警、重点指标预警等多种监控维度和手段，及时、直观地发现经济社会运行中出现的倾向性、苗头性问题和发展趋势，及时提出对策、措施，确保各项经济社会发展目标任务按计划顺利完成，不断提高经济运行工作的质量和水平。

⑤数据展示

系统按要求进行综合数据展示,并直接生成统计小册子。

⑥移动 APP 系统建设

移动 APP 高度整合各部门数据,实现一个平台整合领导关注的所有内容,及时服务领导决策,并摆脱时间和场所局限,随身化的公务处理、信息动态查看、在线交流互动等。

(3) 一门户。基于现有数据资源继而打造深圳统计数据门户,领导、各相关部门、社会公众可随时了解最新发布的统计数据、统计信息。能使用户及时、灵活地访问原始数据,同时以分析、决策者看业务活动的方式来展示信息,而不是以原始的组织方式来展示信息。

6. 系统创新与功能

(1) 推进部门协同合作。为加强"四上"企业入库工作,确保"四上"企业按季动态入库数据来源,从源头上确保达到"四上"标准的企业应统尽统,深圳市统计局主要领导多次带队到各相关部门、行业协会调研,积极争取部门数据支持,达成共识,打通了数据来源共享机制,为年度调查单位审批数据来源打下强有力的基础。同时,深圳市统计局加大了与市各行业主管部门的信息交换力度,部分部门已定期将其掌握的业绩好、成长快、符合入库标准的企业名录及经营情况等信息与统计部门共享。

在深圳市统计局的努力下,深圳市政府下达了《深圳市人民政府办公厅关于加强"四上"企业按季动态入库工作的通知》文件,要求涉及的部门和行业协会按要求提供具体的指标数据,建立了"四上"企业入库的部门工作机制。

(2) 创新基本单位管理流程。传统的基本单位管理流程一般是整合了各部门的单位数据,然后按注册地进行清查核实,建立简单的名录库。现在,依靠"外单内共"系统,建立部门数据交换的机制,获取部门更多更翔实的数据,同时爬取网络数据,应用带有智能计算功能的采集辅助系统,使采集更加便利,并确保数据的完整和准确。

(3) 及时发现并核查新增企业。"外单内共"系统通过各部门名录数据比对,发现其他部门存在而统计基本单位名录库中不存在的单位,及时发现可能存在的新增企业,并分专业分区核查,提高部门登记数据的处理效率,使之成为各级统计部门对新成立和变更单位开展跟踪调查的强有力的助手。

(4）及时掌握和跟踪"四上"企业，为深圳市统计局按季动态入库单位统计制度改革试点提供数据支撑。按照国家统计"要有数，先入库；要入库，走程序"的单位统计工作原则，调查单位库中所有"四上"企业是各专业定期统计报表的基础，是GDP核算和各行业统计数据的主要来源。因此，我们要从源头上确保达到"四上"标准的企业应统尽统，对全面准确反映深圳市发展成果至关重要。

2016年8月10日，艾学峰副市长到深圳市统计局调研，提出创新基本单位名录库管理，严管"四上"企业出入库工作，及时准确掌握各行业基本情况。同时对企业归类、转限上限下、入库退库等问题进行攻关，运用大数据手段精准分析，逐步破解优质数据游离于现行制度外的难题。

"外单内共"系统充分利用市监、税务、发改等部门的行政登记资料，依据部门的经营状况信息，将新兴产业、高新技术企业或营业收入年增长10%以上的企业放入"墩苗池"。并以"四上"企业入库标准为门槛，通过对市场监管委年报数据、税务部门正常纳税数据的整合梳理，筛选出拟达"四上"标准的企业名录，将实际已成长为接近甚至达到"四上"入库标准的企业放入"准四上"库。在无法掌握实际经营状况的情况下，系统按季维护更新全市"墩苗"和"准四上"单位库，市、区统计局重点跟踪，进行成长监测，并测算成长企业对深圳市经济增长的贡献。

有了"墩苗池"和"准四上"单位库，在年度"一套表"调查单位审核确认工作开始，深圳市统计局就能迅速下发准"四上"单位到各区统计机构，并圈定其中营业收入较大的作为重点核查对象，确保"大"企业不漏。

（5）强大的系统功能。深圳市"外单内共"统计数据共享应用系统（一期）主要实现以下功能。

①数据池管理。提供数据源自定义功能，支持外部各种格式的数据文件，并预留了API接口，实现数据的统一管理。

②建立基本单位名录库比对方法库。提供多种比对方法，供用户按照来源维度、时间维度、数据维度等进行比对，实现了基本单位库的筛查管理。

③提供下发核查功能。对于有质量问题的数据，支持逐级下发核查，核查结果在线提交完成。

④支持对名录库进行灵活的自定义查询。有关条件均可自定义设置，满足不同用户的需要。

⑤支持建立规则。对入库的数据进行了统一清洗和归类，确保不同来源数据的口径和质量，并根据统一规则搭建相关关系。

对名录库企业进行分类，如墩苗企业、准四上企业，一键式设置条件，系统自动对企业进行识别和分类，各级统计部门均可共享有关分类结果。

⑥支持统计人员根据权限对名录库的企事业单位进行贴标签，有关结果可以和其他统计人员分享。

⑦根据综合统计数据和项目数据的管理需要，提供专门的管理模块。

⑧提供灵活的权限管理功能，可分角色，按专业、级别、地区、行业、指标、功能等多个维度开展权限管理，确保数据既实现共享，又在一定范围内保密。

⑨网络数据爬取模块。该模块能够快捷爬取主流网站的数据，包括企业名称、行业、所在地、联系人、企业人员等数据，这些数据的优点是时效性较强，部分数据的准确性较高，如招聘网站的数据，不仅数据较为详细，且具有较高的准确性。

⑩智能计算模块。该模块对较难采集的指标进行科学推算，并给出计算结果的可靠度指标，主要是基于企业的经营流程所涉及的产品、机器及原材料等指标，建立了算法模型，计算企业的营业收入、缴税等指标，既提高了数据采集的效率，又为提高数据的准确性提供了支持。

7. 项目完成情况

截至 2017 年 5 月，深圳市"外单内共"统计数据共享应用系统从调研到项目研发、调试，已经过深圳市统计局专业委员会共十五次会议的讨论和研究。

根据《深圳市人民政府办公厅关于印发〈加强"四上"企业按季动态入库工作〉的通知》（深府办函〔2017〕30 号）的相关工作要求，目前系统已整合单位名录信息：统计局一套表 18989 家，名录库 349770 家，金融业 488 家，住建局（建筑业）8322 家，人社局（企业参保信息）586050 家，发改委（碳交易企业）824 家，发改委（新兴产业）6055 家，发改委（总部企业）961 家，市监委（2015 企业年报）889635 家，科创委（高新技术企业）8037 家，民政局（民办非企业）1019 家，民政局（社会团体）999 家，民政局（基金会）105 家，编办（事业单位）1517 家，编办（机关团体）767 家，国税（2016 年纳税企业）20741 家，地税（2015 年纳税企业）1460647 家，国资委 1264 家，海关

7391家。系统数据池成功整合十多个部门和22家行业协会的单位总数1620367家，大个体3076家，初步展现了强大的数据整合比对功能。

同时，系统项目信息包括：发改委（地方项目申报信息）6231家，住建局（施工许可证信息）12174家，住建局（新办施工许可证）266家，经贸委（工业技术改造投资项目）——重点技术改造项目101家，规土委（房地产项目）189家。

深圳市统计局按照《深圳市人民政府办公厅关于印发规范政府涉企数据管理工作的通知》（深府办函〔2016〕159号）和《深圳市统计局规范政府涉企数据管理工作指引》的要求，利用"外单内共"系统，协助市科创委、经信委、发改委、交通运输委和金融办等职能部门审核涉企数据一致性共9075家，其中不符合数据一致性审核要求的企业为1145家，占已审核企业比重的12.62%。

8. 深圳市"外单内共"统计数据共享应用系统的成效

"外单内共"系统是统计部门响应大数据时代发展趋势建设的数据共享和工作协同系统，系统的主要功能特征就是扩大了数据源，提升了统计工作的效率，推动统计工作水平上新台阶。其主要作用体现在以下几个方面。

（1）实现局内统计数据的统一管理。企业是统计工作的主要对象，目前，每家企业均有多个维度的数据，数据来源多样化，既有来源于国家统计制度的数据，比如一套表；也有来源于地方统计制度的数据，比如战略新兴产业统计等。这些数据分散由不同专业人员管理，导致数据碎片化，在局内形成一个个数据孤岛，影响了工作的开展。通过"外单内共"系统，所有统计数据均汇聚到一个系统中，为统一管理、共享和应用奠定了基础。

（2）实现职能部门数据的整合共享应用。目前，掌握涉企数据的部门众多，这些数据对于统计部门加强基本单位库管理，促进"四上"企业入库，提升统计数据质量有着重要的意义。比如基本单位库管理，这是统计工作的基础，单单依靠半年一度新增单位清查，管生不管死的方法方式难以有效管理基本单位库，特别是深圳的创业范围浓厚，企业生死存亡更替规模大，五年一度的经济普查难以适应基本单位库维护的需要。因此，基于"外单内共"系统，深圳市统计局整合市监、民政、编办等部门数据的同时，还通过整合社保、税务以及网络招聘数据，及时掌握有关企事业单位的活跃情况。同时，捕捉企事业单位的行为数据,更加精准地掌握有关联系方式和地址,为做好基本单位清查,维护好基本单位库提供了支持。

(3) 促进统计工作智慧化。主要体现在以下三个方面,一是"外单内共"系统为进一步贯彻落实国家统计制度,提供智慧化的支持。通过数据整合,可以管理好基本单位库,做到实时更新、不重不漏,确保数据完整准确。基于大数据支持,可以精准挖掘未入库"四上"企业,促进应统尽统。基于大数据基础,搭建模型体系,对统计数据的质量进行评估,精准挖掘提供不准确统计数据的企业,提高查处统计违法的效率。二是"外单内共"系统捕捉的各类统计数据为统计工作核算、分析提供大量支持,为进一步完善目前的统计工作制度提供经验。比如捕捉企业的行为数据,也可以评估行业、企业的发展情况。三是"外单内共"系统集成统计工作工具,把统计工作人员从简单重复的工作中解放出来,统计专业人员有更多时间从事专业性更强的工作,比如搭建指标体系,可以自动计算数据结果,生成统计报告。

(四) 展望和计划

"外单内共"系统一期上线使用以来,对于提升统计工作效率和质量成效显著。但是,我们也看到,在大数据风起云涌的时代,"外单内共"系统需要与时俱进,紧跟时代的步伐,充分用好大数据时代的资源和技术,不断扩大数据源,完善功能,才能服务智慧统计的需要。

1. 基本原则

(1) 有利于更好地贯彻国家、省、市有关大数据战略的要求。国务院 2014 年印发《促进大数据发展行动纲要》,广东省 2012 年底已颁布《广东省实施大数据战略工作方案》,提出到 2020 年基本建成"智慧广东"。2016 年底,深圳市人民政府办公厅印发《深圳市促进大数据发展行动计划(2016—2018 年)》,提出要统筹大数据基础设施建设,推动政府数据开放共享。大数据已成为政府统计数据的部分资料来源和政府统计数据质量的部分评估依据。

(2) 有利于更好履行统计工作职责。今天,中国经济社会的转型规模之大、速度之快和程度之深是史无前例的,继续完善"外单内共"系统,扩大数据源,更全面、及时记载经济社会的转型，是统计工作的职能所在、使命所在。要做到这一点，就需要扩大数据源。政府部门目前虽然掌握着最大的大数据，但是同与日俱增的非结构化数据相比，政府部门掌握的基于其政府职能产生的、以结构化数据为主的大数据，在浩瀚大数据洪流中的比重越来越小。因此，必须以开放的姿态，整合外部的数据资源，充实到统计部门中来，提升统计部门的服务能力。

2. 建设方向

（1）基于共享开放为原则，扩大共享数据源。整合才能发挥更大的价值，整合的领域越多，程度越深高，价值量就越大。随着社会的日益数字化，无论是政府部门还是社会各个方面，产生的数据量越来越大，一些云计算技术的应用，甚至颠覆了数据的生产方式，比如人口数据，随着交通数据和社交数据的进一步整合，实时评估人口的总量和结构越来越准确。可见，这些数据都可以为统计部门核算提供支持。"外单内共"系统将加强与有关部门进行数据共享，不断扩大数据量。

（2）完善数据清洗规则库和数据处理方法，确保系统数据质量和数据结构化。随着纳入共享的数据源越来越多，数据类型更加复杂，数据量更大，非结构化数据将会涌现。因此，逐步应用人工智能技术，使非结构化的数据结构化，同时，基于口径可比原则，对数据进行处理，或搭建科学的联系，让数据相互联系起来。

（3）丰富数据应用，促进统计智慧化。一是全面分析专业人员的工作需求，开发相应的功能组件，为统计人员开展数据处理、报表编制等工作提供支持。二是应用互联网时代的技术手段，支持数据可视化。三是逐步探索统计领域的人工智能，支持开展数据挖掘、数据分析自动化，提高统计的工作效率和服务水平。

（4）增加系统对统计人员行为留痕功能，以大数据创新统计人员考核机制。"外单内共"统计数据应用系统整合全市数据，在全市统计系统内部实现共享，数据的整理、应用需要各级统计人员的参与和配合。下一步，系统不仅可以实现任务分发，还可以评价工作成果，从而实现对统计人员绩效的评定，形成一个任务闭环。

附录 13-1　肯定评价

附录13-2 深圳市人民政府办公厅关于印发《加强"四上"企业按季动态入库工作》的通知

深府办函〔2017〕30号

各区人民政府、市政府直属各单位：

为科学准确反映我市经济发展情况，根据《国家统计局办公室关于推进一套表调查单位管理改革工作的通知》（国统办普查字〔2016〕66号）、广东省统计局办公室《关于推进一套表调查单位管理改革工作的通知》（粤统办字〔2016〕61号）和《国家统计局关于同意深圳开展统计改革创新试点的批复》（国统设管函〔2016〕164号），现将加强"四上"企业按季动态入库工作的有关事项通知如下：

一 充分认识"四上"企业按季动态入库工作的重要性

所有规模以上工业企业、限额以上批零住餐企业、规模以上服务业企业、资质以内的建筑业企业和房地产开发经营企业（以下简称"四上"企业）是各专业定期统计报表的基础，也是GDP核算和各行业统计数据的主要来源。按照全国现行统一的统计制度要求，实行"要有数，先入库；要入库，走程序"的统计原则。加强"四上"企业入库工作，从源头上确保达到"四上"标准的企业应统尽统，对全面准确反映我市发展成果至关重要。

二 加强部门协作，确保"四上"企业按季动态入库数据来源

获取"四上"企业按季动态入库工作所需的企业信息资料，关键是需要政府各相关部门、行业协会分别将掌握的企业营业收入、从业人员、纳税情况、资质证书、项目批复文件等数据资料定期报送统计部门。

（一）数据来源涉及的政府部门和行业协会

1. 市发展改革委、经贸信息委、科技创新委、规划国土委、市场和质量监管委、交通运输委、住房建设局、地税局、人力资源和社会保障局等各市直相关部门；

2. 深圳市国税局、深圳海关、深圳银监局、深圳证监局、深圳保监局、深圳市邮政局等中央驻深机构；

3. 手机行业协会、电子商务行业协会等行业协会。

（二）相关机构需提供的具体指标内容

市级相关机构需向市级统计部门提供的具体内容详见附件，区级相关机构参照执行。

三 工作机制和要求

由市统计部门牵头，建立"四上"企业入库工作小组，各相关部门、协会指定专人作为工作联络人。市统计部门要定期组织召开工作协调会，科学指导相关部门提供数据，及时解决提供数据过程中可能出现的统计标准不一、信息内容不全、时效性不强等问题，分析查找工作中的薄弱环节，研究改进措施。

各有关部门、协会要高度重视，紧密配合，严格按统计要求提供相关信息，主动及时将"四上"企业的有效信息报市统计局"外单内共"系统。

市、区统计机构要加强与同级相关部门的沟通协调，及时通报相关情况，加强监督检查，发挥好牵头部门和具体操作部门的作用。市、区、街道、企业联动，各有关部门、机构协力，确保"四上"企业全面、准确、及时入库。

附：

"四上"企业基础数据来源需求情况表（市级）

市政府办公厅
2017年2月16日

"四上"企业基础数据来源需求情况表（市级）

部门	类型	指标内容	频次	时间要求
市发展改革委	战略性新兴产业和未来产业企业增补名录	统一社会信用代码（组织机构代码）、单位名称、所属新兴产业	年度	年后4月底前
	审批、核准或备案的固定资产投资项目清单	单位名称、项目名称、项目地址、项目计划总投资	季度	季后一个月内
市经贸信息委	工业技术改造投资项目备案清单	单位名称、项目名称、项目地址、项目计划总投资、法人单位地址	季度	季后一个月内
市科技创新委	高新技术企业名单	统一社会信用代码（组织机构代码）、单位名称、经营地址、联系电话、营业收入	年度	年后4月底前

续表

部门	类型	指标内容	频次	时间要求
市规划国土委	房地产项目数据	物业类型、楼盘名称、开发商、批准预售面积、批准预售套数、成交面积、成交套数、成交金额、成交均价	月度	月后10日前
市住房建设局	建筑业企业数据	统一社会信用代码（组织机构代码）、单位名称、建筑业资质证书情况、注册地联系人、联系电话	季度	季后一个月内
	开工项目施工许可相关资料	工程名称、工程地址、建设单位、合同开工日期、联系人、建筑面积、工程造价	季度	季后一个月内
市市场和质量监管委	企业年报数据	统一社会信用代码（组织机构代码）、单位名称、注册地址、经营地址、行政区划代码、联系电话、行业代码、开业年月份、营业收入、从业人员	年度	年后8月31日前
	新增、变更、注销单位情况	统一社会信用代码（组织机构代码）、单位名称、法定代表人/负责人、单位详细地址、行政区划代码、联系电话、行业代码、注册资本、单位类别、变动类别、变动时间	季度	季后一个月内
深圳市国税局、市地税局	正常纳税企业数据	统一社会信用代码（组织机构代码）、单位名称、经营地址、行政区划代码、联系电话、行业代码、营业收入、税金、从业人员	季度	季后一个月内
市人力资源和社会保障局	正常交保企业数据	统一社会信用代码（组织机构代码）、单位名称、经营地址、联系电话、行业类别、营业收入、社保缴交人数	季度	季后一个月内
其他相关部门、协会	企业数据	统一社会信用代码（组织机构代码）、单位名称、经营地址、联系电话、行业类别、营业收入	年度	年后8月31日前

注：各有关单位另按《深圳市人民政府办公厅关于印发〈规范政府涉企数据管理工作〉的通知》（深府办函〔2016〕159号），提供享受我市涉企优惠政策的企业相关信息。

附录13-3 深圳市统计局规范政府涉企数据管理工作指引

各处（专业办）、室、中心：

为认真贯彻落实《深圳市政府办公厅关于印发〈规范政府涉企数据管理工作〉的通知》（深府办函〔2016〕159号）精神，加强社会信用体系建设，规范政府涉企数据管理,确保市统计部门在规定的时限内做好政府涉企数据核实和认定工作,更好地为创造"深圳质量"、推进经济转型升级服务。我局结合实际,研究制订了《深圳市统计局规范政府涉企数据管理工作指引》。现印发给你们,请认真遵照执行。

深圳市统计局办公室
2016 年 9 月

为加强社会信用体系建设,规范政府涉企数据管理,更好地为创造"深圳质量"、推进经济转型升级服务,确保市统计部门在规定的时限内做好政府涉企数据核实和认定工作。根据《深圳市政府办公厅关于印发〈规范政府涉企数据管理工作〉的通知》(深府办函〔2016〕159 号)(以下简称《通知》)精神及在地统计原则,我局结合实际,研究制定《深圳市统计局规范政府涉企数据管理工作指引》(以下简称《指引》)。

一 总原则

规范政府涉企数据管理应当遵循深圳市在地统计原则。市统计部门各级领导,各区统计局、各新区统计机构、市局各处(专业办)、室、中心要从有利于提高深圳市统计数据质量,有利于企业自身发展,有利于创造"深圳质量"、推进我市经济转型升级以及我市统计事业发展等方面统一思想,提高认识,增强责任感,确保做好涉企数据管理工作。

二 职责及分工

市统计局各处(专业办)、室、中心负责人为政府涉企数据管理工作第一责任人(责任领导)。指定专业人员为直接责任人,负责跟踪、核实和认定等具体事宜。各工作岗位实行 A、B 角工作制度,确保工作职责和分工落实到位。具体工作职责及分工如下:

(一)分管局领导

市统计局杨新洪局长分管政府涉企数据管理工作。

(二)牵头处室

局核算处负责牵头政府涉企数据管理工作。自收到政府部门商请函及完整的相关资料起,办理时限原则上为 5 个工作日复函(因来函不符合《指引》要求除外)。

（三）具体职责及分工

局办公室负责政府涉企数据管理公文收发、拟办、核稿、归档等文件管理工作；负责经费预算及落实等后勤保障工作。政府有关部门涉企数据管理来文，指按照《通知》（详见附件1）规定，来函说明政府各有关部门在执行我市涉企优惠政策，尤其在制定企业用地、资金扶持、税收减免、人事劳动、保障性住房、表彰奖励、政府采购、招标投标、市场准入、资质审核等具体方案时，使用企业生产经营指标作为评估必要条件或者重要参考条件的，需要向我局核实和认定企业生产经营指标数据的情况，确保与我局相应统计指标数据的一致性。不包括政府各有关部门因管理需要来函，要求提供统计调查中获得的能够识别或者推断单个统计调查对象身份的资料等情况。任何单位和个人不得对外提供、泄露，不得用于统计以外的目的。

局核算处负责指导政府有关部门按《政府涉企数据核实和认定表》（详见附件2）报送相关审核资料；会同局有关处（专业办）、室、中心，共同完成政府涉企数据核实和认定工作，并复函（自局收文5个工作日完成）；按照《通知》第三条第一、二款的规定，对报给政府各有关部门的数据，第一次超出正常误差的企业，随文通告相关政府部门，由该政府部门对企业进行责令整改；第二次超出正常误差的企业，随文建议不得在该部门享受当次优惠政策，并由该部门进行口头申诫；回复给政府有关部门的函件，同时抄送市财政委。

局各处（专业办）负责相关专业统计联网直报企业生产经营指标数据的核实和认定工作，自局收文3个工作日内，按涉企数据表将核实和认定结果通过局政务管理系统（OA）反馈核算处并在"OA"签署办理意见办结来文；认真阅研需整改企业报送的整改说明，会同各区统计局、新区统计机构密切关注整改企业实际整改情况；按专业建立企业上报误差次数台账、"数据报送诚信企业""数据报送不诚信企业"名录；误差次数台账、"数据报送诚信企业""数据报送不诚信企业"名录按季度（季后10日前）报送局法规处。

局法规处负责"数据报送诚信企业"和"数据报送不诚信企业"名录相关信息收集、整理工作，报局数管中心建立政府涉企数据管理信用信息库；按照《通知》第三条第三、四款的规定，对第三次及以上超出正常误差的企业，定期通告政府各有关部门，并抄送市财政委、市政府督查室，作为市政府约谈、通报批评的依据；政府有关部门违反《通知》第二、三条规定的，转局执法稽查办进行约谈。

局执法稽查办负责政府涉企数据管理工作的监督检查。按照《通知》第五条第二款的规定，对一年内两次违反规定的政府有关部门，进行约谈等。约谈的情况抄报市政府办公厅、市政府督查室。

局普查中心负责企业名录比对、确认工作。甄别后，自局收文1个工作日内将行业、四上划分结果经核算处反馈局各有关处（专业办）；对未纳入我市基本单位名录库的企业，按照我市在地统计原则督促各区统计局、新区统计机构将其纳入深圳市基本单位名录库，并重点跟踪核实；对达到或符合《一套表统计调查制度》或固定资产投资统计范围的调查单位（企业），及时申请纳入统计联网直报平台。

局数管中心负责在市统计局网站建立"进一步规范政府涉企数据管理"平台及相关网页。包括涉企数据管理在内外网的各个接口、链接及应用等相关网络流程和技术支持。

对于企业为享受政府涉企优惠政策，通过统计部门工作电话咨询企业入库和报送统计数据等相关问题，局各处（专业办）、室、中心负责接听对口行业企业电话，尽量掌握企业名称、组织机构代码、详细地址、行业类别、开业时间、营业收入、从业人员数、固定资产投资额（含工业投资额、技术改造投资额）和联系方式等企业基本信息，填写好《企业电话咨询基本情况记录表》（详见附件2）经部门审核汇总后于每月25日前报普查中心。局普查中心负责汇总相关企业信息，初步甄别后纳入基本单位名录库并分区、分专业分别反馈给各区统计局、新区统计机构和专业处，每半年将通过涉企数据管理工作纳入一套表的企业名单反馈核算处；根据最新信息进行基本单位名录库管理。各专业处负责跟进四上企业一套表入库；会同各区统计局、新区统计机构负责进一步核实企业基本信息，并将进一步核实信息反馈普查中心。各区统计局、新区统计机构负责协助市局各处（专业办）、中心做好相关企业入库和统计数据报送工作。

（四）责任人员名单

分管各处（专业办）、室、中心责任领导：杨新洪局长，李必祥副局长，胡卫东总统计师，谢军徽副局长。

局各处（专业办）、室、中心责任人员（A、B角）名单如下（如因处室职责、人员岗位调整发生变化，适时调整、补充）：

责任人员名单表

责任处室	责任领导		直接责任人	
	A角	B角	A角	B角
办公室	戴建平	黄轩国	高翔	陈彦祺
法规处	冯春	郭玉梅	梁佳	钟海燕
核算处	陈中	黄熙	唐庚轩	沈小婵
工交处	叶志林	沈宜	刘大伟	邓小珍
投资处	王文韵	甘腾芳	邹皓	周浩舜
贸经处	彭秋兰	张苑飞	侯锋	庄肇炀
现服处	赵庆军	刘桂勋	曾诗琴	朱好意
数管中心	胡居理	梁焱	邓琼	梁莹莹
普查中心	李杨	郑朝霞	麦雪飞	李剑辉
执法办	郭继军	孟平	李其芳	汪红艳
能源办	梁达军	陶霜	陶霜	潘春妍
人口办	华琼辉	陈俊宏	陈俊宏	王际平

三 工作流程

（一）政府涉企数据核实和认定工作流程

市政府各有关部门涉企数据核实和认定来文。→

符合涉企数据核实和认定要求的来文，办公室收文（OA），提出拟办意见。→

转分管局领导审批，同时抄送普查中心、核算处、工交处、投资处、贸经处、现服处、人口办、能源办。→

普查中心将行业、四上划分结果反馈核算处办结来文，及时将未纳入《一套表统计调查制度》和固定资产投资统计范围的企业纳入基本单位名录库；核算处将普查中心划分结果转各有关处（专业办）；各有关处（专业办）自收文后启动数据核实和认定工作。→

各有关处（专业办）就本专业四上企业涉企数据进行审核，审核结果由责任领导复核后通过OA报核算处并在OA签署相关意见办结来文；若企业全部通过数据一致性审核或无该专业需审核的企业，由责任人签署相关意见办结来文。→

核算处对各处（专业办）反馈意见进行汇总，行文回复。→

办公室文秘核稿后报分管局领导审批，办公室文秘发文登记，办公室文印进行文件印刷并发电子公文到机要，办公室机要向相关部门发送电子版文件。

(二) 企业咨询单位入库及数据报送工作流程

企业为享受政府涉企优惠政策，通过统计部门工作电话咨询企业入库和报送统计数据等相关问题。→

统计部门工作人员与企业进行沟通交流，尽量掌握企业名称、组织机构代码、详细地址、行业类别、开业时间、营业收入、从业人员数、固定资产投资额（含工业投资额、技术改造投资额）和联系方式等企业基本信息，填写好《企业电话咨询基本情况记录表》经部门审核汇总后于每月25日前报普查中心。→

普查中心汇总相关企业信息，初步甄别后纳入基本单位名录库并分区、分专业分别反馈给各区统计局、新区统计机构和相关处（专业办）。→

相关处（专业办）会同各区统计局、新区统计机构负责进一步核实企业基本信息，并将进一步核实信息反馈普查中心。→

普查中心根据最新反馈的信息更正基本单位名录库，对于达到一套表入库标准的企业，反馈给各专业处按一套表入库流程处理，对于未达到一套表入库标准的企业，普查中心将其纳入"四下"单位名录库管理。

政府涉企数据管理工作流程图如下：

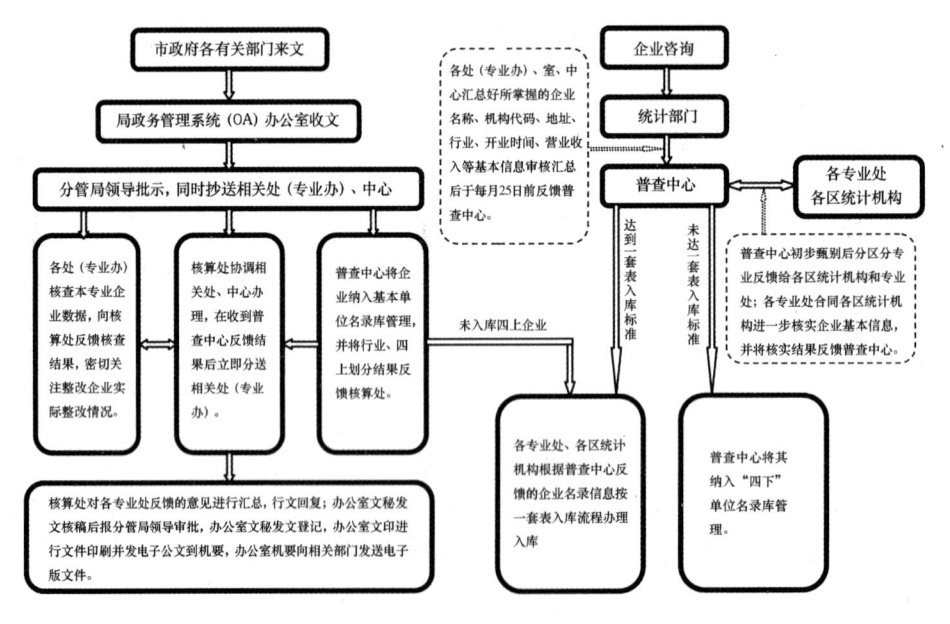

政府涉企数据管理工作流程

四　企业生产经营指标核实和认定范围以及正常误差界定

（一）企业生产经营指标

政府涉企数据管理核实和认定所指企业生产经营指标包括但不限于：企业总产值、营业收入（营业额）、商品销售额、应交增值税、综合能源消费量、用电量、从业人员人数、工资总额、固定资产投资额（含工业投资额、技术改造投资额）等。如有必要，政府有关单位商市统计部门，并报经市政府同意，可增加其他指标。统计指标解释详见附件4。

（二）核实和认定的范围

企业生产经营指标核实和认定的范围为列入国家统计局《一套表统计调查制度》和固定资产投资统计范围的调查单位。

1. 统计范围：规模以上工业、有资质的建筑业、限额以上批发和零售业、限额以上住宿和餐饮业及全部房地产开发经营业等国民经济行业法人单位及所属的产业活动单位，规模以上服务业法人单位，固定资产投资项目建设单位，部分第三产业重点耗能法人单位，以及工业生产者价格统计调查样本法人单位。确定以上法人单位的标准如下。

（1）规模以上工业：年主营业务收入2000万元及以上的工业法人单位。

（2）有资质的建筑业：有总承包、专业承包和劳务分包资质的建筑业法人单位。

（3）限额以上批发和零售业：年主营业务收入2000万元及以上的批发业、年主营业务收入500万元及以上的零售业法人单位。

（4）限额以上住宿和餐饮业：年主营业务收入200万元及以上的住宿和餐饮业法人单位。

（5）房地产开发经营业：全部房地产开发经营业法人单位。

（6）规模以上服务业：年末从业人员50人及以上，或年营业收入1000万元及以上的服务业法人单位。包括：交通运输、仓储和邮政业，信息传输、软件和信息技术服务业，租赁和商务服务业，科学研究和技术服务业，水利、环境和公共设施管理业，居民服务、修理和其他服务业，教育，卫生和社会工作，文化、体育和娱乐业，以及物业管理、房地产中介服务等行业。

（7）能源消费：规模以上工业法人单位；年综合能源消费量1万吨标准煤及以上的有资质的建筑业、限额以上批发和零售业、限额以上住宿和餐饮业、房地产开发经营业法人单位和部分第三产业法人单位。

（8）工业生产者价格统计调查：工业样本法人单位。

（9）固定资产投资（含工业投资、技术改造投资）：有计划总投资500万元（含）以上的固定资产投资项目的法人单位。

2. 调查单位确定：按照"先进库，再有数"的原则，统一确定纳入一套表范围的调查单位。

（三）企业生产经营指标正常误差界定

工交处：负责规模以上工业企业生产经营指标的核实和认定工作；政府有关部门涉企数据与我局涉企统计指标数值误差不应超出此范围：工业总产值、主营业务收入、应交增值税为：±10%；工业用电量为：±5%。

投资处：负责有资质的建筑业、房地产开发经营业企业和固定资产投资额（含工业投资额、技术改造投资额）的核实和认定工作。政府有关部门涉企数据与我局涉企统计指标数值误差不应超出此范围：建筑业总产值、商品房销售额、固定资产投资额（含工业投资额、技术改造投资额）均为：±10%。

贸易外经处：负责限额以上批发和零售业、住宿和餐饮业企业的核实和认定工作。政府有关部门涉企数据与我局涉企统计指标数值误差不应超出此范围：营业收入（营业额）、商品销售额、应交增值税为：±10%。

现代服务业处：负责规模以上服务业企业的核实和认定工作。政府有关部门涉企数据与我局涉企统计指标数值误差不应超出此范围：营业收入、应交增值税均为：±10%。

人口调查办：负责统计联网直报企业从业人员期末人数和从业人员工资总额的核实和认定工作。政府有关部门涉企数据与我局涉企统计指标数值误差不应超出此范围：从业人员期末人数、从业人员工资总额均为：±10%。

低碳能源办：负责辖区内规模以上工业企业和非工业重点耗能单位能源消费情况的核实和认定工作。政府有关部门涉企数据与我局涉企统计指标数值误差不应超出此范围：综合能源消费量、用电量均为：±10%。

五　约谈程序

政府各有关部门违反《通知》第五条第二款规定的，启动以下约谈程序：

```
┌─────────────────────────────────────────────────────────────┐
│    根据《通知》第五条第二款的规定,执法稽查办在收到相关处室提供的有    │
│  关单位(企业)一年内两次违规结论及原始材料复印件后,启动约谈程序。   │
└─────────────────────────────────────────────────────────────┘
                              ↓
┌─────────────────────────────────────────────────────────────┐
│    在核实、审定违规单位事实的基础上,执法稽查办填写《深圳市政府部    │
│  门涉企数据违规约谈通知书》及附件,报请局领导审批。                  │
└─────────────────────────────────────────────────────────────┘
                              ↓
┌─────────────────────────────────────────────────────────────┐
│    确定约谈单位后,依法发出《深圳市政府部门涉企数据违规约谈通知书》,并│
│  送达被约谈单位签收,告知约谈时间、地点、内容以及需要提交的相关资料等。│
└─────────────────────────────────────────────────────────────┘
                              ↓
┌─────────────────────────────────────────────────────────────┐
│    约谈过程有以下五个步骤:                                        │
│    第一步,约谈前,约谈双方应说明身份、职务等情况,必要时出示证明身份的有│
│  效证件;                                                         │
│    第二步,由市统计局主要负责人宣布约谈开始;                        │
│    第三步,向被约谈单位通报存在的问题、违规事实及产生原因,提出处理意见,│
│  明确整改要求与期限;                                              │
│    第四步,认真听取被约谈人对问题的说明、意见、建议及承诺;            │
│    第五步,约谈双方形成《深圳市政府部门涉企数据违规执法约谈记录》,约谈│
│  记录由双方签字。                                                 │
└─────────────────────────────────────────────────────────────┘
                              ↓
┌─────────────────────────────────────────────────────────────┐
│    约谈结束后,被约谈单位应根据约谈要求将整改结果,在规定时间内以书面形式报│
│  送市统计局,市统计局对其整改情况进行复查,并视情节作出不予处理或作出相应处│
│  理的决定。约谈的情况抄报市政府办公厅、市政府督查室。                  │
└─────────────────────────────────────────────────────────────┘
```

六　责任追究

对我局规范政府涉企数据管理工作中不履行或不正确履行职责、造成损失或不良影响的有关责任处(专业办)、室、中心,我局将依法追究相关责任人员的行政责任。接听企业咨询电话实行首问责任制,对首问责任人在接听企业咨询电话过程中不履行或不正确履行职责造成企业投诉的,我局将依规追究其责任。

七　解释权限

按照职责及分工权限进行解释。核算处负责解释政府涉企数据管理工作事宜;执法稽查办负责解释约谈事宜;各处(专业办)负责解释相关统计指标的核实和认定事宜。

八　本指引自印发之日起实施,有效期至2021年9月15日。《深圳市统计局进一步规范政府涉企数据管理工作指引(试行)》同时废止。

附件1　政府涉企数据核实和认定表

附件2　企业电话咨询基本情况记录表

附件3　一套表入库审批标准介绍

附件4　企业生产经营指标解释

附件1

政府涉企数据核实和认定表（20　年度）

报送单位：

序号	组织机构代码	单位名称	详细地址	联系方式	总产值（万元）	营业收入/营业额（万元）	商品销售额（万元）	应交增值税（万元）	综合能源消费量（吨标准煤）	用电量（千瓦时）	从业人员数（人）	从业人员工资总额（万元）	固定资产投资额（含工业投资额、技术改造投资额）（万元）
1													
2													
3													
4													
5													
…													
…													
…													

注：1. 企业的单位名称、组织机构代码、详细地址和联系方式必须填写，企业生产经营指标根据各职能部门审核需求填报。
2. 如有必要，政府有关单位商市统计部门，并报经市政府同意，可增加其他指标。

联系人：　　　　　　　　　　　　　电话：

附件2

企业电话咨询基本情况记录表

组织机构代码	单位名称	详细地址	行业类别（专业）	开业时间	全年营业收入（万元）	从业人员数（人）	联系人	联系电话	手机

注：1. 详细地址记录为"区+街道+详细地址门牌、房号"为妥。
2. 询问企业主要业务活动，判断行业类别云填写"行业类别（专业）"。
3. 因企业电话多为分机号码，需仔细确认电话号码、联系人，最好能留下手机号码。
4. 经部门审核汇总后于每月25日前反馈至普查中心。

附件3

一套表入库审批标准介绍

专业	入库标准		所需入库材料		开业时间要求	
	行业	规模	通用材料	专业材料	月度审核	年度审核
工业	规模以上工业法人（06—46）	已达年主营业务收入2000万元及以上	（1）基本情况表[MLK101-1表]；（2）营业执照（或营业执照、组织机构代码证、税务登记证三证合一的只需提供三证合一证照）	（1）资产负债表（截至申报期最近1个月）；（2）利润表（截至申报期最近1个月）；（3）企业增值税纳税申报表及其附列资料（表一）（打印并加盖税务部门公章）；（4）新开业企业需发改或经信部门对建设项目的批复（或备案）文件中带批复"文号"页面的复印件	上年第四季度及当年新开业（投产）	无要求
建筑业	有资质的建筑业法人（47—50）	有总承包、专业承包和劳务分包的发包资质		（1）资质证书（有效期内，带有"建筑业企业资质证书"字样和住建部门公章）；（2）资产负债表（截至申报期最近1个月）	无开业时间要求	无要求
批零业	限额以上批发和零售业（51—52）	已达年主营业务收入2000万元及以上的批发业		（1）资产负债表（最近1个月。若无月度表，则提供最近1个季度的报表）；（2）利润表（最近1个月。若无月度表，则提供最近1个季度的报表）；（3）企业增值税纳税申报表及附列资料（表一）或企业公章；（4）《重要商品购进、销售和库存》（E204-2表）（最近1个季度的，仅由所经营商品种在本表商品目录内的企业提供）	上年第四季度及当年新开业（投产）	无要求
		已达年主营业务收入500万元及以上的零售业				
住餐业	限额以上住宿和餐饮业（61—62）	已达年主营业务收入200万元及以上		（1）资产负债表（截至申报期最近1个月）；（2）利润表（最近1个月）；（3）企业营业税纳税申报表（打印并加盖税务部门公章或企业公章）	上年第四季度及当年新开业（投产）	无要求

十三 "外单内共"统计数据共享应用系统建设

续表

专业	入库标准		所需入库材料		开业时间要求	
	行业	规模	通用材料	专业材料	月度审核	年度审核
房地产	房地产开发经营业(7010)	全部房地产开发经营业法人单位	(1)基本情况表[MLK101-1表];(2)营业执照(或证书)、税务登记证、组织机构代码证。已实行三证合一的单位,只需提供三证合一证照	房地产开发企业资质证书(有则必须提供,无则不需提供)	无开业时间要求	无要求
规上服务业	交通运输、仓储和邮政业(53—60)	全年预计年营业收入1000万元及以上,或年末从业人员50人及以上		利润表(截至申报期最近1个月的,若无月度表,则提供最近1个季度的报表)	上年第四季度及当年新开业(投产)	无要求
	信息传输、软件和信息技术服务业(63—65)					
	租赁和商务服务业(71—72)					
	科学研究和技术服务业(73—75)					
	水利、环境和公共设施管理业(76—78)					
	教育(82)					
	卫生和社会工作(83—84)					
	物业管理(7020)					
	房地产中介服务(7030)					
	自有房地产经营活动(7040)					
	其他房地产业(7090)					

续表

专业	入库标准		所需入库材料		开业时间审核	
	行业	规模	通用材料	专业材料	月度审核	年度审核
规上服务业	居民服务、修理和其他服务业（79—81） 文化、体育和娱乐业（85—89）	全年预计年营业收入500万元及以上，或年末从业人员50人及以上	（1）基本情况表[MLK101－1表]；（2）营业执照（或营业登记证书），组织机构代码证，税务登记证。已实行三证合一的单位，只需提供三证合一证照	利润表（截至申报期最近1个月的，若无月度表，则提供最近1个季度的报表）	上年第四季度及当年新开业（投产）	无要求
固定资产投资	法人单位（不一定是企业，可以是事业单位法人，机关法人，其他法人等）	有5000万元以上在建项目		（1）项目立项审批、核准或备案文件（此三类文件没有的项目，可提供项目的整体研究报告）；（2）法人单位与施工单位签订的整体施工合同（3）项目现场照片。其中，合同类资料或研究报告只需提供涉及项目名称、项目总概算、合同金额、合同工期，双方签章、签订日期等合同主要内容复印件，并加盖业主单位公章	无开业时间要求	无要求

附件4

企业生产经营指标解释

——工业总产值（当年价格）：指工业企业在报告期内生产的以货币形式表现的工业最终产品和提供工业劳务活动的总价值量。

（1）工业总产值计算应遵循的原则

①工业生产的原则。即凡是企业在报告期内生产的最终产品和提供的劳务，均应包括在内。其中的最终产品，不管是否在报告期内销售，只要是报告期内生产的，就应包括在内。凡不是工业生产的产品，均不得计入工业总产值。

②最终产品的原则。即企业生产的成品价值必须是本企业生产的，经检验合格不需再进行任何加工的最终产品。企业对外销售的半成品也应视为最终产品计入工业总产值。而在本企业内各车间转移的半成品和在制品只能计算其期末期初差额价值。

③"工厂法"原则。即以法人工业企业作为一个整体计算工业总产值，是其报告期内生产的最终产品和提供劳务的总价值量。

（2）工业总产值的内容

工业总产值包括三部分：生产的成品价值、对外加工费收入、自制半成品在制品期末期初差额价值。

①生产的成品价值：指企业在报告期内生产，并在报告期内不再进行加工，经检验合格、包装入库的已经销售和准备销售的全部工业成品（包括半成品）价值合计。成品价值中包括企业生产的自制设备及提供给本企业在建工程、其他非工业部门和生活福利部门等单位使用的成品价值，但不包括用订货者来料加工的成品（半成品）价值。

工业总产值是按现行价格计算的。成品价值按成品实物量乘以报告期不含应交增值税（销项税额）的产品实际销售平均单价计算。会计核算中按成本价格转账的自制设备和自产自用的成品，按成本价格计算生产成品价值。

②对外加工费收入：指企业在报告期内完成的对外承做的工业品加工（包括用订货者来料加工生产）的加工费收入和对外工业品修理作业所收取的加工费收入和对内非工业部门提供的加工修理、设备安装等收入。对外加工费收入按不含应交增值税（销项税额）的价格计算。

对于以对外加工生产为主，对外加工费收入所占比重较大的企业，如果对外加工费收入出现跨报告期支付的情况，为保证总产值生产口径计算的准确性，则应将对外加工费收入按实际情况调整，记录本报告期应实际收取的对外加工费收入。

③自制半成品在制品期末期初差额价值。为了使工业总产值与工业中间投入中的物耗价值一致，以便同口径地计算工业增加值，规定本指标的计算原则是：凡是企业会计产品成本核算中计算半成品、在制品成本，则工业总产值中必须包括自制半成品在制品期末期初差额

价值；反之，则不包括。

自制半成品在制品期末期初差额价值等于自制半成品在制品期末价值减去期初价值后的余额，如果期末价值小于期初价值，该指标为负值，企业在计算产值时，应按负值计算，不能作为零处理。

（3）工业总产值计算的几种具体规定

①凡自备原材料（包括自备零部件）生产，不论其加工繁简程度如何，一律按全价，即包括自备原材料的价值，计算工业总产值。

②凡来料加工，加工企业只收取加工费，则加工企业一律按财务上结算的加工费计算工业总产值，即不包括订货者来料的价值。一般分两种情况：a. 工业企业之间的来料加工，加工企业（即承包单位）按财务上结算的加工费计算工业总产值；委托加工的企业（即发包单位）按全价计算工业总产值。b. 工业企业与非工业企业之间的来料加工，当工业企业作为加工企业时一律按加工费计算工业总产值。

③自制半成品、在制品期末期初差额价值，原则上应计入工业总产值，但如果会计产品成本核算中不计算自制半成品、在制品成本，则不计入工业总产值；如果会计产品成本核算中计算自制半成品、在制品成本的，则计入工业总产值。

区分来料加工与自备原材料生产的依据是加工企业与委托加工企业间的财务结算关系。如果委托企业提供原材料而不与加工企业结算，加工企业收取加工费，产品返回委托企业销售，则这种模式是来料加工；如果委托加工企业提供的原材料与加工企业是结算的，制成品由加工企业返给委托企业也是结算的，则这种模式是自备原材料生产。

——建筑业总产值：指以货币表现的建筑业企业在一定时期内生产的建筑业产品和服务的总和。建筑业总产值包括建筑工程产值、安装工程产值和其他产值三部分内容。

劳务分包企业建筑业总产值是指劳务分包企业与总承包企业或专业承包企业签订劳务分包合同后，从事建筑安装工程取得的所有劳务收入。

注意事项：根据税法规定，在劳务分包合同中，支付给劳务的报酬不缴纳税金，所以有部分劳务企业就没有把这部分人工费核算到建筑业总产值中，包括装饰装修产值、营业收入甚至人数也没有统计，所以，在填报本表时，一定要按照签订的合同全口径地填报建筑业总产值。

——批发和零售业、住宿和餐饮业、服务业营业收入：指企业经营主要业务和其他业务所确认的收入总额。营业收入合计包括"主营业务收入"和"其他业务收入"。根据会计"利润表"中"营业收入"项目的本期金额数填报。

——金融企业营业收入：指金融企业提供金融商品服务所取得的收入，主要包括：利息收入、手续费及佣金收入、保费收入、租赁收入、其他业务收入、汇兑损益、公允价值变动损益、投资收益和营业外收入等。

——住宿餐饮业营业额：指住宿和餐饮业单位在经营活动中因提供服务或销售商品等取得的全部收入，包括：客房收入、餐费收入、商品销售额（含增值税）和其他收入。不包括法人企业附营的其他行业产业活动单位的餐费收入、商品销售收入等各项收入。

——批发和零售业商品销售额：指对本单位以外的单位和个人出售的商品金额（包括售给本单位消费用的商品，含增值税），在批发和零售业中，本指标反映在国内市场上销售商品以及出口商品的总价。

——应交增值税：指企业按税法规定，从事货物销售或提供加工、修理修配劳务等增加货物价值的活动本期应交纳的税金，不含期初期未抵扣税额。根据会计相关科目贷方累计发生额，按下述公式计算填报：

应交增值税 = 销项税额 －（进项税额 － 进项税额转出）－ 出口抵减内销产品应纳税额 － 减免税款 + 出口退税

进项税额是指企业在报告期内购入货物或接受应税劳务而支付的、准予从销项税额中抵扣的增值税额。

销项税额是指企业在报告期内销售货物或提供应税劳务应收取的增值税额。

——综合能源消费量：指企业（单位）在报告期内实际消费的各种能源（扣除能源加工转换和能源回收利用等重复因素）的总和。计算综合能源消费量时，需要将各种能源品种的消费量换算成按照标准计量单位（如：吨标准煤）计量的消费量。

——用电量：指企业（单位）在报告期内实际消费的电力数量。用电量通常是按照报表规定的计量单位（千瓦时）计算。

——从业人员人数：指报告期末最后一日24时在本单位工作，并取得工资或其他形式劳动报酬的人员数。该指标为时点指标，不包括最后一日当天及以前已经与单位解除劳动合同关系的人员，是在岗职工、劳务派遣人员及其他从业人员之和。从业人员不包括：

1. 离开本单位仍保留劳动关系，并定期领取生活费的人员；
2. 利用课余时间打工的学生及在本单位实习的各类在校学生；
3. 本单位因劳务外包而使用的人员，如：建筑业整建制使用的人员。

——从业人员工资总额：**指根据《关于工资总额组成的规定》**（1990年1月1日国家统计局发布的一号令）进行修订，本单位在报告期内（季度或年度）直接支付给本单位全部从业人员的劳动报酬总额。包括计时工资、计件工资、奖金、津贴和补贴、加班加点工资、特殊情况下支付的工资，是在岗职工工资总额、劳务派遣人员工资总额和其他从业人员工资总额之和。

工资总额是税前工资，包括单位从个人工资中直接为其代扣或代缴的房费、水费、电费、住房公积金和社会保险基金个人缴纳部分等。

工资总额不论是计入成本的还是不计入成本的，不论是以货币形式支付的还是以实物形式支付的，均应列入工资总额的计算范围。

——固定资产投资额（含工业投资额、技术改造投资额）：固定资产投资额是以货币表示的工作量指标，包括实际完成的建筑安装工程价值，设备、工具、器具的购置费，以及实际发生的其他费用。没用到工程实体的建筑材料、工程预付款和没有进行安装的需要安装的设备等，不能计入投资完成额。

计算投资额所依据的价格：建筑安装工程投资额一般按预算价格计算。实行招标的工程，按中标价格计算。凡经建设单位与施工单位双方协商同意的工程价差、量差，且经建设单位同意拨款的，应视同修改预算价格。建筑安装工程应按修改后的预算价格计算投资完成额。

对于某些工程已进入施工但施工预算尚未编出的，统计报表可根据工程进度先按设计概算或套用相同的结构、类型工程的预算综合价格计算，待预算编出后再进行调整。

建设单位议价购料供应给施工单位，材料价差部分未转给施工单位的，建设单位应将这部分价差包括在建安工程投资中。

设备、工具、器具购置投资额一律按实际价格，即支出的全部金额计算。外购设备、工具、器具除设备本身的价格外，还应包括运杂费、仓库保管费等。自制的设备、工具、器具，按实际发生的全部支出计算。

其他费用的价格一般按财务部门实际支付的金额计算。

国内贷款利息按报告期实际支付的利息计算投资完成额，并作为增加固定资产的费用处理。

利用国外资金或国家自有外汇购置的国外设备、工具、器具、材料以及支付的各种费用，按实际结算价格折合人民币计算。

3. 深圳市人民政府办公厅关于印发规范政府涉企数据管理工作的通知

各区人民政府，市政府直属各单位：

为加强社会信用体系建设，提高企业诚信水平，规范政府涉企数据管理，根据《中华人民共和国统计法》《深圳经济特区统计条例》和《深圳市社会信用体系建设工作方案》（深办〔2012〕19号），现将有关事项通知如下。

一、市统计部门负责全市经济社会发展情况统计调查，对政府部门所使用的企业数据进行审核、监督和管理。各有关部门所使用的企业数据应当与统计部门保持一致，做到真实可信。

二、政府各单位执行我市涉企优惠政策，尤其在制定企业用地、资金扶持、税收减免、人事劳动、保障性住房、表彰奖励、政府采购、招标投标、市场准入、资质审核等具体方案时，凡使用企业生产经营指标作为评估必要条件或者重要参考条件的，应当确保相关指标数据与市统计部门保持一致，不得擅自使用企业自报或第三方机构提供的数据。

凡上报市政府的涉企优惠政策方案，应当专门说明方案中采用的企业生产经营指标数据是否与市统计部门一致。

本条所指企业生产经营指标包括但不限于：企业总产值、营业收入（营业额）、商品销售额、应交增值税、综合能源消费量、用电量、从业人员人数、工资总额、固定资产投资额（含工业投资额、技术改造投资额）等。如有必要，政府有关单位商市统计部门，并报经市政府同意，可增加其他指标。

三、企业报给政府各有关单位的数据，经市统计部门核准超出正常误差范围的，按下列规定处理：

（一）第一次超出正常误差的，由该单位责令整改；

（二）第二次超出正常误差的，不得在该单位享受当次优惠政策，并由该单位对其口头申诫；

（三）第三次超出正常误差的，由市统计部门通报市政府各有关单位，一年内不得享受我市所有政府涉企优惠政策；

（四）第四次超出正常误差的，由市统计部门列为"数据报送不诚信企业"，3年内不得享受我市所有政府涉企优惠政策。同时抄送市企业信用信息系统，记入企业诚信档案。

四、对于数据报送信用记录优秀的企业，经市统计部门认定为"数据报送诚信企业"的，其3年内所报数据，各单位可以直接采用，无须市统计部门核准。

五、政府各有关单位违反本通知第二、第三条规定的，按下列规定处理：

（一）市政府办公厅作退文处理，并按照政府绩效考核"办文质量和效率"规则扣分；

（二）一年内两次违反规定的，由市统计部门进行约谈；

（三）一年内三次违反规定的，由市政府督查室进行约谈；

（四）一年内四次及以上违反规定的，由市政府通报批评。

六、市统计部门应当在规定时限内，配合做好政府涉企数据的核实和认定工作。

七、市财政部门应将政府涉企数据管理工作经费纳入年度预算，切实保障统计及相关部门涉企数据管理工作。

八、市统计及相关部门要高度重视政府涉企数据管理工作，根据实际制定本单位的实施细则和工作流程，确保落实到位。各区政府（新区管委会）可参照本通知制定相关管理规定。

九、相关部门在政府涉企数据管理工作中不履行或不正确履行职责、造成损失或不良影响的,由市监察部门依法追究行政机关及其工作人员的行政责任。

十、本通知自印发之日起实施,有效期5年。《深圳市人民政府办公厅关于印发进一步规范政府涉企数据管理的通知》(深府办函〔2014〕92号)同时作废。

深圳市人民政府办公厅
2016年9月16日

十四 绿色低碳经济统计创新

为"十三五"乃至更长时期我国经济社会发展的五大发展理念之一,绿色发展是一项重大战略,也是一种崭新理念。深圳市统计局自 2009 年就开始探索研究绿色发展和低碳经济统计,目前在碳交易试点、新能源和节能环保产业、温室气体排放、循环经济等方面的统计已经取得了初步的进展。此外,在国家统计局的统一部署下,完成了能源消费总量的重新核实工作,为做好开展温室气体核算、编制碳清单工作打下了良好的基础。

(一)碳交易试点统计

"十二五"期间,国家正式启动碳排放交易相关工作,选择北京、天津、上海、重庆、广东、湖北、深圳等 7 省、市作为试点区域。

1. 碳交易管控企业数据统计

深圳试点工作由副市长牵头开展,深圳局是碳交易试点工作的主要成员单位之一。工作伊始,由于没有现成经验可资借鉴,所有事情都是"摸着石头过河",各项历史数据的缺失,一些管控企业的不配合,为试点工作带来了极大的难度。

对此,深圳局采取多项措施开展数据核实工作。首先利用自身优势,通过统计网的样本单位框和工商资料逐一核对,初步确定纳入管控范围的企业名单后开展数据收集整理工作,为最终确定 635 家单位首批纳入碳交易试点打下坚实的基础。其次主动参与碳交易机制设计工作,针对企业产品种类、技术多样、难以制定统一行业标准的特点,提出了采用行业碳强度先进制法进行配额分配,即基准法和历史法相结合的分配方法。

在深圳局的大力协助下,深圳碳市场率先于 2013 年 6 月启动,拉开了我国碳市场建设的序幕，同时深圳还出台了《深圳市碳排放权交易管理暂行办法》，成为全国第一个建立由地方性法规和地方规章组成的相对健全的碳交易法律制定的试点城市。

截至2017年初，深圳碳市场已经经历了三个完整的履约年度，履约率达到了99.8%，有力地促进了积极低碳转型，实现了管控单位碳排放总量和碳强度的大幅度下降，完成了最初的设计目的。

2. 碳交易管控企业增加值审核

根据《深圳市碳排放权交易管理暂行办法》的要求，由深圳局开展对碳交易管控企业增加值数据的审核和确定工作。尽管核算增加值是统计局的常规工作，但这项工作由于涉及碳配额分配，对企业的数据要求更加严格精准，深圳局遵循公平、透明、科学及合理的原则，采取多项措施开展工作。

（1）加强开展培训工作，督促企业重视统计工作。举办企业增加值核算培训工作会议，增强管控企业对增加值核算概念和计算方法的理解，提高数据填报的准确性。自2013年开始至今已举办多期培训，累计3000多人次参加。

（2）加强审核，确保数据真实准确。从现有的统计联网直报平台摘取管控企业数据，收集管控企业反馈信息，核出其增加值系统平台数据。创新性地要求管控企业提交由会计师事务所出具的年度增加值专项审计报告，再采用与统计直报平台数据及管控企业历史数据对比等方法，逐一核查管控企业会计审计报告，确定其年度增加值数据。

（3）以纸质确认函的形式送达，确保渠道畅通。对600多家（2017年已经扩大近900家）管控企业要求将增加值数据以纸质形式送达深圳市统计局，在经过核实后深圳市统计局以电话、邮件等方式反馈，确保数据确认与反馈的沟通渠道畅通。

（4）积极开展数据抽查工作。我们专门聘请会计师事务所，按照一定比例进行抽查工作，除书面检查外，还赴企业进行现场核查，确保企业数据真实准确。通过对碳交易企业的增加值核查和统计服务工作，敦促企业重视和完善统计，尽早发现漏洞，做到应统尽统，不重不漏。截至2016年已现场抽查企业40多家，并对查出问题的15家企业发出整改通知书，对于在核查中就发现了企业漏报的10.5亿元增加值，已要求企业按照规定重新填报。

（5）开展碳交易企业数据核算富有成效。对于推动碳交易市场的顺利开展，促进企业开展节能减排和产业升级,确保深圳经济保持创新和可持续增长起到了积极的意义,碳交易试点工作也得到市领导的充分肯定。从履约情况、减排成效来看都取得了良好的效果,2015年企业的增加值较2010年增加了1500亿元,增幅达54.7%,碳排放强度则下降了41.8%。

深圳局还对各碳交易管控企业调研走访,撰写《碳交易试点带来的变化:增加值加速与能耗量消减并行》报告,获市政府主要领导充分肯定与批示。时任深圳市市长许勤批示:"应加大对减排好的企业的宣传力度,对基层社会责任予以肯定。"时任深圳市副市长唐杰批示:"统计局报告用非常简练的数字总结了碳排放交易与节能减排关系,及我市节能减排的趋势,其中对我市碳排放市场发展的担忧也有一些值得注意的观点,请呈许市长阅。"

(二) 新能源与节能环保产业统计

2009年起,深圳开始制定发展战略性新兴产业政策,新能源、节能环保产业作为其中的重要一环,也直接和绿色发展相关。深圳市政府出台《深圳新能源产业振兴发展规划》《深圳新能源产业振兴发展政策》《深圳节能环保产业振兴发展规划》和《深圳节能环保产业振兴发展政策》后,对统计部门提出建立健全新能源、节能环保产业统计指标体系和统计制度的新要求。

作为新兴产业,新能源、节能环保产业,其涉及面广,统计口径需重新认定,业态复杂,企业规模参差不齐,变化频繁,搜集数据的渠道不畅通,特别是目前没有统一的企业基本名录库,从国家到地方也没有制定完整的统计制度和指标解释,该项工作困难重重。

深圳局为顺利开展这项工作,克服重重困难,采取多项措施,完成了新能源、节能环保产业统计制度的制定工作,根据自己掌握的情况,对新能源产业及节能环保产业的名单库进行梳理,确定各产业规模比重,对产业规模进行了整理归纳和初步测算。

作为新兴产业重要的一环,新能源、节能环保产业统计也经历了由少到多、统计口径由"四上"到全口径的过程,统计方法制度正在逐步完善。

1. 常规统计调查单位库

考虑到深圳的发展定位与统计的可操作性,目前深圳新能源、节能环保产业的范围根据产业发展规划对产业的定义来确定,主要采用企业法,即由市发展改革委联合市科技创新委、市经贸信息委、市委宣传部等职能主管部门共同认定符合产业振兴发展政策条件的法人单位,形成涵盖工业、商业、服务业和建筑业等四个行业的产业单位名录库。在单位名录库的基础上,深圳局按照国家统计局实施的企业一套表制度标准,对企业进行规模认定,筛选出符合一套表平台统计范围的"四上"企业,生成新能源、节能环保产业常规统计调查单位库。截至目前,两产业在统的"四上"企业共有500多家。

2. 数据统计

新能源、节能环保产业的数据收集,以国家联网直报系统为依托,直接从一套表平台上采集企业相关经济指标数据,实现由间接采集转变为直接采集,从而提高数据处理效率和数据生成过程的透明度和可控性。对于"四上"企业,采取全面定期统计报表调查方法进行相关统计指标的测算,按照企业归属的行业类别,采集对应的行业报表数据,分行业测算企业增加值。对于"四下"企业,利用全国第三次经济普查数据进行相关统计指标的推算。

3. 数据质量控制

为做到"应统尽统",在利用国家联网直报系统的基础上,加强与税务、工商、供电等部门联系,对新能源、节能环保产业的指标进行比对和验证,修订和完善数据,提高数据质量。下一步将会加强与各行业协会的沟通与联系,以便及时掌握各产业的发展动态。

目前新能源、节能环保产业已经初步形成一套较为完善的统计体系,完成了产业规模和增加值的测算工作,为做好产业统计工作打好基础。2016年新能源产业增加值592.25亿元,同比增长29.34%;节能环保产业401.73亿元,同比增长8.21%,两产业占全市GDP比重达5.1%(见表14-1)。

表14-1　　　　　　　　　新能源、节能环保产业增加值数据

		增加值(亿元)	上年同期增加值(亿元)	增速(%)
新能源产业	2016年	592.25	457.91	29.34
	分行业:服务业	60.60	59.54	1.78
	工业	530.68	397.37	33.55

续表

		增加值（亿元）	上年同期增加值（亿元）	增速（%）
新能源产业	建筑业	0.29	0.33	-13.04
	批零业	0.69	0.67	2.56
	分区数：宝安	100.95	78.08	29.29
	大鹏	167.32	163.71	2.21
	福田	49.07	28.49	72.22
	光明	26.90	20.49	31.31
	龙岗	49.92	31.89	56.53
	龙华	19.82	16.27	21.77
	罗湖	2.47	2.85	-13.18
	南山	59.08	51.94	13.74
	坪山	115.16	62.95	82.95
	盐田	1.57	1.25	25.63
节能环保产业	2016年	401.73	371.26	8.21
	分行业：服务业	48.87	44.59	9.61
	工业	290.37	270.96	7.16
	建筑业	57.50	53.16	8.17
	批零业	4.99	4.05	23.02
	分区数：宝安	120.79	109.02	10.79
	大鹏	1.87	2.15	-12.97
	福田	46.41	41.00	13.18
	光明	8.83	7.94	11.19
	龙岗	49.52	49.06	0.93
	龙华	14.53	12.88	12.78
	罗湖	75.13	71.22	5.50
	南山	77.20	69.64	10.85
	坪山	7.38	8.32	-11.34
	盐田	0.07	0.01	368.55

4. 面临的问题

（1）标准认定与范围界定。标准认定与范围界定根据国家统计局发布的《战略性新兴产业分类（2012）》，战略性新兴产业按照经济活动划分，是在《国民经济行业分类》基础上，对与战略性新兴产业相关活动的再分类，包括节能环保产业、新能源产业、新能源汽车产业等七大产业，在产业分类上与各地不同，只涵盖了工业和服务业两个行业，远远不能满足各地区产业发展要求。

（2）统计调查方法问题。由于国家一套表平台对满足地方统计需求的外延扩展性不高，较难实现对派生产业统计的功能，因此，新能源、节能环保产业无法通过一套表平台要求企业填报报表。

（3）指标设计和数据对比问题。国家统计局于2012年12月颁布《战略性新兴产业分类（2012）》（试行）。深圳市新能源统计工作始于2009年底，2012年开始进行节能环保产业统计。深圳总体起步早于国家，与国家方法稍有不同，主要表现在以下几个方面。

一是界定方法不同。由于各地战略性新兴产业统计口径、统计指标、统计方法不一致，导致数据不可比。国家统计局发布的《战略性新兴产业分类（2012）》中，有相当一部分的认定标准是按照产品进行的，在实际工作中，由于企业很难将单个产品单独分离出来计算产值、增加值，致使各地采用不同的方法。如深圳采用由职能主管部门确定的企业法，而上海、杭州采用企业法+行业法+产品法。

深圳采用的企业法，由发展会同经信、科创等部门提出企业名单，统计局根据这个企业名单从一套表数据库里将这些企业的数据筛出来进行汇总形成深圳市的新能源和节能环保产业增加值。国家采用行业分类对产业进行界定，但到目前为止，还没有具体计算办法，无法具体操作。

二是产业分类不同。目前深圳市统计的战略性新兴产业有七个，包括新一代信息技术、互联网、新材料、生物、新能源、节能环保和文化创意。国家的战略性新兴产业分为七个，包括节能环保、新一代信息技术、生物、高端装备制造、新能源、新材料和新能源汽车。

三是深圳市的七个产业之间存在交叉重复计算，新能源和节能环保产业与其他战略性新兴产业存在较大的重复部分，重复率为18.5%。而国家的战略性新兴产业中包含的产品和服务不得重复，即一项产品和服务不能同时属于两个或两个以上的产业类别。

因此，恳请国家局对深圳新能源、节能环保产业统计工作给予关心指导。

（三）温室气体排放统计核算试点

"建立低碳发展统计核算体系"作为主动探路试点的改革任务之一，主要内容是建立涵盖深圳市主要行业的碳排放强度指标的数据库，研究低碳发展统计考核核算体系和启动温室气体排放清单的编制工作。

通过对深圳市低碳发展中长期规划的深入解读，构建低碳发展评价体系，用于对深圳市低碳发展状况进行总体的定量判断，为制定低碳发展规划，施行低碳发展政策提供依据；通过梳理整合评价数据相关的核算标准，结合国家有关部委的统计制度，建立低碳发展统计核算体系，用于规范低碳发展评价指标数据的量化核查标准和统计流程，为低碳发展现状评价和未来趋势预测提供数据支撑，为深圳市碳交易、碳核查提供方法借鉴。

1. 能源消费总量数据测算

深圳局根据经济普查完成了对能源消费总量的调整工作，并重新测算了深圳市单位GDP能耗数据和能源平衡表历史数据的编制工作，为开展下一步建立低碳核算统计体系工作和温室气体排放清单的编制工作打下了良好的基础。

能源消费总量的核算在能源统计工作中起到举足轻重的地位，也是温室气体排放核算的基础。由于该项工作的重要性，深圳局于2015年6月向市政府提交了《关于我市能源消费总量数据调整的报告》，报告深圳市能源消费总量数据的调整情况及对深圳市能耗考核及"十三五"节能目标制定的影响。该报告得到了市政府主要领导的充分肯定，时任深圳市市长许勤和副市长徐安良先后在报告上做出了批示，并转发给市发改委、经信等职能部门。

2. 初步研究结论

在完成能源消费总量核算的同时，深圳局也开始温室气体排放统计核算体系研究和初步研究编制温室气体排放清单等项目。通过与深圳环境科学研究院合作，完成了《深圳市温室气体排放统计核算体系研究报告》和《深圳市GEP统计体系初步研究》，并于2015年11月通过评审，向市科创部门申报科研成果。

该项目在充分分析国内外温室气体排放清单、工具的基础上，对深圳市温室气体排放统计核算体系进行研究，分析全市温室气体排放的主要特征，并选定温室气体排放边界与统计范围，研究宜于深圳市的温室气体排放统计指标与数据获取方法，完善现行的统计调查体系，建立健全全市温室气体排放基础统计报表制度，研究基于温室气体统计范围的核算方法，构建深圳市温室气体排放统计核算体系，确保实现地区二氧化碳减量排放约束性目标，有效控制全市温室气体排放。

(四) 循环经济统计试点

按照国家统计局联合国家发改委下发的《关于印发〈循环经济发展评价指标（2017年版）〉的通知》的要求，为制定市、县级经济发展评价指标体系，深圳局开展了在光明新区的产业园区循环化改造成果的调查工作，作为前期试点。

2014年7月，深圳光明高新技术产业园区被国家发改委、财政部批复为"国家循环化改造示范试点园区"。为全面掌握光明高新园区循环化改造的具体工作实施情况，了解园区企业参与循环化改造的具体情况，从总体上把握光明高新区循环化改造的指标完成情况，找出各循环化改造指标与目标值的差距，深圳局于2016年参与了对园区的企业进行全面摸底调查，并完成了初步报告（见表14-2）。

表14-2　　　　　　　光明高新区循环化改造指标

分类	序号	指标名称	单位	2015年	2016年
资源产出指标	1	园区生产总值	亿元	238.57	278.64
	2	*资源产出率	万元/吨	341.60	345.59
	3	*能源产出率	万元/吨标煤	8.54	8.35
	4	*土地产出率	万元/公顷	1178.14	1376.00
	5	水资源产出率	元/立方米	1625.39	1477.19
资源消耗指标	6	能源消耗总量	万吨标煤	27.93	33.37
	7	水资源消耗总量	万立方米	1467.79	1886.29
	8	*单位国内生产总值取水量	立方米/万元	6.15	6.77
	9	*单位生产总值能耗	吨标煤/万元	0.12	0.12
	10	液晶显示模组：单位能耗	吨标煤/平方米	11.55	6.54
	11	液晶面板：单位能耗	吨标煤/平方米	0.02	0.01
	12	液晶显示模组：单位水耗	立方米/平方米	596.78	381.09
	13	液晶面板：单位水耗	立方米/平方米	0.85	0.86

续表

分类	序号	指标名称	单位	2015年	2016年
资源综合利用指标	14	工业固体废物综合利用量	万吨	10.07	13.10
	15	*工业固体废物综合利用率	%	57.79	62.39
	16	工业用水重复利用量	万立方米	17450.40	33832.49
	17	*工业用水重复利用率	%	92.24	94.72
废物排放指标	18	*二氧化硫排放量	吨	0.14	0.11
	19	*化学需氧量排放量	吨	416.18	536.75
	20	*氨氮排放量	吨	7.85	15.81
	21	*氮氧化物排放量	吨	14.21	37.50
	22	*单位地区生产总值二氧化碳排放量	吨/万元	0.53	0.45
	23	工业固体废物排放量	万吨	0.00	0.00
	24	工业固体废物处置量	万吨	7.35	8.08
	25	工业废水排放量	万立方米	781.39	1187.14
其他指标	26	*园区循环经济产业链关联度	%	88.67	89.25
	27	*非化石能源占一次能源消费比重	%	14.28	16.38
特色指标	28	绿色采购占园区新增固定资产的比重	%	12.81	13.30
	29	绿色采购国产化率	%	33.39	38.05
	30	园企共建履约率	%	100.00	100.00

注：▋为达标指标，▋为未达标指标。

鉴于循环经济统计工作难度高、任务重，有些指标如资源产出率目前还没有发布权威的指标解释，恳请国家局对这一工作实施具体指导，特别是非能源统计的常规指标如资源产出率的统计方法提出意见。

（五）展望和计划

1. 配合完成国家碳交易市场并轨

国家计划于2017年启动全国碳排放交易体系，将覆盖钢铁、电力、化工、建材、造纸和有色金属等重点工业行业。随着全国统一碳交易市场的建立，越来越多的工业企业和建筑物会被纳入排控对象,这就意味着对企业自身减排的巨大需求,深圳局也将面临更多的数据核实任务。对此,将严格按照上级的统一部署,继续高标准做好相关工作,积极配合完成全国碳市场并轨。

2. 继续开展循环经济统计工作

深圳局将按照市政府的要求和国家统计局的统一部署,牵头开展循环经济,对相关指标数据进行收集整理、汇总和分析,建立调查分析制度,我们将总结开展国家试点的兄弟城市的经验和教训,扬长避短,发挥自己的优势,确保顺利完成这项工作。

3. 开展绿色发展指标体系和生态文明建设考核目标体系方面的研究

按照国家统计局联合国家发改委下发的《关于印发〈绿色发展指标体系〉和〈生态文明建设考核目标体系〉的通知》,对全国的绿色发展和生态文明建设考核作出重点部署和安排,重点将在统计方法制度和指标标准的顶层设计实现突破,深圳局将积极按照国家局的统一安排,牵头开展对相关指标的收集、汇总和梳理分析工作,建立有关数据的核算基础,确保绿色发展指标体系的建立和生态文明考核的顺利开展。

附录 14-1　深圳市碳排放权交易管理暂行办法(节选)

《深圳市碳排放权交易管理暂行办法》已经市政府五届一百〇五次常务会议审议通过,现予发布,自发布之日起施行。

市长　许勤

2014 年 3 月 19 日

深圳市碳排放权交易管理暂行办法

第一章　总则

第一条　为建设环境资源友好型社会,加快经济发展方式转变,促进节能减排和绿色低碳发展,建立和规范碳排放权交易市场,实现温室气体排放控制目标，根据《深圳经济特区碳排放管理若干规定》，制定本办法。

第四条 市发展和改革部门是本市碳排放权交易工作的主管部门（以下简称主管部门），主要履行下列职责：

（一）制定碳排放权交易相关规划、政策、管理制度并组织实施；

（二）负责提出碳排放权交易的总量设定以及配额分配方案；

（三）确定碳排放权交易的管控单位并监督其履约；

（四）监督碳排放权交易相关主体的碳排放权交易活动；

（五）建立并管理碳排放权注册登记簿和温室气体排放信息管理系统；

（六）统筹、指导、协调本市碳排放权交易工作。

第五条 市住房建设、交通运输等部门接受主管部门委托，负责本行业碳排放权交易的管理、监督检查与行政处罚。

市市场监督管理部门负责制定工业行业温室气体排放量化、报告、核查标准，组织对纳入配额管理的工业行业碳排放单位的碳排放量进行核查，并对工业行业碳核查机构和核查人员进行监督管理；市统计部门负责组织对纳入配额管理的工业行业碳排放单位的有关统计指标数据进行核算，并对统计指标数据核查机构进行监督管理。

各区政府和财政、金融、经贸信息、科技创新、税务、环境保护、规划国土、交通运输、水务等职能部门在各自职责范围内负责碳排放权交易相关管理工作。

第十九条 主管部门应当在每年5月20日前，根据管控单位上一年度的实际碳排放数据和统计指标数据，确定其上一年度的实际配额数量。

第二十八条 管控单位应当根据本办法的规定提交年度碳排放报告；管控单位属于工业企业的，还应当提交统计指标数据报告。

年度碳排放报告应当由管控单位依据温室气体排放量化、报告标准进行编制，并于每年3月31日前通过本市温室气体排放信息管理系统提交给主管部门。统计指标数据报告应当依据市统计部门的规范要求进行统计、编制，并于每年3月31日前提交给市统计部门。

管控单位统计指标数据的统计口径应当与碳排放量化、报告、核查的口径保持一致。

管控单位应当于每年 5 月 10 日前将经市统计部门核定后的统计指标数据提交给主管部门。

市统计部门可以委托统计指标数据核查机构对管控单位提交的统计指标数据报告进行核查。

第三十条　管控单位应当对其碳排放和统计指标数据报告的真实性、准确性和规范性负责，不得提供虚假数据或者与核查机构互相串通提供虚假数据。管控单位不得连续三年委托同一家碳核查机构或者相同的碳核查人员进行核查。

第六十三条　主管部门、市市场监督管理和统计等部门应当加强对碳核查机构和统计指标数据核查机构的监督管理，将核查机构纳入本市企业信用体系进行管理，及时向企业信用信息管理机构提供核查机构的相关信用信息，并在碳排放权交易公共服务平台网站予以披露。

碳核查机构和统计指标数据核查机构与管控单位相互串通、虚构或者捏造数据，出具虚假报告或者报告严重失实，泄露企业信息，与管控单位有其他利害关系，违反公平竞争原则的，除依照本办法进行处罚外，由市市场监督管理和统计部门按照职责分工，将其从本市核查机构名录中除名。

第六十七条　管控单位未在本办法规定期限内提交年度碳排放报告且经催告仍未提交，或者虚构、捏造碳排放数据的，根据管控单位的能源消耗数据、统计指标数据的变化、同行业同类型企业的碳排放量等因素，从严确定其年度碳排放量。

管控单位未在本办法规定期限内提交统计指标数据报告且经催告仍未提交的，其统计指标数据认定为零。

第七十条　管控单位违反本办法第三十条的规定，虚构、捏造碳排放或者统计指标数据的，由主管部门责令限期改正，并处与实际碳排放量的差额乘以违法行为发生当月之前连续六个月碳排放权交易市场配额平均价格三倍的罚款。

附录 14-2 新能源企业统计报表制度[①]

一 总说明

（一）为了解全市新能源企业生产经营活动的基本情况，为各级政府制定新能源政策和计划、进行经济管理与调控提供依据，依照《中华人民共和国统计法》的规定，特制定本统计报表制度。

（二）本统计报表制度分为年报、定期报表，统计范围为深圳新兴高技术产业发展领导小组认定的，符合《深圳新能源产业振兴发展政策》条件的，从事新能源经营活动工业企业或服务性企业。

（三）本统计报表制度由深圳市统计局负责解释。

二 报表目录

表号	表名	报告期别	填报单位	报送单位	报送日期及方式	页码
	新能源企业名单	年报	深圳新兴高技术产业发展领导小组办公室	领导小组办公室		
	新能源企业基本情况	年报	符合《深圳新能源产业振兴发展政策》条件的，从事新能源经营活动工业企业或服务性企业	各区统计局、直报企业		4
	新能源企业产值及主要产品产量表	季报	同上	同上		6

[①] 深圳市统计局制定，2010年5月。

三 调查表式

新能源企业基本情况

表　号：　表
制表机关：
文　号：
年　　　　　有效期至：

	01 法人单位代码 □□□□□□□□-□
	02 法人单位名称：
	03 法定代表人(负责人)：

04 单位所在地及行政区划　　　行政区划代码(统计机构填写) □□□□□□-□□-□□
省(自治区、直辖市)_____地(区、市、州、盟)_____县(区、市、旗)_____
_____乡(镇)_____街(村)、门牌号
单位位于：_____街道办事处　　社区(居委会)、村委会

05 联系方式
区　号	□□□□		
电话号码	□□□□□□□□	电子信箱	
分机号	□□□□		
传真号码	□□□□□□□□		
邮政编码	□□□□□□	网　址	

06 行业类别
主要业务活动(或主要产品) 1_____ 2_____ 3_____　　行业代码 □□□□ (统计机构填写)

07 登记注册(或批准)情况(如登记注册或批准机关为多个，请复选)　机关级别：1国家，2省，3地(市)，4县(市)
	登记注册(或批准)机关名称	机关级别	登记注册号
1	工商行政管理部门		
2	编制部门		
3	民政部门		
9	其他(请注明批准机关)		

08 登记注册类型

内资	149 其他联营	174 私营股份有限公司	**外商投资**
110 国有	151 国有独资公司	190 其他	310 中外合资经营
120 集体	159 其他有限责任公司	**港澳台商投资**	320 中外合作经营
130 股份合作	160 股份有限公司	210 与港澳台商合资经营	330 外资企业
141 国有联营	171 私营独资	220 与港澳台商合作经营	340 外商投资股份有限公司
142 集体联营	172 私营合伙	230 港澳台商独资	
143 国有与集体联营	173 私营有限责任公司	240 港澳台商投资股份有限公司	□□□

09 开业(成立)时间　　　□□□□年□□月

10 营业状态(限企业填报)1营业,2停业(歇业),3筹建,4当年关闭,5当年破产,9其他　□□

11 执行会计制度类别 1企业会计制度,2事业单位会计制度,3行政单位会计制度,9其他　□□

12 产业活动单位数

		百 十 个		百 十 个		百 十 个
	总计		3 建筑业		6 住宿、餐饮业	
	1 农林牧渔业		4 交通运输、电信业		7 房地产业	
	2 工业		5 批发、零售业		9 其他	

续表

13 年末从业人员数	指标名称	代码	总计	女性
	甲	乙	亿仟佰拾万仟佰拾人	亿仟佰拾万仟佰拾人
	年末从业人员合计	01		
	其中：科研人员合计	02		

14 企业主要经济指标	指标名称	亿仟佰拾万仟佰拾元
	全年营业收入合计	
	其中：主营业务收入	
	其中：新能源产品业务收入	
	全年投入新能源生产与开发项目资金	
	其中：R&D 经费投入	
	资产总计	

15 企业集团情况（限企业集团母公司及成员企业填写）本企业是
　1 集团母公司
　2 成员企业——请填直接上级法人单位组织机构代码：

16 企业开发新能源项目
　1. 核能 2. 太阳能 3. 风能 4. 生物质能 5. 储能电站 6. 新能源汽车 7. 其他　□□□□

17 产品情况〔限生产名牌产品、及使用驰（著）名商标企业填写〕

　本企业生产产品为：1 省名牌，2 中国名牌，3 世界名牌，4 省、中国名牌，5 省、中国、世界名牌

　本企业产品使用商标为：1 省著名商标，2 中国驰名商标，3 省著名、中国驰名商标

　有无自有知识产权．1. 是　　0. 否　　□□

18 拥有专利数量：　□□

19 是否本年新建企业：1. 是　　0. 否　　□
　如填"1"，请填投产时间　　□□□□年□□月

20 企业所在开发区或园区名称：（限工业企业填）　　代　码：（统计机构填写）□□□□

单位负责人：　统计负责人：　　　　填表人：
联系电话：填表日期：20 年 月 日　（法人单位在此盖章）

审表人：　　　　　　　　　审表日期：20 年 月 日

单位负责人：　统计负责人　　填表人：　　报出日期：20 年 月 日

说明：1. 本表由各区统计局或直报企业报送。

2. 统计范围是符合《深圳新能源产业振兴发展政策》条件的，从事新能源经营活动工业企业或服务性企业。

3. 本表为年度报表，由各区统计局整理成一览表报送。报送时间为年后 3 月底前，报送方式为电子邮件。

企业产值及主要产品产量表

组织机构代码□□□□□□□□-□　　　　　　　　　表　号：　　　表
企业详细名称：　　　　　　　　　　　　　　　　制表机关：
行业代码 □□□□

文　号　　　号

200　年　月　　　　　　　　　　　　　　　　　　　　　有效期至：

指　标　名　称	计量单位	代码	本年实际		去年实际	
			本月	本月止累计	去年同月	去年同月止累计
甲	乙	丙	1	2	3	4
一、工业总产值（当年价格）	千元	01				
工业销售产值（当年价格）	千元	02				
二、企业用电量	万千瓦时	03				
三、有关财务指标		04				
营业收入	千元	06				
从业人员劳动报酬	千元	07				
营业税金及附加	千元	08				
应交增值税	千元	09				
补贴收入	千元	10				
固定资产本年折旧	千元	11				
营业利润	千元	12				
年末从业人数	人	13				

单位负责人：　　　　统计负责人：　　　　填表人：　　　报出日期：200　年　月　日

指标解释：

1. 法人单位代码：指根据中华人民共和国国家标准《全国组织机构代码编制规则》（GB11714—1997），由组织机构代码登记主管部门给每个企业、事业单位、机关、社会团体和民办非企业单位颁发的在全国范围内唯一的、始终不变的法定代码。法人单位代码为9个字符，不能含有0—9或A—Z（大写）之外的任何字符。

2. 行业类别：根据总部核心企业从事的主要社会经济活动性质对各类单位进行的分类，按《国民经济行业分类 GB/T4754—2002》中的大类行业代码填报。

3. 年末从业人数：指在本企业工作并取得劳动报酬或收入的年末实有人员数。

4. 资产总计：指企业拥有或控制的能以货币计量的经济资源，包括各种财产、债权和其他权利。资产按其流动性（即资产的变现能力和支付能力）划分为：流动资产、长期投资、固定资产、无形资产、递延资产和其他资产。根据企业会计"资产负债表"中"资产总计"项目的期末数填写。

5. 工业总产值：指工业企业在报告期内生产的以货币形式表现的工业最终产品和提供工业劳务活动的总价值量。目前工业总产值按"工厂法"计算。

四 附件

1. 深圳新能源产业振兴发展政策

第一条 为大力扶持深圳新能源产业发展，培育新的经济增长点，保持产业持续竞争力，根据国家扶持新能源产业发展的相关政策和深圳市人民政府《印发关于〈加强自主创新促进高新技术产业发展若干政策措施〉的通知》（深府〔2008〕200号）及《深圳新能源产业振兴发展规划（2009—2015年）》，制定本政策。

第二条 本政策所称新能源产业是指开发利用新的能源资源（包括可再生能源）和对传统能源进行新技术变革过程中形成的相关产业。重点包括太阳能、核能、生物质能、风能、储能电站、新能源汽车等领域的科技研发、装备制造、能源开发、推广应用以及产业服务等方面。

第三条 市政府设立深圳新兴高技术产业发展领导小组，全面统筹协调我市新能源等新兴高技术产业发展工作及重大事项的审议。领导小组由市领导任组长，成员包括市发展改革委、科工贸信委、财政委、规划国土委、人居环境委、交通运输委、卫生人口计生委、人力资源保障局、农业局、住房建设局、市场监管局、药品监管局、金融办等部门以及各区政府、市光明新区管委会、坪山新区管委会。

领导小组办公室设在市发展改革委，负责领导小组日常工作。

第四条 自2009年起，连续7年，市高新技术重大项目专项资金、科技研发资金、技术进步资金每年各安排1亿元，市财政新增2亿元，每年集中5亿元，设立新能源产业发展专项资金（以下简称专项资金），用于支持新能源产业发展。

建立深圳新能源产业发展联席会议制度，负责我市新能源产业发展协调工作、新能源企业认定、享受优惠政策条件的审定及新能源产业发展专项资金的管理等。联席会议由市发展改革委、科工贸信委、财政委等3个部门组成，根据议题可邀请其他部门参加联席会议。联席会议的日常工作由深圳新兴高技术产业发展领导小组办公室承担。

第五条 组织实施深圳市新能源产业高技术产业化专项，专项资金对自主创新成果产业化予以支持。

鼓励我市企业、高等院校和科研机构积极承担新能源产业领域国家、省级研发及产业化项目，专项资金予以最高1500万元配套支持。

在深圳设立符合规定条件的研发中心、工程实验室、重点实验室、工程中心、公共技术服务平台，专项资金给予最高 500 万元资助。

企业、高等院校和科研机构承担国家工程实验室、国家重点实验室、国家工程中心建设任务，并在深圳实施的，专项资金给予最高 1500 万元配套支持。

鼓励开展技术创新。对本市企业自主创新新能源产品研发，专项资金给予最高 800 万元资助。

经认定的本市新能源企业，根据其贡献程度，给予一定的研发资助。具体资助办法另行制定。

第六条　专项资金每年安排不低于 300 万元，用于推动新能源企业积极参与国际国内标准化活动，建立研发与标准化同步机制，制定具有自主知识产权的技术标准。

第七条　专项资金每年安排不低于 300 万元，用于新能源产业专利池建设、基础性专利研究与分析、专利预警报告发布。

第八条　通过贷款贴息、项目扶持、保费补助、风险代偿等方式引导社会资金投向新能源产业。市创业投资引导基金加大对新能源产业项目的支持力度。鼓励创业投资机构和产业投资基金投资新能源项目，鼓励、引导金融机构支持新能源企业发展，支持信用担保机构对新能源企业提供贷款担保，支持知识产权质押贷款。

支持新能源企业利用资本市场融资。积极支持符合条件的新能源企业通过上市、发行企业债券、公司债券、短期融资券和中期票据等方式融资，开展新能源企业联合发行企业债券试点。

在境内上市企业向中国证监会提交首次公开发行上市申请并取得《中国证监会行政许可申请受理通知书》，在境外上市企业与券商签订有关上市协议且其有关上市申请已被境外证券交易所受理的，市民营及中小企业专项资金优先予以资助。

非上市股份有限公司通过深圳高新区股份报价转让系统挂牌进行股份报价转让，市产业发展资金予以最高 180 万元资助。

第九条　经联席会议审定，投资额超过 2 亿元的新能源产业项目，优先列入深圳市重大建设项目，市发展改革、科工贸信、规划国土、人居环境、住房建设、市场监督管理、公安消防等部门予以项目"绿色通道"待遇；对属于产业发展重点领域且为产业链缺失环节的产业化项目，专项资金给予最高 500 万元资助。

第十条　符合《财政部关于印发〈太阳能光电建筑应用财政补助资金管理暂行办法〉的通知》（财建〔2009〕129 号）和《财政部科技部国家能源局关于〈实施金太阳示范工程〉的通知》（财建〔2009〕397 号）等相关规定的深圳太阳能发

电项目，在享受国家补助的基础上，专项资金再给予不高于项目建设成本20%的配套资助，配套金额不超过国家补助金额。

第十一条 积极落实国家可再生能源政策，确保太阳能光伏电站并网发电。2009年至2012年，在深圳新建的符合条件的太阳能光伏并网发电示范项目，专项资金给予项目建设成本最高70%且不高于20元/瓦的补助；2013年至2015年，在深圳新建的符合条件的太阳能光伏并网发电示范项目，专项资金给予项目建设成本最高50%且不高于10元/瓦的补助。国家太阳能光伏并网发电价格政策出台后，从国家政策。已获得国家补助的项目不重复享受本条措施。

鼓励我市各类电力用户积极采购太阳能等新能源电量，太阳能光伏发电项目业主单位可向用户直供电，所发电量直接与用户结算。

第十二条 创新我市垃圾焚烧发电项目现行建设、运营模式，依法建立垃圾焚烧发电项目特许经营制度。支持本市有实力、信誉好的能源企业按照规模化、高标准原则，统一建设、运营我市垃圾焚烧发电项目。加强对垃圾焚烧发电项目的行业管理，完善垃圾处理费补助机制、监督体系及技术规范。

鼓励垃圾焚烧发电特许经营企业采用拥有自主知识产权的技术和设备建设大型垃圾焚烧发电示范工程。

第十三条 加快我市新能源汽车产业化步伐，对我市新能源汽车研发、项目建设、推广应用及基础设施建设等给予补助，具体资助办法另行制定。

第十四条 鼓励用能企业采用合同能源管理（EMC）模式，提高能源利用效率，节约能源资源，促进新能源服务业发展。对经认定的合同能源管理（EMC）节能服务示范项目，给予承担该项目的本市节能服务企业不超过3年的银行贷款贴息，单个项目贴息额不超过200万元，同时承担多项示范项目的企业贴息总额不超过800万元。

第十五条 鼓励新建太阳能—储能电站、风能—储能电站等示范工程和利用大运场馆、地铁枢纽、医院等公共建筑建设储能电站示范工程。专项资金对储能电站示范工程进行补助，补助资金直接给予本市储能设备生产企业，单个项目补助金额最高不超过其储能装置、逆变器、电源管理系统等关键设备成本的50%且每瓦不超过7元。市发展改革委、科工贸信委、财政委等有关部门根据技术先进程度、市场发展状况等确定各类示范工程的总补助额和单位成本补助上限。

允许储能电站业主单位向用户直供电，所供电量直接与用户结算。

第十六条 具备条件的政府投资项目应使用太阳能等新能源产品，负责审批的部门应审查其新能源利用状况。

第十七条　鼓励新能源产业人才申报我市高层次专业人才认定，并按照有关规定享受住房、配偶就业、子女入学、学术研修津贴等优惠政策。

在本市经认定的新能源企业连续从事研发工作1年以上的创新人才，根据其贡献程度，给予一定的资助。具体资助办法另行制定。

第十八条　根据市政府办公厅《关于印发〈深圳市博士后管理工作规定〉的通知》（深府办〔2007〕180号），支持新能源企业、科研机构设立博士后工作站、流动站或创新基地，对正常开展博士后工作的工作站或流动站予以一次性50万元资助、创新基地予以一次性20万元资助；对在站期间经考核合格的博士后人员发放每人每年5万元、总额不超过10万元的生活补助；对在本市从事科研工作，且与本市企事业单位签订3年以上工作合同的出站博士后人员，给予10万元的科研资助。

鼓励新能源产业创新人才、创新团队来深圳创业，参加我市举办的全国性创业大赛。市科技研发资金每年安排600万元支持竞赛优胜者在深圳实施竞赛优胜新能源产业项目或者创办新能源创业企业，并可优先入驻创新型产业用房。

逐步建立新能源产业创新人才支撑体系。政府、企业、高等院校、职业技术学院、科研机构、民间培训机构和行业协会等共同努力，通过多种渠道和方式培养人才，建立新能源产业专业人才库和专家库。

第十九条　鼓励深圳大学、深圳职业技术学院、深圳信息职业技术学院以及深圳大学城等在深院校开设与新能源产业发展相关的专业。对开设新能源产业发展相关专业的院校，给予不超过1000万元的资助，专项用于新能源产业相关专业的教学设备和实训基地建设等。

第二十条　经认定的深圳新能源企业自主创新产品应当列入政府优先采购清单。政府投资项目在同等条件下应优先采购经认定的自主创新新能源产品。

第二十一条　通过政府购买服务和资助等方式，鼓励本市相关行业协会、研究机构等社会组织，建设公共服务平台，开展产业发展研究、政府决策咨询、人才培训与交流等产业服务工作。

第二十二条　统筹规划新能源产业布局，在市高新技术产业园区、光明新区、坪山新区等区域规划建设新能源产业聚集区。土地利用年度计划优先满足新能源产业项目用地需求。

第二十三条　新能源产业用房优先纳入创新型产业用房规划。经认定的本市新能源企业入驻政府投资建设的创新型产业用房，首3年予以500平方米以下部分免房租、500—1000 平方米部分房租减半资助。

第二十四条 鼓励社会资本通过厂房改造、产业置换等方式，建设新能源产业孵化器。经认定的本市新能源产业孵化器，专项资金予以不高于建设成本 20% 的资助，单个孵化器资助金额不超过 1000 万元。

第二十五条 鼓励新能源企业借助"高交会"和专业展会，吸引新能源产业项目、资金、人才向深圳聚集，提升深圳新能源产业国际知名度。专项资金每年安排不低于 500 万元，用于举办新能源产业展会，搭建新能源产业展示平台。

第二十六条 本政策自发布之日起实施。由市发展改革委牵头会同有关部门在 3 个月内制定相关实施办法。

2. 主要指标解释

（1）法人单位代码：指根据中华人民共和国国家标准《全国组织机构代码编制规则》（GB11714—1997），由组织机构代码登记主管部门给每个企业、事业单位、机关、社会团体和民办非企业单位颁发的在全国范围内唯一的、始终不变的法定代码。法人单位代码为 9 个字符，不能含有 0—9 或 A—Z（大写）之外的任何字符。

（2）法人单位名称：指经有关部门批准正式使用的单位全称。由被调查单位用汉字填写，按工商行政管理部门注册登记的名称或单位公章名称填报。

（3）法定代表人（单位负责人）：指依照法律或者法人组织章程规定，代表法人行使职权的负责人。

（4）单位所在地及行政区划：指单位实际所处的详细地址及行政区划代码等，其中行政区划代码由政府综合统计部门填写。

（5）登记注册类型：按其在工商行政管理机关登记注册的类型填写。

（6）行业类别：根据总部核心企业从事的主要社会经济活动性质对各类单位进行的分类，按《国民经济行业分类 GB/T4754—2002》中的大类行业代码填报。

（7）年末从业人数：指在本企业工作并取得劳动报酬或收入的年末实有人员数。

（8）资产总计：指企业拥有或控制的能以货币计量的经济资源，包括各种财产、债权和其他权利。资产按其流动性（即资产的变现能力和支付能力）划分为：流动资产、长期投资、固定资产、无形资产、递延资产和其他资产。根据企业会计"资产负债表"中"资产总计"项目的期末数填写。

（9）工业总产值：指工业企业在报告期内生产的以货币形式表现的工业最终产品和提供工业劳务活动的总价值量。目前工业总产值按"工厂法"计算。

（10）新能源产品产值：新能源产业是指开发利用新的能源资源（包括可再生能源）和对传统能源进行新技术变革过程中形成的相关产业，主要产品包括太阳能、核能、生物质能、风能、储能电站、新能源汽车等。本报表中的新能源产品产值既包括经政府有关部门认定并在有效期内的新能源产品，也包括企业自行研制开发，未经政府有关部门认定，从投产之日起一年之内的新产品。

（11）服务业营业收入：指除农林牧渔业、工业、建筑业和批发零售业以外的所有服务业企业全年生产经营活动中通过销售商品或提供劳务以及让渡资产取得的收入。

附录 14-3 深圳市温室气体排放统计核算体系研究报告（节选）

一 总论

（一）项目背景

在全球年平均气温正在逐年升高的背景下，全球变暖已成为整个人类世界的共同威胁。科学界的共识早已指出温室气体是全球变暖的主因，而城市作为世界人口的生产、生活和经济活动的中心，是社会发展的心脏，同时也是能源的主要消耗者和温室气体的主要排放者。据联合国统计，当前城市集中了全球50%以上的人口，消耗世界约75%的能源，城市排放的温室气体占全球人类活动温室气体排放的80%，而且随着人口增长、城市扩张，城市温室气体排放问题会越来越严峻。因而，城市在应对全球气候变化和温室气体减排方面发挥着决定性的作用。城市温室气体排放已成为全球关注的焦点和研究的热点，城市成为决定人类活动排放温室气体的关键区域。

中国是世界上城市化速率最快的国家之一，温室气体排放总量位居全球第一，人均碳排放已超过欧盟，温室气体减排责任重大。我国十分重视气候变化与温室气体减排工作，自1992年签署《联合国气候变化框架公约》以来，我国积极参与全球气候变暖和温室气体问题的重大决策，并在2014年11月的《中美气候变化联合声明》中做出了2030年以前我国二氧化碳排放总量不再增长的承诺。未来，温室气体排放总量控制必将继续成为我国发展重点关注的领域之一。开展中国城市温室气体排放统计核算体系研究，有助于政府做好减排规划，制订和实施行动计划，提出切实、有效的减排措施和方案，为我国在国际气候变化和温室气体谈判、交流奠定坚实的科学基础。而深圳市作为中国改革开放的窗口，更需要在全国的城市低碳发展中寻求突破，先行先试，为其他城市提供温室气体管控的现实模板。

然而，我国的城市温室气体研究刚刚起步，研究成果较少，缺乏系统规范的研究方法和操作流程，同时由于国内外城市管理体制上存在重大差异，国外相关研究成果难以在深圳得以借鉴。因此，开展深圳市温室气体排放统计核算体系研究，不仅是响应《广东省人民政府关于印发〈"十二五"控制温室气体排放工作实施方案〉的通知》中的明确要求，更是对国内城市温室气体统计核算空白领域的一次探索，对政府决策部门清晰掌握温室气体排放结构、排放量和排放特征，跟踪温室气体变化及发展趋势，切实有效地开展减排工作具有重大的现实意义。

（二）目的与意义

1. 研究目的

本项目在充分分析国内外温室气体排放清单、工具的基础上，对深圳市温室气体排放统计核算体系进行研究，分析全市温室气体排放的主要特征并选定温室气体排放边界与统计范围，研究宜于深圳市的温室气体排放统计指标与数据获取方法，完善现行的统计调查体系，建立健全全市温室气体排放基础统计报表制度，研究基于温室气体统计范围的核算方法，构建深圳市温室气体排放统计核算体系，确保实现地区二氧化碳减量排放约束性目标，有效控制全市温室气体排放。

2. 研究意义

编制深圳市温室气体排放统计核算体系，是落实《国务院关于印发〈"十二五"控制温室气体排放工作方案〉的通知》和《广东省人民政府关于印发〈"十二五"控制温室气体排放工作实施方案〉的通知》的具体实施，是深圳市低碳发展的又一重要实践，为全市温室气体排放统计核算提供科学、规范的技术方法与支撑，为深圳市碳交易、碳核查提供方法借鉴，为城市宏观管理、微观决策提供基础数据，为深圳市乃至全国低碳发展提供参考。

（三）研究依据

1. 政策文件

《国务院关于印发〈"十二五"控制温室气体排放工作方案〉的通知》

《广东省人民政府关于印发〈"十二五"控制温室气体排放工作实施方案〉的通知》

2. 方法规范

《城市温室气体核算国际标准（测试版 1.0）》—WRI，C40，ICLEI

《IPCC 国家温室气体清单指南（1996 年修订版）》—IPCC

《IPCC 国家温室气体清单优良作法指南和不确定性管理》—IPCC

《2006 年 IPCC 国家温室气体清单指南》—IPCC

《省级温室气体清单编制指南（试行）》—国家发改委

《中国城镇温室气体清单编制指南》—社科院城市发展与环境研究所，WRI，WWF

（四）研究内容与技术路线

1. 研究内容

本项目的研究内容主要为如下几个方面。

（1）国内外温室气体排放统计核算经验研究

收集国内外温室气体排放统计核算资料，开展温室气体排放统计核算体系经验研究，提炼统计核算体系构建原则和方法，重点分析国内外统计核算体系之间的关联机制，对比分析统计核算体系之间的主要特点及差异。

（2）深圳温室气体排放核算研究

依照温室气体综合评价体系内容，结合当前现行的规范及方法，建立温室气体排放数据核算体系，制定统一的指标核算标准和实施流程。研究指标数据的核算范围、核算的方法、需要获取的指标及因子。

（3）深圳温室气体排放统计研究

系统梳理国家有关部委相关统计制度和法律法规，围绕温室气体综合评价体系建立多种途径相结合的统计调查制度。开展温室气体排放统计分类研究，依照评价指标进行统计分类和统计表设计；开展统计调查方案、统计标准研究；构建统计整理和数据质量控制办法；并结合相关文献资料制定深圳温室气体排放统计数据结果发布方式。

（4）深圳温室气体综合评价体系研究

研究综合评价深圳市温室气体排放的评价指标，重点分析所筛选发展评价指标体系构建的原则、指标代表性、指标与经济社会发展的关系、指标与生产消费的关系、指标与人居环境的关系、指标与科技创新的关系、指标运行效果、指标存在问题及反馈机制，收集指标基础数据，开展指标参数设置、指标权重差异研究，科学合理设定指标赋值，选取易于操作的评价方法，构建深圳市温室气体排放综合评价指标体系。

二 城市温室气体排放

（一）气候变暖与温室气体

1. 城市气候变化

近百年来，全球的气候正经历一次以变暖为主要特征的显著变化，气候变暖进而引起了生态和环境一系列变化，如海平面上升、冰川融化退缩、春季积雪减少、湖泊收缩、沙漠化不断加剧等等，由此也导致了干旱、暴雨、风暴、厄尔尼诺、热浪等极端天气与气候事件频率与强度增加。在全球变暖的背景下，我国年均地表气温明显增加，近50年变暖尤其明显。全国年平均地表气温50年内上升了1.1℃，增温速率达0.22℃/a，明显高于全球或北半球同期平均增温速率。中国未来的气候变暖趋势将进一步加剧，根据相关预测表明：①与2000年相比，2020年中国年平均气温将升高1.3℃—2.1℃，2050年将升高2.3℃—3.3℃。全国温度升高的幅度由南向北递增，西北和东北地区温度上升明显。预测到2030年，西北地区气温可能上升1.9℃—2.3℃，西南可能上升1.6℃—2.0℃。②未来50年中国年平均降水量将呈增加趋势，预计到2020年，全国年平均降水量将增加2%—3%，到2050年可能增加5%—7%，其中东南沿海增幅最大。③未来100年中国境内的极端天气与气候事件发生的频率可能增大，将对经济社会发展和人们的生活产生较大影响。④中国干旱区范围可能扩大、荒漠化可能性加重。⑤中国沿海海平面仍将继续上升。⑥青藏高原和天山冰川将加速退缩，一些小型冰川将消失。

2. 气候变暖的影响

所有大陆和大部分海洋的观测数据表明，许多自然生态系统正在受到区域气候变化的影响，特别是温度升高的影响，处于不可逆转的境地。由气候变暖导致的气温增高、海平面上升、极端天气与气候事件频发，进而危及粮食安全，加速物种灭绝和传染性疾病的传播，对自然生态系统和人类社会经济系统都产生了严重影响。2008年，英国36位著名气候学家与52名各个领域专家公共评估认定，气候变化涉及的9个领域可能会危及人类安全。譬如北冰洋夏季冰层很快就会完全消失；格陵兰冰盖融化；南极冰盖日益变暖的边缘如果滑入海洋，则可能会出乎意外地导致湾流出现崩溃；厄尔尼诺，南太平洋洋流可能会由于海水变暖而受到影响，导致意义深远的气候变化；亚马逊雨林，地球变暖和森林进一步遭到破坏可能引起降雨的突然减少；寒带森林，西伯利亚和加拿大的耐寒树木由于气温上升而死亡。

最新研究显示，与工业化前期时代平均温度升高水平相比，如果全球平均温度升高超过 2℃ 或者更多，将会产生危险的不可逆转的影响，主要包括以下内容。

(1) 水资源。大气温度越高，大气的持水能力就越强。全球的许多流域降水量可能增加，但同时蒸发量也将增加。这使得气候的变率增加，进而出现更强的降雨和更广泛的干旱，全球会有 30 亿人面临水资源短缺的威胁。正在融化的冰川预计会导致 5 亿人及 37% 的土地灌溉用水短缺。河流的水温升高和变率加大可能加快藻类、细菌和真菌繁殖，高强度的降雨将导致土壤中的污染物更易迁移至水体，在河口和内陆河段的流量可能减少，导致水体盐度增加。大多数冰川加速融化，许多小型冰川可能消失，干旱和洪涝等极端事件发生的频率和强度都有可能增大。

(2) 粮食安全。气候变化不仅直接影响作物的生长发育和产量形成，而且还可能影响作物的布局、种植速度、农艺措施及种植边界等。在非洲和其他地区频繁发生的干旱将导致农作物产量的降低。升温对北半球较高纬度地区农业和林业管理产生重大影响，如农作物春播提前，由于林火和虫害造成森林干扰体系变更。增加农业灌溉用水量，加剧水资源供需矛盾。增加许多农作物害虫和杂草的数量、生长速度和地理分布的范围。

(3) 健康影响。约有 3 亿人会面临痢疾和以水为载体的传染病的严重威胁。欧洲与热浪相关的死亡率、某些地区传染病传播媒介，以及北半球中高纬度地区的花粉过敏等都可能发生变化。同时，升温还会对北极地区和低海拔高山地区某些人类活动造成影响。气候变暖还会进一步加重臭氧污染，同时加剧城市已有的空气污染。根据美国 Environmental Health Perspectives 和 Geophysical Research Letters 等杂志的最新研究，气候变暖和 CO_2 排放的增加可能增加空气中的污染物，如臭氧、颗粒物、醛和苯等致癌物质的浓度，从而损害健康甚至危及生命。

美国地区温度每升高 1℃，臭氧浓度增加 0.12 ppb，在洛杉矶等重污染地区，可能增加至 5 ppb，而细粒子浓度平均增加 $0.1 ug/m^3$。根据现有的流行病学文献，气温升高 1℃，就会额外导致美国 350—1800 人和全球 39000 人死于非癌症因素，而在美国城市污染地区死亡人数更多，死于癌症的病人会增加 20%—30%。中国有研究者发现气候变化会引起城市大气环流改变，使城市空气质量下降，导致上呼吸道感染发病者增多。

(4) 社会经济影响。在中等温度升高情境下，社会经济发展初期 GDP 损失较少，只降低几个百分点。但若不采取任何措施减缓气候变化，全球经济净损失将达到20%。现有成果大都表明气候变化对能源需求、资金需求或消费有显著影响。有关气候变化对美国总能源的影响研究中发现，如果2060年平均温度升高2℃，能源花费要增加60亿美元。希腊在假设不采取减排温室气体措施的气候情境下，温度每升高1℃，取暖能耗会降低10%，而降温能耗会增加28%。气候要素对伊拉克电力影响结果显示：若伊拉克温度升高4℃，平均夏季高峰用电量会增加10%。气候变暖对中国夏季能源需求也造成了显著影响，2006年6—7月份，中东部地区持续高温天气，多数城市降温耗能较常年同期显著增加，其中13个城市增幅在50%以上，用电需求增大，电力供应形势紧张。

（5）生态系统影响。到2050年，35%的陆地生物种将有可能灭绝或濒临灭绝，包括一些独特的生态系统/物种。2004年的Nature杂志曾预测，如果气候变暖的趋势得不到遏制，到2050年，全世界可能有100万个物种灭绝，约占陆地生物物种的15%—37%。如果未来全球平均温度比1980—1999年的平均温度增加1.5℃—2.5℃以上，20%—30%的物种可能会灭绝。特别对于海洋生态系统，由于海洋碳汇能力强，吸收的二氧化碳致使表层海水酸化度增加数倍，对海洋生态系统特别是贝类构成更大的威胁。

气候变化及其对生态系统的影响是全世界面临的头号危机，将会导致海洋生物死亡，珊瑚礁生态系统破坏，生物多样性丧失。最新研究发现，热带昆虫可能是全球气候变暖而灭绝的第一批物种之一。全球珊瑚礁监测网络数据显示，全球大约1/5的珊瑚礁已经死亡，温室效应导致的海洋温度上升以及海洋从大气中吸收二氧化碳造成的海水酸化可能是最主要的因素。按目前趋势，在未来20—40年，很多现存的珊瑚礁将毁于不断升高的温室气体浓度。

城市作为人口居住的密集地带，更容易受到气候变化的负面影响，气候变暖所产生的热浪、暴雨、洪涝、干旱及其引发的供水和空气污染等问题在全世界许多城市地区已经出现，而一旦发生气象灾害，受其影响的人口和经济损失将难以估量。

（二）人类活动与温室气体排放

1. 温室气体种类

温室气体（Greenhouse Gas，GHG）或称温室效应气体是指大气中促成温室效应的气体成分。自然温室气体包括水汽（H_2O），水汽所产生的温室效应大约占整体温室效应的60%—70%，其次是二氧化碳（CO_2）大约占26%，其他还有臭氧（O_3）、甲烷（CH_4）、氧化亚氮（又称笑气，N_2O）以及人造温室气体氯氟碳化物（CFCs）、全氟碳化物（PFCs）、氢氟碳化物（HFCs）、含氯氟烃（HCFCs）及六氟化硫（SF_6）等。

自然界本身存在温室气体，因此使得地球表面能保存热量，而温度适合于生命生长，而自工业革命以后，人类对这六种气体的排放量大大增加，使得全球变暖加剧。联合国政府间气候变化专门委员会第一工作组在 2007 年 2 月初发表的报告中确认，20 世纪中期以来全球平均气温的升高，"很可能"由人类活动导致二氧化碳排放增多所致。在这里，"很可能"表示可能性至少在 90% 以上。全球变暖有两大特征：一是地球平均温度上升；二是地球的极端气候事件如飓风、暴雨、大旱等灾害性天气发生频率增加，破坏力加剧。

《京都议定书》选定了二氧化碳（CO_2）、甲烷（CH_4）、氧化亚氮（N_2O）以及人造温室气体氢氟碳化物（HFCs）、全氟碳化物（PFCs）、六氟化硫（SF_6）六种气体作为需要降低排放的温室气体。

二氧化碳（CO_2）是人类大量产出的温室气体的主要部分，地球上的生物进行呼吸时每年排出大约 1000 亿吨碳，腐败植物每年排出 20 亿—50 亿吨碳。但植物进行光合作用会吸收一部分 CO_2，另一部分 CO_2 通过海洋而消失，从而使大气中的 CO_2 达到平衡。人类大量燃烧矿物燃料及砍伐森林后破坏了这种平衡，现在每年燃烧矿物燃料要排出碳 50 亿吨，砍伐森林等每年排出碳 16 亿吨。估计到 2050 年人为向大气中排放碳可达 120 亿—240 亿吨，砍伐森林 2050 年排放碳上升到 75 亿吨。大气中 CO_2 浓度已从产业革命前的 280ppm 上升到 2013 年的 396ppm。预计到 2050 年将上升到 494—627ppm。

甲烷（CH_4）是由厌氧细菌在缺氧条件下，在天然湿地生态系统、稻田、厌氧的牲畜瘤胃、白蚁与其他噬木昆虫的内脏中产生的。每年排入大气的甲烷数量约为 4 亿—6 亿吨。天然湿地生态系统是甲烷的一大来源，年排放量在 1 亿—1.5 亿吨。湿地的甲烷排放量多少决定于土壤与空气温度、土壤湿度、有机物的数量与成分。有机物富集的北极与北方湿地是产生甲烷的主要来源，约占全球天然湿地总排放量的一半。水稻田也可产生甲烷，年排放量在 3500 万—17000 万吨。家畜年产甲烷约 7400 万吨，白蚁年产甲烷 1500 万—15000 万吨。分析冰核表明，1850 年前大气中甲烷浓度为 0.7ppm，1977 年 1.52ppm，1985 年达到 1.7ppm。自 1960 年起大气中甲烷每年增长 1.0% 左右，估计到 2050 年全球大气中甲烷将达 3.15—7.45ppm。

氧化亚氮（N_2O）的天然排放源是土壤和水中的微生物作用。人类活动如燃烧生物体和矿物燃料，会增加排放量。N_2O 的年总排放量约为 3000 万吨，其中四分之一是人为排放的。N_2O 的主要消失途径是在平流层中与活性氧反应。其他途径的存在和重要性目前还不能肯定，但已知脱氮有机体可以 N_2O 为基质。监测大气中 N_2O 结果表明，其浓度在1970年为289 ppb，并正以每年0.2%—0.3%的速度增长，1985年的浓度为304ppb。N_2O 的主要人为来源是燃烧过程，另外增加氮肥使用量或进一步砍伐森林和其他土地利用的改变是否也有影响，现在还不清楚。但有些研究认为，增加化肥用量会增加 N_2O 的排放量。估计化肥造成的 N_2O 排放量每年约为600—2300吨，仅从扩大耕地，每年即排出200—600吨氮。另一项估计称，到2030年大气中 N_2O 会达到375ppb，到2050年达到392—446ppb。

后三种含氟温室气体被列为需要减排的温室气体的原因主要是这三种气体的吸热能力远远大于原本自然界存在的温室气体，如果 CO_2 的吸热能力为1的话，氢氟碳化物（HFCs）为1140—11700，全氟碳化物（PFCs）为6500—9200，六氟化硫（SF_6）为23900，虽然目前这三种气体在大气中的含量很低，但如果不加控制发展下去，少量的气体就能产生巨大的温室效应，而且这些人造气体在自然界的分解周期非常长，对环境的影响也会持续很长时间。

2. 人类活动排放/吸收温室气体的主要领域

目前国际上通用的方法是将温室气体排放源/吸收汇分为五大部门，分别是能源活动、工业生产过程、农业活动、土地利用变化和林业以及废弃物处理。其中，能源活动和废弃物处理是排放源部门，土地利用变化和林业可能同时存在排放源和吸收汇。

温室气体排放源/吸收汇领域分类

能源活动	温室气体排放源
工业生产过程	温室气体排放源
农业活动	温室气体排放源
土地利用变化和林业	温室气体排放源/或吸收汇
废弃物处理	温室气体排放源

（1）能源活动

化石燃料燃烧活动产生的二氧化碳、甲烷和氧化亚氮排放；生物质燃料燃烧活动产生的甲烷和氧化亚氮排放；煤矿开采和矿后活动以及石油和天然气系统产生的甲烷逃逸排放；电力消费导致的间接排放。市内不同燃烧设备燃烧不同化石燃料排放温室气体的活动，一般分为能源工业、农业、工业和建筑业、交通运输、服务业、居民生活。生物质燃料主要包括秸秆、薪柴等。煤矿开采和矿后活动分为井工开采、露天开采和矿后活动。石油和天然气系统指油气从勘探开发到消费的全过程，主要包括钻井、天然气开采、天然气加工处理、天然气输送、原油开采、原油输送、石油炼制、油气消费等活动。另外，国际（国内）航空、航海燃料舱的化石燃料燃烧所排放的温室气体作为信息项一般不含在核算内。

（2）工业生产过程

水泥生产过程的二氧化碳排放，铝生产过程的全氟化碳排放。

（3）农业活动

稻田、动物肠道发酵、动物粪便管理系统的甲烷排放；农用地、动物粪便管理系统的氧化亚氮排放。

（4）土地利用变化和林业

森林和其他木质生物碳贮量的变化，森林转化为非林地的二氧化碳排放。

（5）废弃物处理

城市固体废弃物处理、城市生活污水和工业生产废水的甲烷排放；生活污水和工业生产废水的氧化亚氮排放。

三 深圳市温室气体排放经验研究

（一）温室气体核算经验研究

1. 国内研究进展

国内的研究主要集中于建立各部门温室气体排放的核算方法及区域尺度温室气体排放核算及评估，曲建升等对甘肃省能源消费温室气体排放进行了评估，并对甘肃省温室气体排放特征进行了分析，提出了减排政策（曲建升等，2008）；刘虹、姜克隽对安徽省2007年温室气体排放进行了估算，并利用中国综合政策评价模型对安徽省未来能源需求及其引起的 CO_2 排放进行了情景定量分析，提出了减排政策（刘虹、姜克隽，2009）。

土地利用方面，对温室气体的排放核算的研究主要基于实测法、模型法及《IPCC温室气体清单》所推荐的排放系数法之上展开。李晶等总结了国内外陆地生态系统温室气体排放方法主要是箱法和微气象法，其中以箱法中的静态箱/气相色谱法和微气象法中的涡度相关法最为常见，同时总结了影响土地温室气体排放的因素（李晶等，2003）。徐新华等根据《IPCC1996国家温室气体清单指南》

所推荐的方法,对江浙地区农业过程(水稻种植、牲畜养殖等)的甲烷、氮氧化物排放量进行了核算,其中水稻种植为江浙地区农业温室气体排放的主要来源(徐新华等,1997)。李长生等开发了DNDC模型,该模型基于农业土壤中的碳氮地球化学循环规律,模拟土壤中N_2O及CH_4排放通量,这个模型已为许多研究所验证,广泛应用于国内外的研究中(Li,1996)。李颖等利用排放系数法对各种土地利用温室气体排放进行核算,并总结了各种土地利用方式的碳排放(吸收)系数,对江苏省区域不同土地利用方式的碳排放进行了分析,并预测了2010年江苏省的温室气体排放,提出了相关碳减排技术(李颖等,2008)。

对于能源生产温室气体排放的测算主要通过实测法、模型法、物料衡算法和排放系数法。核算能源消费建设项目温室气体排放时,对烟气排放进行在线监测所得数据具有较高的精度,1997年1月开始实施的GB13223—1996《火电厂大气污染排放标准》要求火电厂等相关燃煤部门安装烟气连续监测系统,为进行温室气体排放提供了设备基础,但进行连续在线监测的成本较高,并不是一种常用的做法。吴晓蔚等通过对火力发电机组温室气体排放情况进行在线监测,得到了适用于我国火力发电行业的缺省排放因子(吴晓蔚等,2010)。模型法的研究较少,梅国栋、韩瑞国就锅炉二氧化碳排放量的计算公式展开了研究,根据锅炉效率、燃料品质、锅炉热损失等条件,推导出了锅炉二氧化碳排放量的计算公式(梅国栋、韩瑞国,2000)。何介南等、李志琴等分别采用ORNL(Oak Ridge National Laboratory)提出的方法对湖南省、广州市化石燃料释放的二氧化碳进行计算(何介南、康文星,2008;李志琴等,2009)。赵敏等根据IPCC碳排放计算指南,结合上海市能源统计数据的特点,总结了能源消费碳排放量计算公式,并对上海市能源消费碳排放进行了分析(赵敏等,2009)。郭运功等使用能源生产碳足迹计算公式对上海市能源生产碳排放足迹进行了研究(郭运功等,2010)。以上研究均是根据ORNL或IPCC推荐的排放系数法,基于宏观层面进行的研究。建设项目层次方面,黄文杰等基于ACM0002基准线方法学建立了核电的碳减排量公式(黄文杰等,2009)。师华定等对建立以IPCC清单编制指南推荐第二层次方法为主、第三层次为辅的电力行业清单编制方法体系开展了研究,并提出了电力气体进行温室气体核算的基本流程(师华定等,2010)。以上均是对温室气体排放量的核算的研究,并未涉及对温室气体排放的环境影响评价。张文忠等对火力发电企业环境影响评价方法进行了研究,将二氧化碳及氮氧化物排放率列入了评价指标(张文忠等,2008)。

工业生产方面，水泥生产作为温室气体排放的主要部门，开展了许多针对水泥生产的研究。多位学者均在研究中采用了 ORNL 提出的计算方法对水泥生产排放的二氧化碳进行了估算（钱杰、俞立中，2003；何介南等，2008；李志琴等，2009）。汪澜在研究中根据水泥生产的工序提出了水泥生产企业二氧化碳排放量计算公式，并做了计算示范（汪澜，2009）。韩灵翠根据碳守恒的原则，建立了化学工业二氧化碳排放计算模型，该模型不考虑电力等能源加工转换产品的二氧化碳排放量以及一次能源生产过程中的二氧化碳排放量，仅包括终端能源消费的二氧化碳排放（韩灵翠，2000）。杨晓东等采用 IPCC 推荐的方法对我国钢铁工业的温室气体排放量进行估算，并提出了减排对策（杨晓东、张玲，2003）。黄志甲等通过生命周期评价方法对钢铁联合企业二氧化碳排放进行了影响因素分析，并提出了减排对策（黄志甲等，2010）。张德英采用系统仿真方法对我国工业部门碳源排碳量估算方法进行了研究（张德英，2005）。

废弃物处理方面，国内关于填埋场产气量核算展开了较多的研究，比较典型的是利用 IPCC 模型及 Martioorena 动力学模型进行核算，陈泽智等分别采用 IPCC 模型和 Gardner-Probert 模型对填埋场产气规律进行了实例研究；龚少鹏等采用 IPCC 模型对深圳过桥窝垃圾填埋场的产气量进行了预测，通过实测证明该模型具有较高的准确度（龚少鹏等，2007）；龚利华研究总结了各种填埋气产气模型，并认为经验模型相对于理论模型具有更高的参考价值，提出可以结合现场的实际测量验证并调整模型中的输入参数，提高最终结果的可靠性（龚利华，2009）。国内的研究关于对废弃物处理过程中温室气体的影响评价较少，Hong J L, et al. 采用生命周期评价法对城市固体废物的处理进行了评价（Hong, J. L., et al., 2010）。阳晶、马晓茜采用 IPCC 推荐的计算方法对填埋场甲烷气体进行了核算，并进行了温室气体减排经济效益分析（阳晶、马晓茜，2006）。

2. 国内外经验总结

目前国内外对温室气体排放的核算方法开展了大量的研究，基本可分为实测法、物料衡算法、经验模型法、排放系数法。实测法较为直观，对估算土地利用的温室气体排放，可排除土壤的异质性及管理方式差异对结果所造成的影响；对能源利用项目，可排除能源燃烧效率、燃料品种差异等因素的影响。但实测法所得数据受监测仪器的精确度的限制，且只能获得监测点的数据，与建设项目排放总量存在差距。此外，实测法只能获取建设项目当时排放的温室气体数据，并不能预测未来排放的情况。物料衡算法适用于能源利用建设项目，该方法所得数据是理论数据，忽略了实际燃烧效率、排放率等因素，可能导致所得数据偏大。经验模型法则是根据建设项目的温室气体排放机理所建立的模型，所得数据准确度较高，但该方法对输入数据的要求较高，在缺乏数据的情况下，会产生较大误差。排放系数法计算简单，因此被广为使用，所使用的排放系数基本引用《IPCC 清单指南》推荐的数据，但该方法存在较大的不确定性，在无法获得特定参数的情况下，使用缺省值所得数据会与实际情况产生较大差异。

3. 典型国际大城市温室气体核算研究案例

（1）纽约市温室气体排放研究

纽约是美国最大的城市和港口，不仅是全美的金融中心，也是世界的金融中心，面积 828.8km^2，市区人口 700 多万人。作为沿海城市，纽约非常容易遭受气候变化的不利影响。科学家预言，21 世纪中叶，纽约将遭受到包括升温、海平面上涨、洪水和飓风以及资源耗竭的威胁。在掌握气候变化科学事实的基础上，纽约市积极开展了减少温室气体排放的工作。

纽约市 2005 年温室气体排放总量（CO_2-eq）5830 万吨，相当于冰岛或波兰全国的温室气体排放量，纽约及一些城市与美国国家人均 CO_2 当量排放比较见下图。

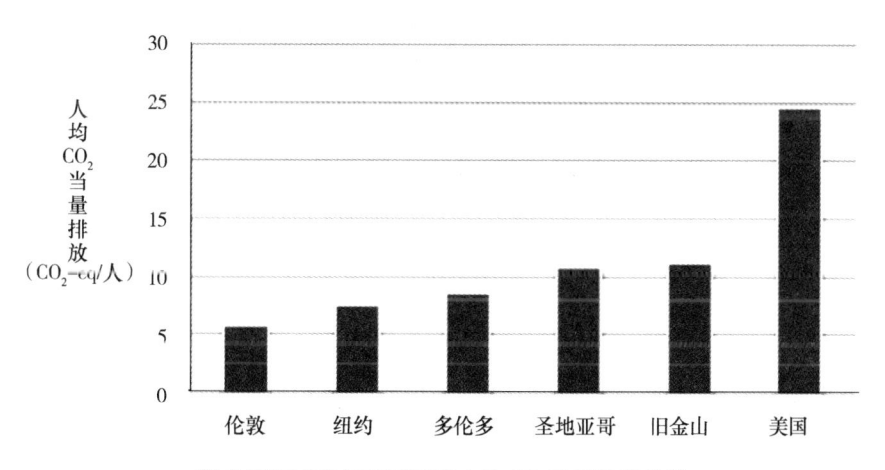

部分国际城市与美国国家人均 CO_2 当量排放比较

2002 年，纽约市正式加入 ICLEI 发起的城市间气候保护行动，为了履行承诺，2006 年纽约成立了专门办公机构，负责城市长期远景规划和可持续发展能力建设，计划到 2030 年碳排放水平比 2005 年下降 30%。纽约市温室气体清单报告阐明了主要排放源，当前和预测远景排放状况，排放趋势，制定了 CCP 行动第一、二阶段减排目标，并展示了城市减排行动的实施效果。

纽约市温室气体排放清单采用 ICLEI 框架和方法编制，温室气体排放主要通过数据收集、专家估计和软件计算得到。报告中的温室气体为基本的 CO_2、CH_4、N_2O。

纽约市对温室气体排放源进行了以下划分：城市温室气体分为两个主要账户，市域账户（Citywide inventory）和行政机构账户（Government inventory），其中市域账户将行政机构账户包含在内，同时市域账户和行政机构账户下又分为若干部门：能源利用、车辆燃烧消费、固体废弃物产生及管理、路灯照明和交通信号系统、运输业、供水和排污设备能耗等。

纽约市域账户排放源结构划分

市域账户	具体部门
居民生活	居民建筑中电力、天然气、燃油、蒸汽消费（供暖）
商业	商业建筑中电力、天然气、燃油、蒸汽消费（供暖）
工业	工业建筑中电力、天然气、燃油、蒸汽消费（供暖）
交通	车辆燃油消费及城市公共交通系统中电力和燃油消费
废弃物	居民、商业等部门产生的废弃物
飞机	国际机场航班燃油消费
水运	轮船燃油消费

排放源又可以分为直接排放和间接排放。直接排放指温室气体排放源自车辆、锅炉化石燃料燃烧、填埋气以及污水处理厂等排放。间接排放指燃烧化石燃料产生的电力、蒸汽用于照明、供电、供暖、制冷等产生的排放。由于纽约市不存在农业，所以该研究没有包含农业部门的 CH_4 和 N_2O 排放。在世界其他城市或地区，农业这部分份额占总温室气体的比例往往较大。同时，纽约市是美国重要的空港和海运中心，航空和水运是巨大的温室气体排放源，2005 年纽约城市市域账户中没有包含航空公司和水运导致的温室气体排放，因此较大地低估了城市温室气体排放总量。

（2）丹佛市温室气体排放研究

丹佛市是美国科罗拉多州首府，面积 397 km^2，人口近 50 万人。丹佛市是落基山地区的金融、工业、商业和交通运输业中心。2007年科罗拉多大学和丹佛城市环保健康部签署合同,完成了名为《丹佛市/郡温室气体账户》的报告。该份报告确定了1990年和2005年丹佛市温室气体排放清单,从而提出2012年或更晚时间排放目标,丹佛市2005年温室气体总排放当量1460万吨,人均排放量约25.3吨。

丹佛市温室气体账户组成

排放方式	部门类型	具体部门
直接排放	建筑物及相关固定设施	当地工厂、居民社区、商业建筑使用能源造成的排放
	交通	当地交通运输导致的排放
物质流需求	物质	生产城市所需物质(食物、水、能源、石灰等)导致的温室气体排放

丹佛市温室气体账户种类涵盖3种主要温室气体：CO_2、CH_4和NO_x。最终统一到CO_2当量排放上,以便于直观量化和对比。温室气体账户组成分成下面几个部分：城市账户(Denver)、城市行政部门账户(Community)及丹佛国际机场。由于丹佛市是一个大型的能源和物流中心,因此在账户核算上使用了基于消费的计算框架,综合利用两种计算思路,对于能源直接利用部分(如固定源燃烧、交通等)采用ICLEI开发的CACP软件计算,对于城市潜在的物质流需求,采用的是与世界资源研究所议定书(World Resource Institute Protocol)相一致的生命周期法进行核算。因此,丹佛城市温室气体账户与其他本地层面账户计算存在区别,核算体系更为完整地体现了城市实际消费产生的排放,其人均CO_2当量排放与美国国家或州人均排放量一致程度更高。

(3) 多伦多市温室气体排放研究

多伦多是加拿大安大略省的省会,是加拿大五大湖区重要的港口城市。作为加拿大经济中心的多伦多是加拿大第一大城市,接近美国东部工业发达地区,位于加拿大的心脏地带,有人口430多万人,面积632km^2。

早在20世纪90年代初,多伦多就开展了城市温室气体账户有关研究工作。1990年1月,多伦多市政委员会通过决议降低城市净碳排放,计划到2005年下降到1988年80%的水平。2004年多伦多首次将城市温室气体账户(GHG)和标准空气污染物账户进行整合并核算大小。这样做带来的好处是可以较好地处理气候变化和空气污染之间的相互关系,在很多解决措施上两者具有高度重叠性。

多伦多城市账户 CO_2 和标准大气污染物排放之间关键因素的比较

项目	二氧化碳	标准大气污染物
化石燃料燃烧产生排放构成	所有多伦多 CO_2 排放几乎全部由化石燃料燃烧产生,大部分 GHG 同样由化石燃料产生	化石燃料是多伦多 NO_x、CO_2、SO_2 最重要排放源,石颗粒物和挥发性有机物是次要排放源
排放与燃料燃烧关系	排放与燃料类型、燃烧程度呈正比例,煤炭燃烧 CO_2 排放是天然气的两倍,石油类燃料处于两者当中	大气污染排放取决于燃料燃烧数量、污染物在燃料中含量(如硫、飞灰)、燃烧条件和技术、减排和污染控制应用情况等
排放与影响效应	影响是全球性的,排放温室气体的地点并不重要,然而可能改变当地气候模式和大气质量	大气质量对本地影响体现更迅速、直接,并且受到当地气象和大气化学制约;排放点位置、高度、排放源类型非常关键
本地排放和本地效应	全球温室气体排放对多伦多当地气候变化产生影响,如夏季温度升高、热浪等	多伦多大气污染物浓度受到下面几个因素影响:(a) 大气污染物排放量;(b) 周边环境温度和光照,直接影响臭氧层;(c) 当地气象和大气化学环境。此外还受到多伦多上风向地区的影响,包括自然盛行风和气候
当地排放和全球效应关系	多伦多形成臭氧层可能由风输送到其他地区,造成其他地区暖化升温	大气污染物和温室气体对臭氧层都非常重要
协同作用	除某些例外,降低化石燃料燃烧,使用可再生能源,提高能效能够降低 CO_2 和大气污染物排放。城市化石燃料燃烧家中城市热岛效应,也恶化了当地大气环境。一些控制大气污染物排放的措施会增大 CO_2 排放(如车辆 NO_x 控制技术能降低燃料燃烧效率)。一些控制温室气体措施也会增大大气污染物排放(如高温燃烧会提高燃烧效率但增加 NO_2 排放)。正常情况下,降低颗粒物同时降低温室气体排放,如清洁能源替代,但有资料显示,一些旨在降低温室气体排放而采用的生物燃料会增加 NO_x 排放。因此,两者之间优缺点及平衡关系需要进一步探讨	

多伦多城市温室气体账户考虑了三个关键排放源:天然气燃烧(大部分用于居民和商业建筑供暖),电力生产,城市庞大车群消费的汽油和柴油。多伦多城市温室气体账户分别就市域账户和行政部门账户进行核算。市域账户排放比重大的主要有天然气燃烧,而行政部门账户排放主要为电力使用。多伦多温室气体账户还区分了狭义排放和广义排放,狭义排放为城市直接排放部分,而广义排放包含城市间接排放,最直接的例子就是外调电,多伦多甚至将处于城市边界之外的垃圾填埋场排放的 CH_4 以及车辆运输垃圾出城产生的温室气体包括在内。

(4) 东京市温室气体排放研究

东京是日本的首都,是日本政治中心和经济商业中心。东京市行政面积 $2162km^2$,人口约 3500 万人。根据 1997 年《京都议定书》,到 2012 年日本温室气体排放水平需要比 1990 年降低 6%。为了在 21 世纪中叶能保持碳排放下降趋势,东京制订了一系列严格的减排计划。2007年东京地方政府制订了一项雄心勃勃的计划——"东京减排十年"（Carbon-Minus Tokyo），明确了在未来十年中应对气候变化的相关政策，目标设定为到2020年碳排放将比2000年水平下降25%。目前，东京市人均碳排放量比纽约和伦敦低20%—30%，与世界发达国家其他大城市相比，能源效率水平已经名列前茅。

东京市温室气体账户分为工业、商业、居民、交通及其他几个部分，排放基准年为2001年（见图3-2），并计算了2004年和2005年财政年度账户的排放情况。基准年东京市排放CO_2 6100万吨当量，相当于日本当年全国总排放量的5%。其中工业部门排放990万吨，占16.2%；商业部门排放1580万吨，占25.9%；居民部门排放1300万吨，占21.3%；交通部门排放1790万吨，占30%；其他部门排放1790万吨，占7.2%。账户从大到小排序为交通、商业、居民、工业及其他。

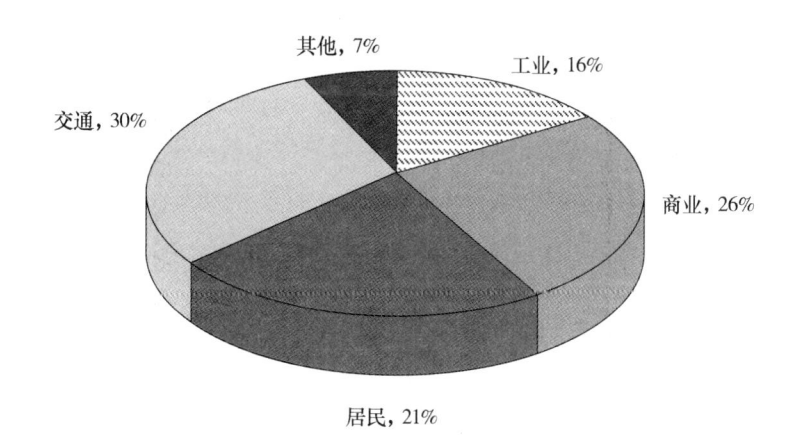

东京市2001年温室气体CO_2当量排放

（5）巴塞罗那市温室气体排放研究

巴塞罗那市是西班牙第二大城市，是西班牙经济与贸易最发达的地区，同时也是国际有名的旅游城市，海陆空交通十分便利，海港为地中海第二大港。巴塞罗那市辖区面积3500 km^2，人口约330万人。

早在1999年，Baldasano就估算了巴塞罗那1987—1996年城市温室气体账户排放情况。研究中考虑的排放源包括：公共和私人交通、工业、商业和家庭，以及城市固体废弃物处理。在该研究中，采用自下而上的方法估算CO_2和CH_4的排放量，只核算认为排放源。该研究不仅考虑了燃料消费导致的排放，而且包含了排放源的生命周期排放,即所有在生产、处理、运输和销售过程中产生的温室气体。由于欠缺足够信息,存在低估城市排放 CO_2 量的风险,因此研究在 CO_2 排放总量的基础上额外增加 10%,作为低估量的补充。

计算城市交通温室气体排放时,由于难以获取气候和柴油的销售数据,研究者根据城市交通状况和特征进行推算。以城市工作日和休息日区分汽车平均每天行驶里程数,以车型、路段类型等综合估算各种车辆百公里油耗,综合气候和柴油的平均含碳量估算交通温室气体排放。

计算天然气(NG)温室气体排放时,天然气消费量数据来自天然气公司。

计算液化石油气(LPG)温室气体排放时,液化石油气数据来自制造业和交通部门。

计算电力温室气体排放时,采用城市电力的消费数据量,其中包括城市每座电站能源利用及供电量情况、外部供电的比例、各主要部门用电情况。水力发电和核电等在发电过程中不产生 CO_2 直接排放,但研究者根据生命周期法也分析了它们的排放量。

在计算城市固体废弃物处理时,考虑了垃圾焚烧、垃圾填埋两方面。垃圾焚烧方面,与 IPCC 指南推荐的生物质燃烧排放 CO_2 不计入总账户清单的做法不同,研究者严格地将生物质焚烧排放计入在内。垃圾填埋产生的 CH_4 采用 Taylor(1992年)经验排放系数,按全球增温潜势转化为 CO_2 当量。

(6)城市温室气体研究小结

综合上述研究可以发现,核算城市温室气体排放量是一件非常困难的工作,限制因素众多。一方面,能源消费领域排放了大量温室气体,然而地区能源及能源相关的重大决策通常由国家制定,城市难以企及;另一方面,城市面临着大量需要解决的紧迫问题,缺乏对温室气体的关注。此外,由于城市的行政边界和功能边界存在差异性,在计算范围和内容上存在歧义,城市温室气体计算还没有形成特别好的解决办法,城市温室气体的研究通常会绕过这些问题,将焦点放在需要关注的相关部门,例如交通和建筑等。城市尺度温室气体排放存在的共性问题如下。

第一,城市边界和功能边界的模糊,造成获取统一口径排放源信息较为困难。在亚洲国家此问题尤其明显,城市、城镇、农村部分范围相互重叠。

第二,部门和账户设置的详尽程度、划分标准和账户范围存在区别。尽管发达国家城市温室气体排放研究多采用 ICLEI 统一框架,但仍然在交通、电力等直接或间接部分排放账户上存在差异,对子账户的划分详尽程度也不尽相同。

第三,排放因子获取难度较大,本地化研究不足。排放因子是城市温室气体量化的关键数据之一,然而大部分研究或者实践采用 IPCC 或 ICLEI 排放因子数据库,过于笼统且不能反映本地排放特点。

第四,城市排放源信息,部分研究不得不借助其他手段估计,降低计算精度,例如城市地面交通排放源。

第五,由于核算部门不一致,方法和标准存在差异,城市之间排放结果难以客观、有效地进行对比。

(三) 深圳市温室气体排放研究

1. 深圳市温室气体核算的意义

深圳市温室气体核算有助于了解城市整体温室气体排放水平和趋势,识别主要排放源,为温室气体排放目标的分解与考核,以及城市的低碳规划与评估服务。此外,城市温室气体核算还可以帮助加强温室气体核算工作的能力建设,有利于推动国家温室气体统计核算体系的建立和完善,核算结果也可以用于国内和国际横向比较。

目标分解与考核。目前,中国的温室气体减排目标形式是设定单位国内生产总值(GDP)碳排放下降指标:2009 年国务院发布了 2020 年单位国内生产总值二氧化碳排放比 2005 年下降 40%—45% 的目标;2011 年《中华人民共和国国民经济和社会发展第十二个五年规划纲要》提出,到 2015 年单位国内生产总值二氧化碳排放比 2010 年下降 17% 的目标。目标分解的作用在于把任务落实到责任主体,帮助全国碳排放强度下降目标的实现。责任主体自上到下可以是省级行政单位、市级行政单位和县级行政单位。目前,国家《"十二五"控制温室气体排放工作方案》为 31 个省、自治区、直辖市制定了省级单位国内生产总值二氧化碳排放下降目标,部分省份在省级《"十二五"控制温室气体排放工作方案》中进一步制定了地级(以上)市目标。因此,准确核算城市温室气体排放可以为分解温室气体减排目标提供技术支撑,也是考核温室气体减排目标完成情况的必要依据。

低碳规划与评估。除了温室气体减排目标的分解与考核外,低碳发展是城市开展温室气体核算并编制城市温室气体清单的另一驱动因素。低碳顾名思义为"较低的碳排放",低碳城市发展需要在各个领域控制和减少温室气体排放。自 2008 年住房和城乡建设部与世界自然基金会联合推出"低碳城市"发展示范项目以来,国家发改委于2010年和2012年批准两批低碳试点省市，2011年财政部与住房和城乡建设部推出绿色低碳重点小城镇建设试点项目，此外还有一些机构和城市自发开展了相关活动。至今，已有百余座城市积极开展了低碳城市试点建设，深圳市也是国家低碳生态示范市之一。

许多城市低碳工作部署的第一项任务就是编制低碳发展规划。一个典型的城市低碳发展规划应具备以下几个要素：编制基准年城市温室气体清单；根据清单结果分析城市温室气体排放现状，识别关键排放源和分析排放结构；根据当地经济发展趋势、消费需求等因素判断未来可能的发展情景；设定城市温室气体减排目标；制定重点部门、行业的减排政策与行动计划并予以实施；通过对目标年份和中间年份温室气体排放的核算来评估政策行动的有效性和效果。因此，城市温室气体核算是制定城市低碳规划的基石，也是评估低碳政策有效性的标尺，是低碳规划不可或缺的核心要素。

温室气体排放统计核算体系的建立。一方面，开展温室气体核算可以帮助城市制定规范的温室气体统计工作和管理制度，梳理温室气体统计数据采集流程与口径，组建基础统计调查队伍，建立地方和企业的温室气体排放基础统计工作机制，推动城市温室气体排放统计和管理体系的建设。另一方面，开展温室气体核算可以帮助加强城市的温室气体核算工作能力建设，有利于建立负责温室气体核算的专职管理与技术工作队伍。

此外，国内和国际横向比较城市温室气体核算的结果可以用于比较国内外城市温室气体排放状况、关键指标情况和温室气体减排效果等，帮助城市相互借鉴、发现不足、学习经验，有助于提高城市低碳发展的质量。

2. 深圳市温室气体排放概况

（1）深圳市温室气体清单

已有数据对深圳市2008年温室气体排放清单开展的研究显示，深圳市的温室气体排放源涵盖能源、工业过程、农林和其他土地利用、废物处理处置4个部门，其温室气体核算范围主要指深圳市内排放源产生的所有直接温室气体排放（除生物源外），不包括其他间接排放（如外购的电力、供热及蒸汽消费和外购原料生产过程产生的排放）。

其中建筑业指建筑施工机械（如铲土机、挖掘机）消耗化石燃料产生的排放；商业主要包括批发零售和住宿餐饮业；废物焚烧仅包括化石碳产生的排放。

排放源及温室气体

部门	次级部门	温室气体
能源部门	热电水燃气生产供应	CO_2、CH_4、N_2O
	工业源	CO_2、CH_4、N_2O
	运输部门	CO_2、CH_4、N_2O
	居民生活	CO_2、CH_4、N_2O
	建筑业	CO_2、CH_4、N_2O
	商业	CO_2、CH_4、N_2O
工业过程	玻璃生产	CO_2
	陶瓷生产	CO_2
	集成电路生产	CHF_3、CF_4、C_2F_6、C_3F_8、SF_6
	热传导液体的使用	C_6F_{14}
农林和其他土地利用	林地	CO_2、CH_4、N_2O
	农田	CO_2、CH_4、N_2O
	湿地	CO_2、CH_4、N_2O
	聚居地	CO_2
	牲畜肠道发酵	CH_4
	牲畜粪便管理	CH_4、N_2O
	氮肥施用	N_2O
废物处理处置部门	固体废物填埋	CH_4
	废物焚烧	CO_2、CH_4、N_2O
	废水处理和排放	CH_4、N_2O

通过借鉴《2006年IPCC国家温室气体清单指南》工具中各部门温室气体核算方法，采用国内的排放因子（对于国内暂时没有公开或缺失的排放因子采用IPCC提供的缺省值），同时结合现有资料，得出了2008年深圳市各部门温室气体排放量。在此基础之上，通过全球增温潜势（GWP）转化，将各类温室气体排放量统一以CO_2排放当量（CO_{2e}）表示。研究根据IPCC第四次评估报告（AR4），以100影响尺度计，以CO_2为基准，CH_4、N_2O、CHF_3、CF_4、C_2F_6、C_3F_8、C_6F_{14}和SF_6的CO_2当量系数分别取25、298、14800、7390、12200、8830、9300和22800，实际温室气体排放量经过GWP转化后的深圳市CO_{2e}排放量见下表。

深圳市温室气体排放清单（2008年）

类别	温室气体排放量（10^4 t）	占总排放量的比例（%）
能源部门	5305.1	80.8
工业过程	1083.1	16.5
农林和其他土地利用	-155.4	-2.4
废物处理处置部门	336.6	5.1
总计	6569.4	100

由排放清单可以看出，深圳市2008年温室气体总排放量为6569.4×10^4 t，能源部门排放量占总排放量的80.8%，是深圳市温室气体最大的排放贡献源；工业过程是第二大排放源，占16.5%；这二者之和占总排放量的97.3%，这主要是因为经济快速发展及机动车保有量不断增多导致的工商业和交通运输化石燃料消费的增长。农林和其他土地利用部门的净清除量为155.4×10^4 t CO_{2e}，这说明该部门中既包含重要源也包含重要汇，合并计算无法体现温室气体排放的特点，因此将农林和其他土地利用部门作为大类部门并不合适。另外，全市废物处理处置部门贡献相对较小，其排放量占总排放量的5.1%。

由不同温室气体的贡献可知，CO_2为最重要的温室气体，占总排放量的68.0%，主要来自化石燃料燃烧；其次为氟类气体，占16.3%，主要贡献源为电子工业过程。

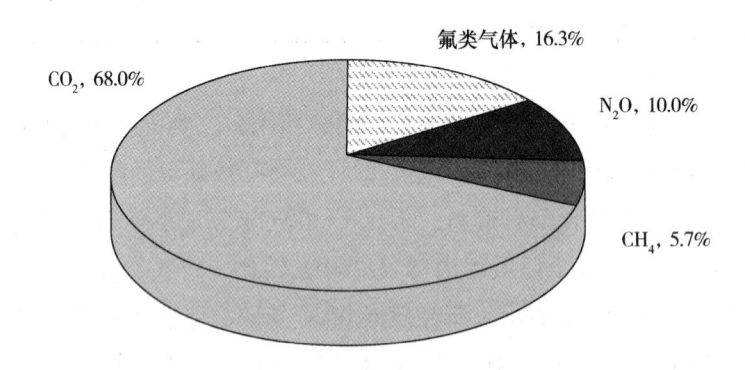

深圳市温室气体各组分贡献率

(2) 部门温室气体排放分析

①能源部门排放

根据计算得出,能源部门中燃油对温室气体的排放贡献最显著,分担率达58.5%,表明深圳市对石油的依赖程度较高。原煤和燃气的温室气体排放分担率次之,分别为33.8%和7.7%。各种燃油的温室气体排放分担率与深圳市的燃油消费结构相符,原煤由于排放因子较大而产生较多温室气体,从而导致其温室气体排放分担率较高。

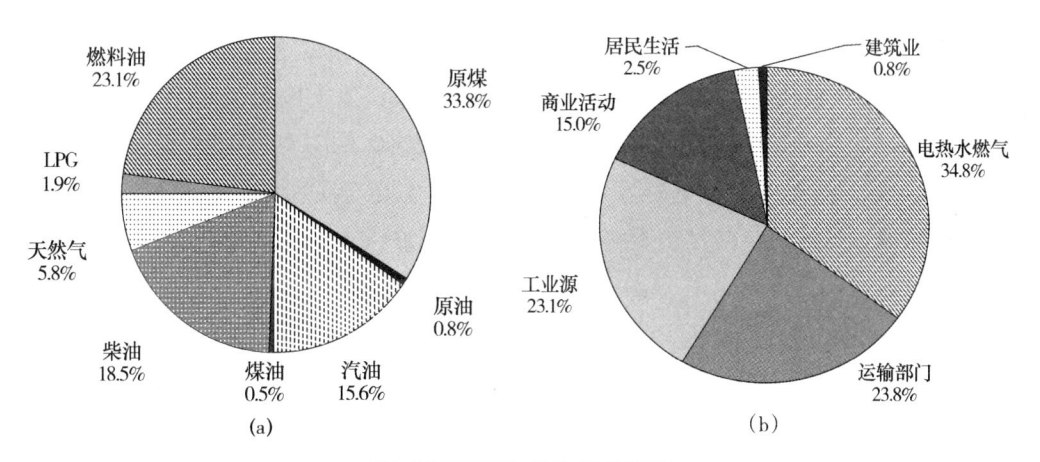

能源部门温室气体排放分担率

深圳市能源部门温室气体总排放量为 $5305.1×10^4$ t,其中,电热水燃气(电力、热力、水及燃气)生产供应部门是深圳市能源部门温室气体最大的排放源,其排放量为 $1859.7×10^4$ t,占能源部门总排放量的34.8%;其次是运输部门,排放量为 $1262.8×10^4$ t,占23.8%;工业源温室气体排放量仅次于运输部门,排放量为 $1228.1×10^4$ t,占23.1%;三者排放量之和占能源部门总排放量的82.0%,是深圳市温室气体的主要贡献源。此外,商业活动和居民生活也是不可忽视的温室气体排放源,二者分别占能源部门总排放量的15.0%和2.5%。

此外,在工业源的温室气体排放中,重工业制造为深圳市工业源中最大的温室气体排放贡献行业,其次为电子产品制造业和轻工业,三者分别占工业源温室气体总排放量的24.5%、22.8%和19.7%,这主要与深圳市电子工业较发达、以高新技术行业和轻工业为主有关。在公路运输部门温室气体排放贡献构成中,深圳市小客车对公路运输温室气体排放贡献最显著,占公路运输总排放量的47.2%,其次为小货车，所占比例为21.6%。

②工业过程排放

工业过程温室气体总排放量为1083.1×10^4t，其中90%以上来自集成电路生产过程的排放。这主要是由于电子工业制造过程产生的氟类气体（HFCs、PFCs和SF_6）全球增温潜势（GWP）很大。本次仅估算了可获得统计数据的玻璃、陶瓷、集成电路、热传导液体的工业过程温室气体排放量，因此实际工业过程产生的温室气体排放可能远高于现有的计算水平。

③农林和其他土地利用部门排放

根据统计年鉴收集到的活动数据和IPCC提供的缺省参数值，在《2006年IPCC国家温室气体清单指南》指导下估算出农林和其他土地利用部门各温室气体的排放量。计算可知：农林和其他土地利用部门是CO_2的主要吸收单元，清除量达155.4×10^4t，约占广东省总清除量的3.6%，这主要与深圳市的森林面积较小有关，同时树种构成及年龄也是影响生物量碳库变化的主要因素。农田、湿地、氮肥的施用对温室气体排放也有一定的贡献。牲畜肠道发酵和牲畜粪便管理的CH_4和N_2O总排放量分别为1067.1t和39.3t，远低于我国CH_4（1119×10^4t）和N_2O（24.1×10^4t）的平均排放水平，这与深圳市牲畜数量相对较少有关。

④废物处理处置部门排放

根据深圳市历年废物的活动数据，利用IPCC提供的一阶衰减方法，计算深圳市废物处理处置部门产生的温室气体排放量。目前，我国城市固体废物以填埋处置为主，占91.4%，以焚烧和堆肥处理为辅，二者分别占6.4%和2.2%。深圳市2008年统计数据显示，该市53.5%的城市生活垃圾进行填埋处置，40.6%进行焚烧处理，填埋与焚烧处理基本并重。废物处理处置部门温室气体总排放量为336.6×10^4t，其中废物填埋是最重要的排放源，占该部门总排放量的81.8%；第二大排放源来自废水处理和排放过程，占12.6%，这与废水厌氧处理和排放过程会产生CH_4和N_2O有关，而CH_4生成量主要取决于废水中可降解的有机物量，N_2O排放量则取决于废水中的氮含量；而废物焚烧产生的排放量仅占5.6%，排放贡献率的差异主要与不同处置方式的废物数量有关。

（3）温室气体排放特点与变化趋势

通过深圳市温室气体排放清单，可以得出深圳市温室气体排放的基本特征如下。

第一，深圳市化石燃料消费以油类为主，占总能源消费量的71.9%，而原煤和燃气的比例仅分别为17.5%和10.6%,由此可见深圳市对石油的依赖程度较高。

第二,深圳市能源部门中,电热水燃气(电力、热力、水及燃气)生产供应部门是深圳市能源部门温室气体最大的排放源,占能源部门总排放量的34.8%;其次是运输部门与工业源,温室气体排放量占比分别为23.8%与23.1%;三者排放量之和占能源部门总排放量的82.0%,是深圳市温室气体的主要贡献源。

第三,深圳市的森林面积较小,CO_2清除量较低;牲畜数量相对较少,农业活动的温室气体总排放量较低。

同时相较于2008年,当前深圳市的能源消耗结构发生了较大的变化。通过梳理深圳市城市发展新的阶段特点,我们认为在原有的研究基础之上,深圳市温室气体排放核算还需要重点把握下列新趋势。

第一,能源利用种类发生变化。深圳市一方面重点淘汰重污染能源的使用,另一方面发展新清洁能源,因此在能源统计与核算上需要适宜于深圳特点。

第二,人口增长带来的温室气体排放变化。深圳市2014年底仅常住人口就较2008年增加约200万人,由此带来的商业活动、居民生活、污染物排放与处理需求也极大增加,三者分别占能源部门总排放量比重可能会大幅上升。

第三,工业过程温室气体排放减少。由于深圳市政府近年来主导淘汰落后产能,加之市场规律致使全市工业企业趋向于集团化、总部化发展,其上下游工业生产环节部分转移出了深圳市内,因此工业过程的温室气体排放贡献可能呈现逐年下降的趋势。

第四,农业温室气体排放贡献率下降。深圳市产业结构进一步优化,第三产业占比已达57%,第一产业不足0.1%,因此相较于农业领域应该重点关注第三产业活动相关的温室气体排放。

第五,交通领域的温室气体排放占比增大。深圳市汽车保有量2015年已达312万辆,居全国第三,每公里道路车辆密度居全国之首,全市交通拥堵加剧,更进一步降低了燃油效率,加剧了尾气排放,因此交通领域的温室气体排放水平较以前大幅上升。

四 深圳温室气体排放统计核算体系构建

(一)遵循的原则

根据《城市温室气体核算国际标准(测试版1.0)》《省级温室气体清单指南》及其他广泛运用的温室气体核算工具,温室气体核算体系在核算和报告温室气体排放时应遵循相关性、完整性、一致性、透明性、准确性和可行性六项原则。

相关性：报告的温室气体排放应恰当反映城市相关活动引起的排放情况。核算结果应当为当地政府的决策需要服务，同时考虑相关的国家和地方政策。例如，根据温室气体核算目的决定重点核算的温室气体排放源和需要重点收集的数据等。

完整性：全面覆盖温室气体排放源/吸收汇。披露没有纳入的排放源/吸收汇并说明原因。例如，尽量全面核算城市活动相关的所有排放源/吸收汇和温室气体种类。

一致性：在核算各个环节保持边界、方法学等的一致性，从而保证排放趋势分析、减排效果以及城市间的可比性。例如，同一城市核算不同年份排放以及不同城市核算排放时应遵循统一核算标准和方法。

透明性：核算各个环节应清晰透明，排放源/吸收汇、活动水平数据、排放因子和计算方法都应明确说明来源和依据，保证数据的可核实性和核算的可重复性。例如，准确记录活动水平数据来源和排放因子数据来源并归档妥善保存。

准确性：尽可能减少温室气体核算结果与实际情况的偏差。例如，根据数据可获得性和数据质量情况选择最佳的核算方法和数据来源。

可行性：数据最好是既有的，或在一定时间和花费代价下可以获得的。例如，充分利用已有的统计数据和部门数据，在数据缺失或无法满足需求时采用调研、抽样调查等方式收集数据。

上述核算和报告原则中，部分原则相互对立，可能无法全部满足。例如，完整性和准确性要求核算尽可能完美，而相关性和可行性则允许一定的灵活性。因此，需要根据核算目的和核算的侧重等因素多方考虑，在上述原则中寻找一个平衡点。

（二）基本要素确定

1. 确定统计核算边界

（1）地理边界

深圳市属于一级行政区划建制，为区域概念，而且在实际工作中，深圳市数据统计也按照城市行政区划进行。因此本统计核算体系的范围为全深圳市行政区划范围。

（2）排放"范围"边界

理论情况下，为了更好地区分排放地区并避免重复计算，本次研究将温室气体排放划分为3个"范围"。

"范围1"排放是指发生在城市地理边界内排放源产生的所有直接温室气体排

放。这里的排放源包括固定源燃烧、移动源燃烧、过程排放和逸散排放四类,基本包含了《省级温室气体清单编制指南(试行)》中的所有"范围1"排放源的计算。

"范围2"排放是指城市地理边界内的轰动消耗的调入电力和热力(包含热水和蒸汽)相关的间接排放。一般情况下城市的热力均供本地使用,较少调入或者调出,但大部分城市的电力依靠购买或外调,其生产过程中消耗的一次能源已经在其他地理边界内作为"范围1"排放计算过一次,如果将二次能源消费的相关排放和一次能源产生的排放相加,则可能在同一核算主体上导致重复计算。因此,处理好"范围2"的排放核算十分重要。

"范围3"排放是指除"范围2"排放以外的所有其他间接排放。其包含材料异地生产、跨边界交通、跨边界废弃物处理以及购买的产品和服务产生的排放等。但"范围3"排放的核算及数据获取均存在相当大的难度,因此一般的核算工具仅考虑跨边界交通及跨边界废弃物处理产生的"范围3"排放的计算。

通过对深圳市的实际情况的调查咨询、现有数据获取情况的分析,以及充分考虑本统计核算体系的应用目标后,我们确定深圳市温室气体排放统计核算体系中的温室气体核算应包含全部的"范围1"排放以及电力的"范围2"排放。

2. 确定纳入的温室气体种类

本次纳入深圳市温室气体排放统计核算体系的温室气体共有六种:二氧化碳(CO_2)、甲烷(CH_4)、氧化亚氮(N_2O)、氢氟碳化物(HFCs)、全氟碳化物(PFCs)以及六氟化硫(SF_6),其主要原因如下。

第一,《京都议定书》中选定了二氧化碳(CO_2)、甲烷(CH_4)、氧化亚氮(N_2O)以及人造温室气体氢氟碳化物(HFCs)、全氟碳化物(PFCs)、六氟化硫(SF_6)六种气体作为需要降低排放的温室气体。

第二,虽然我国在《联合国气候变化框架公约》中被归类为非附件Ⅰ国家,《公约》第二次缔约方会议上规定非附件Ⅰ国家温室气体清单的报告内容仅包含二氧化碳(CO_2)、甲烷(CH_4)及氧化亚氮(N_2O)三类温室气体,但我国目前已成为全球最大的二氧化碳排放国,历史累计排放占全球的份额也将会逐步上升,必然要与附件Ⅰ国家一起肩负起较大的减排责任。同时深圳作为我国的窗口、先锋城市,也应较为全面地考虑城市温室气体排放。

第三,我国《省级温室气体清单指南》中给出的温室气体包含上述六种温室气体。深圳市作为广东省重要的城市之一,其温室气体统计核算应为广东省省级温室气体清单编制提供数据支撑。

第四,根据章节3.2.3深圳市温室气体排放概况可知,深圳市历史排放清单中氢氟碳化物(HFCs)、全氟碳化物(PFCs)以及六氟化硫(SF_6)三类氟类气体曾占全市温室气体排放总量的16.3%,主要贡献源为电子工业过程(特别是集成电路生产过程的排放)。虽然随着产业升级与生产过程逐渐转移出深圳市,但电子行业(集成电路生产)仍是深圳市工业领域的重要支柱行业之一,同时电子工业制造过程产生的氟类气体(HFCs、PFCs和SF_6)全球增温潜势(GWP)很大,约为CO_2的1000—20000倍,因此对全市的氟类气体排放进行核算统计是十分重要的。

3. 确定统计核算的排放源与吸收汇

如表4-1所示,《IPCC国家温室气体清单指南(1996年修订版)》将温室气体排放源/吸收汇分为五大部门,分别是能源活动、工业生产过程、农业活动、土地利用变化和林业及废弃物处理。其中,能源活动、工业生产过程、农业活动和废弃物处理是排放源部门,土地利用变化和林业可能同时存在排放源和吸收汇。

不同排放源部门对应的温室气体排放种类和"范围"见下表。本体系计核算能源活动、土地利用变化和林业,以及废弃物处理产生的CO_2、CH_4和N_2O排放,计算农业活动产生的CH_4和N_2O排放,计算工业生产过程中产生的CO_2、N_2O、HFCs、PFCs和SF_6排放。所有排放源部门都涉及"范围1"排放,只有能源活动涉及"范围2"排放。

温室气体排放源部门对应的气体种类和"范围"

温室气体种类	CO_2	CH_4	N_2O	HFCs	PFCs	SF_6	范围1	范围2
能源活动	R	R	R				R	R
工业生产过程	R		R	R	R	R	R	
农业活动		R	R				R	
土地利用变化和林业	R	R	R				R	
废弃物处理	R	R	R				R	

4. 基本核算方法

温室气体核算可以采用基于测量和基于计算两种方法。基于测量的方法是通过连续测量温室气体排放浓度或体积等进行计算,需要在排放源处安装连续监测系统进行实时监测。基于计算的方法主要包括排放因子法，即通过活动水平数据和相关参数来计算排放量。基于测量的方法虽然较为准确，但工作量大，装置设备成本高，不宜于深圳市采用。因此本统计核算体系将同大部分温室气体核算工作一样，采用排放因子法。其基本计算原理为：温室气体排放量等于活动水平乘以排放因子。

$$活动水平 \times 排放因子 = 排放量$$

温室气体核算基本计算原理

其中，活动水平数据量化了造成城市温室气体排放的活动，例如锅炉燃烧消耗的煤的数量、居民生活用电量等。排放因子是指每一单位活动水平（如一吨煤或一度电）所对应的温室气体排放量，例如"吨CO_2/吨原煤""吨CO_2/兆瓦时电力"。

5. 数据收集

数据收集是城市温室气体核算的基础工作，是温室气体统计的目标。本章节将概括介绍数据收集的方法，分部门的详细数据收集方法在 4.3 – 4.7 章节中描述。

（1）活动水平数据统计体系

数据统计体系建立所采取的步骤如下。

第一步，如果活动水平数据已存在于常规统计报表制度之中，则直接采用数据。

第二步，如果活动水平数据的常规统计制度缺失，或者统计制度的频率、详细程度无法满足核算需求，则应在常规统计报表制度中补充数据项目。

（2）排放因子

同活动水平数据一样，排放因子是计算温室气体排放的两大要素之一。为保障排放因子的准确性和统一性，本体系选择的排放因子包括区域排放因子（省级或跨省）、国家排放因子和 IPCC 排放因子。并按照反映深圳排放特点的准确程度由高到低划分，排放因子优先选择顺序依次为区域排放因子（省级或跨省）、国家排放因子和 IPCC 排放因子。

6. 温室气体统计核算结果报告

深圳市温室气体统计核算体系的报告是指以文字、图表等形式描述温室气体排放计算结果。要求报告的信息包括以下内容。

（1）编制年度：温室气体排放数据发生的年度。

（2）核算边界：包括地理边界和温室气体种类。

（3）核算"范围"："范围（1）""范围（2）"排放，以及在各个"范围"中涵盖的排放源。

（4）计算结果：在二氧化碳（CO_2）、甲烷（CH_4）、氧化亚氮（N_2O）、氢氟碳化物（HFCs）、全氟碳化物（PFCs）以及六氟化硫（SF_6）的排放量按排放源部门计算汇总后，根据《省级温室气体清单编制指南》提供的温室气体100年全球增温潜势，将温室气体转化为二氧化碳当量，并最终以表4-2的形式进行报告。

深圳市温室气体排放结果总报告

	排放量	比例	总计（万吨 CO_{2e}）
能源活动	Î	Î	
工业生产过程	Î	Î	
农业活动	Î	Î	Î
土地利用变化和林业	Î	Î	
废弃物处理	Î	Î	

（三）能源活动温室气体排放统计核算

根据深圳市能源活动的排放源情况，全市能源部门温室气体统计核算主要涵盖"范围1"的化石燃料燃烧活动排放、生物质燃料燃烧活动排放和燃料逃逸排放，以及"范围2"的电力排放，并按照表4-1涵盖CO_2、CH_4、N_2O三类温室气体。

1. "范围1"排放

（1）化石燃料燃烧排放（CO_2、CH_4、N_2O）

①排放核算

为与现有统计体系保持一致，核算按照分行业和分能源品种的方法来计算化石燃料燃烧产生的温室气体排放。

计算公式：

CO_2排放 = $\sum$化石燃料消费量$_{i,j}$ × CO_2排放因子$_{i,j}$

CH_4排放 = $\sum$化石燃料消费量$_{i,j}$ × CH_4排放因子$_{i,j}$

$$N_2O \text{ 排放} = \Sigma \text{化石燃料消费量}_{i,j} \times N_2O \text{ 排放因子}_{i,j}$$

其中：i 表示行业，j 表示能源品种。

②数据收集统计

参考《国民经济行业分类》（GB/T4754—2011）、深圳市能源统计报表制度与深圳市实际，化石燃料燃烧活动按照下图进行行业分类统计，主要分为第一产业、第二产业、第三产业和居民生活。第二产业中的电力和热力界定为公用电力部门和公用热力部门，其他行业中自发电/供热产生的排放均在本行业内计算。

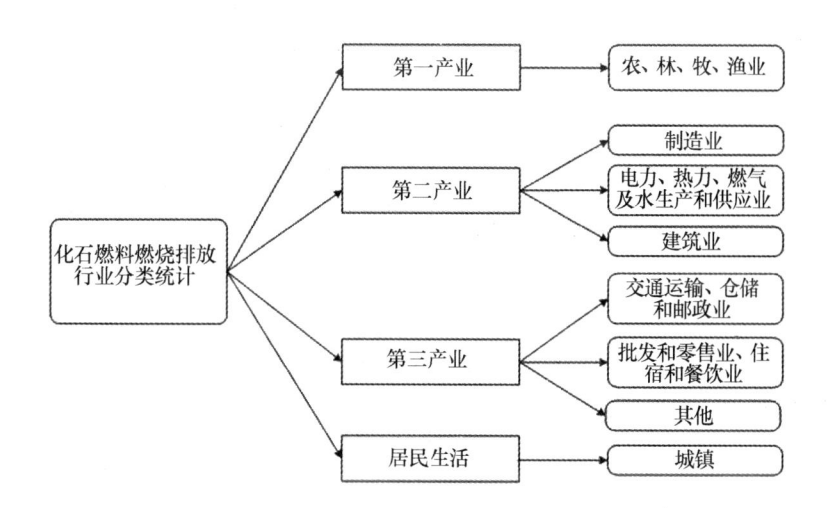

化石燃料燃烧排放行业分类统计：
- 第一产业 → 农、林、牧、渔业
- 第二产业 → 制造业；电力、热力、燃气及水生产和供应业；建筑业
- 第三产业 → 交通运输、仓储和邮政业；批发和零售业、住宿和餐饮业；其他
- 居民生活 → 城镇

化石燃料燃烧排放行业分类统计示意

按照这一分类方法，其数据来源均可直接利用能源统计年鉴中的《能源平衡表（实物量）》，能源平衡表中运用于排放核算的项与行业分类统计的对应关系见下表。由于核算是按照具体能源品种进行单独计算的，所以能源平衡表中煤炭合计（1）、石油合计（17）不再重复计算，另秸秆（34）、薪柴（35）、沼气（36）、热力（37）、电力（38）项不纳入化石燃料燃烧排放的统计计算。

能源平衡表与行业分类统计的对应关系

能源平衡表用于排放核算的项		行业分类项
加工转换投入（−）产出（+）量	火力发电	电力、热力、燃气及水生产和供应业
	供热	电力、热力、燃气及水生产和供应业

续表

能源平衡表用于排放核算的项		行业分类项
终端消费量	农、林、牧、渔业	农、林、牧、渔业
	工业	制造业
	建筑业	建筑业
	交通运输、仓储和邮政业	交通运输、仓储和邮政业
	批发和零售业、住宿和餐饮业	批发和零售业、住宿和餐饮业
	其他	其他
	生活消费	居民生活

需要注意的是,中国统计体系中的"交通运输业"只包括运营交通数据,非运营交通能耗分属于其他行业。但由于本统计核算体系的最终报告形式按照能源活动不再进行细分,因此并不会影响核算结果的准确性。

③排放因子确定

为了减少核算结果的不确定性,按照排放因子优先选择顺序的原则,采用世界资源研究所(WRI)于2011年9月公布的《能源消耗引起的温室气体排放计算工具指南(2.1版)》中的排放因子缺省值。

默认CH_4排放因子下又分能源行业、制造业和建筑业、商业和机构、住宅和农林牧渔业4个行业,与行业分类统计的对应关系具体如下。

CH_4排放因子行业分类与行业分类统计的对应关系

CH_4排放因子行业分类	行业分类统计项
分能源行业	电力、热力、燃气及水生产和供应业
制造业和建筑业	制造业
	建筑业
商业和机构	交通运输、仓储和邮政业
	批发和零售业、住宿和餐饮业
	其他
住宅和农林牧渔业	农林牧渔业
	居民生活

十四 绿色低碳经济统计创新

化石燃料能源排放因子

能源品种		CO_2排放因子单位	CH_4排放因子单位	N_2O排放因子单位	默认CO_2排放因子	能源行业	默认CH_4排放因子 制造业和建筑业	商业和机构	住宅和林牧渔业	默认N_2O排放因子
	原煤	吨CO_2/吨	克CH_4/吨	克N_2O/吨	1.981	20.908	209.08	209.08	6272.4	31.362
	洗精煤	吨CO_2/吨	克CH_4/吨	克N_2O/吨	2.405	26.344	263.44	263.44	7903.2	39.516
	其他洗煤	吨CO_2/吨	克CH_4/吨	克N_2O/吨	0.955	10.454	104.54	104.54	3136.2	15.681
	型煤*	吨CO_2/吨	克CH_4/吨	克N_2O/吨	1.95	17.584	175.84	175.84	5275.2	26.376
	煤矸石	吨CO_2/吨标准煤	克CH_4/吨标准煤	克N_2O/吨标准煤	2.86	29.270615	292.70615	292.70615	8781.1844	43.905922
	焦炭	吨CO_2/吨	克CH_4/吨	克N_2O/吨	2.86	28.435	284.35	284.35	8530.5	42.6525
	焦炉煤气	吨CO_2/万立方米	克CH_4/万立方米	克N_2O/万立方米	8.555	173.54	173.54	867.7	867.7	17.354
	高炉煤气	吨CO_2/万立方米	克CH_4/万立方米	克N_2O/万立方米	9.784	37.688	37.688	188.44	188.44	3.7688
	转炉煤气	吨CO_2/万立方米	克CH_4/万立方米	克N_2O/万立方米	2.7733445	79.440448	794.40448	794.40448	23832.134	119.16067
	其他煤气	吨CO_2/万立方米	克CH_4/万立方米	克N_2O/万立方米	9.968	202.218	202.218	1011.09	1011.09	20.2218
	其他焦化产品	吨CO_2/吨	克CH_4/吨	克N_2O/吨	3.833	38.099	380.99	380.99	11429.7	57.1485
	原油	吨CO_2/吨	克CH_4/吨	克N_2O/吨	3.02	125.448	125.448	418.16	418.16	25.0896
	汽油	吨CO_2/吨	克CH_4/吨	克N_2O/吨	2.925	129.21	129.21	430.7	430.7	25.842
	煤油	吨CO_2/吨	克CH_4/吨	克N_2O/吨	3.033	129.21	129.21	430.7	430.7	25.842
	柴油	吨CO_2/吨	克CH_4/吨	克N_2O/吨	3.096	127.956	125.448	426.52	426.52	25.5912
	燃料油	吨CO_2/吨	克CH_4/吨	克N_2O/吨	3.17	125.448	125.448	418.16	418.16	25.0896
	石脑油	吨CO_2/吨	克CH_4/吨	克N_2O/吨	4.1600168	43.905922	439.05922	439.05922	13171.777	65.858883
	润滑油	吨CO_2/吨	克CH_4/吨	克N_2O/吨	3.9223412	41.39743	413.9743	413.9743	12419.229	62.096145
	石蜡	吨CO_2/吨	克CH_4/吨	克N_2O/吨	3.7850606	39.948535	399.48535	399.48535	11984.56	59.922802
	溶剂油	吨CO_2/吨	克CH_4/吨	克N_2O/吨	4.0690511	42.945846	429.45846	429.45846	12883.754	64.418769
	石油沥青	吨CO_2/吨	克CH_4/吨	克N_2O/吨	3.6904896	38.950407	389.50407	389.50407	11685.122	58.42561
	石油焦	吨CO_2/吨	克CH_4/吨	克N_2O/吨	3.0279376	31.957657	319.57657	319.57657	9587.2971	47.936486
	液化石油气	吨CO_2/吨	克CH_4/吨	克N_2O/吨	3.101	50.179	50.179	250.895	250.895	5.0179
	炼厂干气	吨CO_2/吨	克CH_4/吨	克N_2O/吨	3.012	46.055	46.055	230.275	230.275	4.6055
	其他石油制品	吨CO_2/吨	克CH_4/吨	克N_2O/吨	2.527	105.504	105.504	351.68	351.68	21.1008
	天然气	吨CO_2/万立方米	克CH_4/万立方米	克N_2O/万立方米	21.622	389.31	389.31	1946.55	1946.55	38.931
煤油气	液化天然气	吨CO_2/吨	克CH_4/吨	克N_2O/吨	2.889	51.498	51.498	257.49	257.49	5.1498
其他能源（标煤计）		吨CO_2/吨标煤	克CH_4/吨标煤	克N_2O/万吨标煤	2.7733445	29.270615	292.70615	292.70615	8781.1844	43.905922

注：*代表型煤与《能源平衡表（实物量）》（附表2）中——煤制品（9）等价。

(2) 生物质燃料燃烧排放（CH_4、N_2O）

①排放核算

根据深圳市实际情况，生物质燃料主要包括三种：秸秆、薪柴和沼气。其中，生物质燃料燃烧产生的 CO_2 是对其生长时吸收大气 CO_2 的释放，属于自然碳循环的一部分，不计算在排放总量中。由于沼气经充分燃烧后排放为 CO_2，因此沼气不列入生物质燃料核算统计的范围。

计算公式：

CH_4 排放 = Σ 生物质燃料消费量 j × CH_4 排放因子 j

N_2O 排放 = Σ 生物质燃料消费量 j × N_2O 排放因子 j

其中：j 表示生物质燃料品种。

②数据收集统计

生物质燃料燃烧活动水平数据包括两类：秸秆燃烧活动水平数据、薪柴燃烧活动水平数据。其数据来源均可直接利用《能源平衡表（实物量）》（附表2）中秸秆（34）、薪柴（35）的终端消费量数据。

③排放因子确定

选用《省级温室气体清单编制指南（试行）》中的生物质燃料燃烧排放因子缺省值。

生物质燃料燃烧默认排放因子

	CH_4 排放因子	N_2O 排放因子
秸秆	5.2	0.13
薪柴	2.7	0.08

(3) 燃料逃逸排放（CH_4）

①排放核算

煤炭、石油和天然气的开采、加工处理、输送分配和消费使用过程中都存在 CH_4 泄漏现象，造成温室气体排放。但由于深圳市不涉及煤炭的开采及矿后、原油的相关活动及天然气的开采活动，因此燃料逃逸排放所涉及的核算对象主要为天然气系统逃逸排放。天然气系统活动水平数据包括天然气输运与消费环节的相关活动水平数据，具体计算公式如下：

天然气系统逃逸排放量 = 加工处理排放 + 运输排放 + 消费排放

其中：

加工处理排放 = 天然气加工处理量 × 排放因子

运输排放 = 增压站数量 × 排放因子 + 计量站数 × 排放因子 + 管线（逆止阀）数量 × 排放因子

消费排放 = 天然气消费量 × 排放因子

②数据收集统计

天然气系统活动水平数据包括天然气输运与消费环节的相关活动水平数据，具体包括天然气计量/配气站和储气总站的数量，以及天然气加工处理量、天然气输送过程中的增压站数量、天然气输送过程中的计量站数量、天然气输送过程中的管线（逆止阀）数量和天然气消费量。该部分的数据统计需要依托深圳市涉气（天然气）公司填写年度报表开展调查统计。

天然气逃逸排放活动水平数据

天然气系统活动水平		活动水平数据	活动水平单位
天然气加工处理量			亿立方米
天然气输送	增压站		（装置）个
	计量站		（装置）个
	管线（逆止阀）		（装置）个
天然气消费量			亿立方米

③排放因子确定

选用《省级温室气体清单编制指南（试行）》中的大然气系统排放因子缺省值。

天然气系统默认排放因子

天然气系统活动水平		活动水平单位	默认排放因子	排放因子单位
天然气加工处理量		亿立方米	542	亿立方米
天然气输送	增压站	个	95.1	（装置）个
	计量站	个	45	（装置）个
	管线（逆止阀）	个	6.3	（装置）个
天然气消费量		亿立方米	133	亿立方米

2. "范围2"排放

(1) 电力消费排放（CO_2、CH_4、N_2O）

①排放核算

按照4.2.1.2章节排放"范围"边界的确定，本章节仅计算电力部分。由于电力一经上网即同质化，无法区分来源，因此将所有通过电网输送至城市内的电力均视为调入电力。但由于城市外输送到城市内的电力包括调入本地消费的电力和未作消费又调出的电力，因此本体系中的调入电力仅指从城市地理边界外输送到城市地理边界内并供城市内消费的电力，包括终端消费量和损失量，与是否调出和净调入量无关。使用未上网自发电不涉及调入的概念，其相关排放在"范围1"中计算。电力"范围2"排放的计算公式如下：

电力"范围2"排放 = 调入电量 × 电力排放因子
　　　　　　　　 =（终端消费量 + 损失量）× 电力排放因子

②数据收集统计

根据电力的"范围2"排放计算公式，共需要收集统计终端消费量、损失量数据并确定电力排放因子。

终端消费量与损失量可直接利用能源统计年鉴《能源平衡表（实物量）》中电力项（38）对应的损失量（23）与终端消费量（25）数据。

③排放因子确定

电力排放因子数据来源于世界资源研究所（WRI）《能源消耗引起的温室气体排放计算工具指南（2.1版）》。由于该工具指南以省级为单位，因此深圳市电力排放因子选取参考广东省数值。在实际核算过程中可直接选择最近年份即2011年的电力排放因子缺省值。

（四）工业生产过程温室气体排放统计核算

工业排放的温室气体存在两种来源，一是化石燃料燃烧引起的排放，二是工业生产过程中存在的物理变化过程和化学变化过程引起的温室气体排放。前者属于化石燃料燃烧排放，在能源活动中计算和报告；后者属于工业生产过程排放，在工业生产过程中计算和报告。如水泥生产中由于燃烧燃料产生的排放属于能源活动排放，水泥熟料生产过程中碳酸盐分解产生的排放属于工业生产过程排放。《省级温室气体清单编制指南（试行）》中计算了水泥、石灰、钢铁、电石、乙二酸、硝酸、一氯二氟甲烷、铝、镁、电力设备、半导体和氢氟烃十二种产品生产时产生的

广东省电力默认排放因子（南方区域电网）

2006 年				2007 年				2008 年			
CO_2	CH_4	N_2O	CO_2 当量	CO_2	CH_4	N_2O	CO_2 当量	CO_2	CH_4	N_2O	CO_2 当量
吨 CO_2/万千瓦时	克 CH_4/万千瓦时	克 N_2O/万千瓦时	吨 CO_{2e}/万千瓦时	吨 CO_2/万千瓦时	克 CH_4/万千瓦时	克 N_2O/万千瓦时	吨 CO_{2e}/万千瓦时	吨 CO_2/万千瓦时	克 CH_4/万千瓦时	克 N_2O/万千瓦时	吨 CO_{2e}/万千瓦时
7.52	94.13	113.78	7.56	7.38	88.33	110.81	7.42	6.54	76.94	97.77	6.57
2009 年				2010 年				2011 年			
CO_2	CH_4	N_2O	CO_2 当量	CO_2	CH_4	N_2O	CO_2 当量	CO_2	CH_4	N_2O	CO_2 当量
吨 CO_2/万千瓦时	克 CH_4/万千瓦时	克 N_2O/万千瓦时	吨 CO_{2e}/万千瓦时	吨 CO_2/万千瓦时	克 CH_4/万千瓦时	克 N_2O/万千瓦时	吨 CO_{2e}/万千瓦时	吨 CO_2/万千瓦时	克 CH_4/万千瓦时	克 N_2O/万千瓦时	吨 CO_{2e}/万千瓦时
6.66	75.93	99.96	6.70	6.66	72.13	99.37	6.69	6.69	71.75	100.44	6.73

工业生产过程排放，根据深圳市实际情况，仅存在电力设备、半导体和氢氟烃的生产活动，因此本统计核算体系仅针对上述三类工业生产过程温室气体排放进行统计核算。

1. 电力设备生产（SF_6）

（1）排放核算

SF_6具有优异的绝缘性能和良好的灭弧性能，在高压开关断路器及封闭式气体绝缘组合电器设备（GIS）中得到广泛使用。按照《省级温室气体清单编制指南（试行）》要求，本体系只核算电力设备生产环节和安装环节的SF_6排放，暂不考虑电力设备使用环节和报废环节的SF_6排放。

计算公式：

SF_6排放＝电力设备生产过程中的SF_6使用量×排放因子

（2）数据收集统计

由于常规统计体系中不含有电力设备生产过程中的SF_6使用量统计数据，因此需要由深圳市电力设备生产企业进行年度统计申报。

电力设备生产活动水平数据

		数据	单位
电力设备生产	SF_6使用量		吨

（3）排放因子确定

选用《省级温室气体清单编制指南（试行）》中的工业生产过程排放因子缺省值。

电力设备生产默认排放因子

类别		默认排放因子	排放因子单位
电力设备生产	SF_6排放因子	8.6	%

2. 半导体生产（PFCs、SF_6）

（1）排放核算

半导体生产过程中，多种含氟气体用于晶圆制作。本体系统计核算蚀刻与清洗

环节的 CF_4、三氟甲烷（CHF_3）、C_2F_6 和 SF_6 的排放量。

计算公式：

CF_4 排放 = CF_4 使用量 × CF_4 排放因子

CHF_3 排放 = CHF_3 使用量 × CHF_3 排放因子

C_2F_6 排放 = C_2F_6 使用量 × C_2F_6 排放因子

SF_6 排放 = SF_6 使用量 × SF_6 排放因子

（2）数据收集统计

由于常规统计体系中不含有半导体生产过程中的各类温室气体使用量统计数据，因此需要由深圳市半导体生产企业进行年度统计申报。

半导体生产活动水平数据表

		数据	单位
半导体生产	CHF_3 使用量		千克
	CF_4 使用量		千克
	C_2F_6 使用量		千克
	SF_6 使用量		千克

（3）排放因子确定

选用《省级温室气体清单编制指南（试行）》中的工业生产过程排放因子缺省值。

半导体生产默认排放因子

类别		默认排放因子	排放因子单位
半导体生产	CHF_3 排放因子	20.95	%
	CF_4 排放因子	43.56	%
	C_2F_6 排放因子	3.76	%
	SF_6 排放因子	19.51	%

3. 氢氟烃生产（HFCs）

（1）排放核算

生产和使用一些臭氧消耗物质替代品（ODC）会产生部分气体排放到大气中，成为温室气体。HFCs 是其中排放量比较大的一类。本体系根据《省级温室气体清单编制指南（试行）》的要求统计核算 HFCs 生产过程的排放，暂不统计核算 HFCs 使用过程的排放。

计算公式：

HFCs 排放 = Σ 不同类型 HFCs 产量 i × 相应排放因子 i

其中，i 表示不同类型 HFCs 产量，包括 HFC-23、HFC-32、HFC-125、HFC-134a、HFC-143a、HFC-152a、HFC-227ea、HFC-236fa 和 HFC-245fa。

（2）数据收集统计

由于常规统计体系中不含有氢氟烃生产过程中的各类温室气体使用量统计数据，因此需要由深圳市氢氟烃生产企业进行年度统计申报。

氢氟烃生产活动水平数据

		数据	单位
氢氟烃生产	HFC-23 产量		千克
	HFC-32 产量		千克
	HFC-125 产量		千克
	HFC-134a 产量		千克
	HFC-143a 产量		千克
	HFC-152a 产量		千克
	HFC-227ea 产量		千克
	HFC-236fa 产量		千克
	HFC-245fa 产量		千克

（3）排放因子确定

选用《省级温室气体清单编制指南（试行）》中的工业生产过程排放因子缺省值。

氢氟烃生产默认排放因子

类别		默认排放因子	排放因子单位
氢氟烃生产	HFC-23 产量	0.5	%
	HFC-32 产量	0.5	%
	HFC-125 产量	0.5	%
	HFC-134a 产量	0.5	%
	HFC-143a 产量	0.5	%
	HFC-152a 产量	0.5	%
	HFC-227ea 产量	0.5	%
	HFC-236fa 产量	0.5	%
	HFC-245fa 产量	0.5	%

（五）农业活动温室气体排放统计核算

根据《省级温室气体清单编制指南（试行）》，农业温室气体排放来源分为四类：稻田 CH_4 排放、农田 N_2O 排放、动物肠道发酵 CH_4 排放，以及动物粪便管理产生的 CH_4 和 N_2O 排放。

由于深圳市几乎不存在稻田，因此农业活动温室气体排放统计核算涵盖农田 N_2O 排放、动物肠道发酵 CH_4 排放，以及动物粪便管理产生的 CH_4 和 N_2O 排放。

1. 农田活动（N_2O）

（1）排放核算

农田土壤是重要的 N_2O 排放源，其排放量约占生物圈释放 N_2O 总量的90%。其中化学氮肥的使用占据了最重要的部分。农田土壤的 N_2O 排放包括直接排放和间接排放两部分。由于深圳市麦、玉米和水稻等种植面积较少，秸秆还田比例不大，且粪肥使用比例不大，因此直接排放仅指施用化肥的排放，不再计算秸秆还田与施用粪肥的氮排放；间接排放包括大气氮沉降和淋溶、径流引起的排放。

直接排放的计算公式：

直接 N_2O 排放 = 农田氮输入量 × 排放因子（以氮计）× 44/28

其中：

农田氮输入量 = 化肥氮输入量

间接排放的计算公式：

间接 N_2O 排放 = 大气氮沉降排放 + 淋溶、径流排放

其中：

大气氮沉降排放 = （畜禽氮排泄总量 × 20% + 农田氮输入 × 10%）× 大气氮

沉降间接排放因子（以氮计）×44/28

淋溶、径流排放 = 农田氮输入 ×20% × 淋溶径流间接排放因子（以氮计）× 44/28

另：

畜禽氮排泄总量 = Σ 不同种类动物数量 i × 相应排放因子 i

（2）数据收集统计

根据排放核算内容，农田活动的 N_2O 排放需要收集的数据有：化肥氮输入量（农田氮输入量）、不同种类动物数量。

不同种类动物数量可直接利用《深圳市统计年鉴》中畜牧业、林业和渔业统计相关数据，其中非奶牛头数 = 牛年末头数 − 奶牛头数。

化肥氮输入量需要由深圳市化肥销售企业进行年度统计申报。

氮肥利用水平数据表

氮肥种类	序号	年销售产量（吨）	含氮率均值（%）	氮含量总计（吨）
	1			
	2			
	3			
	……			

（3）排放因子确定

选用《省级温室气体清单编制指南（试行）》中的农田活动排放因子缺省值。

农田活动默认排放因子

类别			默认排放因子	排放因子单位
直接排放			0.0178（推荐值）	千克 N_2O/千克氮输入
间接排放	动物氮排泄量	奶牛	60	千克氮/头·年
		非奶牛	40	千克氮/头·年
		猪	16	千克氮/头·年
		家禽	0.6	千克氮/头·年
	大气氮沉降		0.001	千克 N_2O/千克氮输入
	淋溶、径流		0.0075	千克 N_2O/千克氮输入

五 深圳市温室气体综合评价体系研究

经指标比选，深圳市温室气体综合评价指标包含控制温室气体排放类、气候变化及影响类、应对气候变化资金投入、应对气候变化管理四大类一级指标，下设二氧化碳排放强度等30个二级指标。

深圳市温室气体综合评价指标体系一方面要与现行政策相结合，使指标体系的结果在部门考核中得到体现，充分落实深圳市温室气体排放控制与低碳生态发展的目标；另一方面也要结合具体实践，将低碳指标体系分解落实在具体部门的权责范围内，共同促进深圳市低碳发展、建设的效果。

深圳市温室气体综合评价指标

一级指标	序号	二级指标		数据来源
控制温室气体排放类	1	二氧化碳排放强度		市发改委、市统计局
	2	温室气体排放总量		市发改委、市统计局
	3	分领域温室气体排放量	能源活动领域温室气体排放量	市统计局
	4		工业生产过程领域温室气体排放量	市统计局
	5		农业活动温室气体排放量	市统计局
	6		土地利用变化和林业领域温室气体排放量	市统计局
	7		废弃物处理领域温室气体排放量	市统计局
	8	第三产业增加值占GDP比重		市统计局
	9	战略性新兴产业增加值占GDP的比重		市统计局
	10	单位GDP能源消耗		市统计局
	11	规模以上单位工业增加值能源消耗		市统计局
	12	单位建筑面积能源消耗		市住建局
	13	非化石能源占一次能源消费比重		市统计局、市发改委
	14	森林覆盖率		市城管局
	15	森林蓄积量		市城管局
	16	新增森林面积		市城管局
气候变化及影响类	17	二氧化碳年均浓度		市气象局
	18	各区年平均气温		市气象局
	19	各区平均年降水量		市气象局
	20	湿地保护与新增湿地面积		市人居委、市水务局
	21	气象灾害引发的直接经济损失		市民政局、市气象局
应对气候变化资金投入	22	应对气候变化科研投入		市科创局、市财政局
	23	内涝治理工程建设投入		市水务局、市财政局
	24	节能环保资金投入		市发改委、市财政局
	25	发展非化石能源投入		市发改委、市财政局
	26	增加森林碳汇投入		市城管局、市财政局
	27	温室气体排放统计、核算和考核及其能力建设投入		市发改委、市财政局
应对气候变化管理	28	绿色建筑比例		市住建局
	29	能源合同管理比例		市发改委
	30	企业能源在线监测平台建设比例		市发改委、市统计局

所涉及温室气体的100年全球增温潜势

温室气体种类	100年增温潜势	温室气体种类	100年增温潜势
CO_2	1	HFC－152a	140
CH_4	21	HFC－227en	2900
N_2O	310	HFC－236fa	6300
HFC－23（CHF_3）	11700	HFC－245ca	1030
HFC－32	650	PFC－14（CF_4）	6500
HFC－125	2800	PFC－116（C_2F_6）	9200
HFC－134a	1300	SF_6	23900
HFC－143a	3800		

能源平衡表（实物量）

指标名称	代码	煤炭合计（万吨）	原煤（万吨）	无烟煤（万吨）	烟煤（万吨）		褐煤（万吨）	洗精煤（万吨）	其他洗煤（万吨）
					炼焦烟煤	一般烟煤			
甲	乙	1	2	3	4	5	6	7	8
一、可供本地区消费的能源量	01								
1. 年初库存量	02								
2. 一次能源生产量	03								
3. 外省（区、市）调入量	04								
4. 进口量	05								
5. 境内轮船和飞机在境外加油量	06								
6. 本省（区、市）调出量（－）	07								
7. 出口量（－）	08								
8. 境外轮船和飞机在境内加油量（－）	09								
9. 年末库存量（－）	10								
二、加工转换投入（－）产出（＋）量	11								
1. 火力发电	12								
2. 供热	13								
3. 煤炭洗选	14								
4. 炼焦	15								
5. 炼油及煤制油	16								
其中：油品再投入量（－）	17								
6. 制气	18								
其中：焦炭再投入量（－）	19								
7. 天然气液化	20								
8. 煤制品加工	21								
9. 回收能	22								
三、损失量	23								
其中：运输和输配损失量	24								

续表

指标名称	代码	煤炭合计（万吨）	原煤（万吨）	无烟煤（万吨）	烟煤（万吨）		褐煤（万吨）	洗精煤（万吨）	其他洗煤（万吨）
					炼焦烟煤	一般烟煤			
甲	乙	1	2	3	4	5	6	7	8
四、终端消费量	25								
1. 第一产业	26								
农、林、牧、渔业	27								
2. 第二产业	28								
工业	29								
其中：用作原料、材料	30								
建筑业	31								
3. 第三产业	32								
交通运输、仓储和邮政业	33								
批发和零售业、住宿和餐饮业	34								
其他	35								
4. 生活消费	36								
城镇	37								
乡村	38								
五、平衡差额（+、−）	39								
六、消费量合计	40								

续表一

煤制品（万吨）	煤矸石（万吨）	焦炭（万吨）	焦炉煤气（亿立方米）	高炉煤气（亿立方米）	转炉煤气（亿立方米）	其他煤气（亿立方米）	其他焦化产品（万吨）	石油合计（万吨）	原油（万吨）
9	10	11	12	13	14	15	16	17	18

续表二

汽油（万吨）	煤油（万吨）	柴油（万吨）	燃料油（万吨）	石脑油（万吨）	润滑油（万吨）	石蜡（万吨）	溶剂油（万吨）	石油沥青（万吨）	石油焦（万吨）	液化石油气（万吨）
19	20	21	22	23	24	25	26	27	28	29

续表三

炼厂干气（万吨）	其他石油制品（万吨）	天然气（亿立方米）	液化天然气（万吨）	秸秆（万吨）	薪柴（万吨）	沼气（万立方米）	热力（万百万千焦）	电力（亿千瓦时）	其他能源（万吨标煤）
30	31	32	33	34	35	36	37	38	39

附录 14-4 肯定评价

1. 时任深圳市市长许勤、副市长唐杰的批示

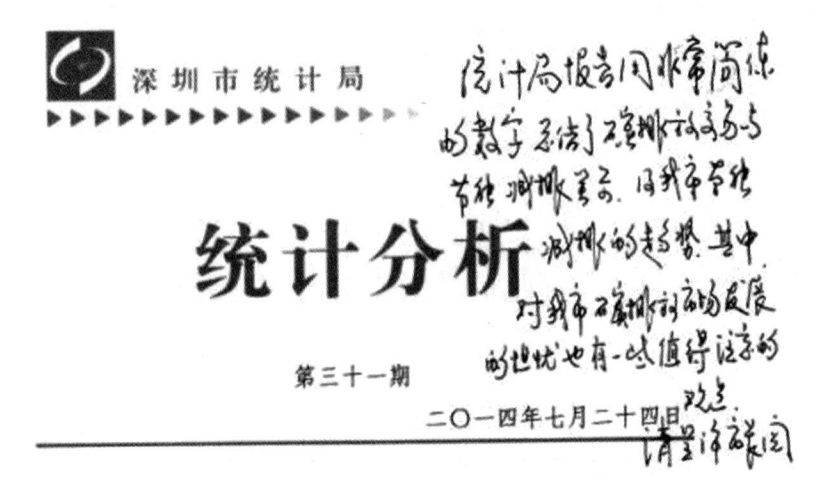

深圳市统计局

统计分析

第三十一期

二〇一四年七月二十四日

碳交易试点带来的变化：增加值加速与能耗量消减并行

——我市参与碳排放权交易的工业企业近况简析

为实现温室气体排放的控制目标，转变经济增长方式，推进生态文明建设，从 2012 年开始，我市逐步建立了碳排放权交易市场，目前已有 600 多家工业企业（以下简称管控企业）纳入该交易市场体系中。一年以来，管控企业对我市经济发展和节能降耗工作产生了积极的影响，不断取得了良好的经济效益与社会效益，主要表现在：工业增加值保持了较快增长，占全市比重有所增加，增加值率高于全市工业的平均水平，节能减排成效显著，工业增加值能耗和电耗都大大低于全市水平。现就管控企业的发

2. 时任深圳市市长许勤的批示

（内部资料　请勿外传）

深圳市统计局

请统计局加强新兴产业统计比较分析总结工作，这项工作要做得很好。

统计分析

第五期

二〇一〇年六月三十日

深圳新能源产业发展状况简析

随着深圳新一轮产业结构调整到来，我市加快推进新兴产业发展的步伐，适时地出台了生物、新能源、互联网三大战略性新兴产业振兴发展规划和政策。使新能源产业得到迅速地发展，产业规模不断扩大。据初步测算，2009年新能源企业实现产值（或营业收入，下同）403.24亿元，2010年1—6月为242.18亿元，同比分别增长31.3%和35.6%，显现较高的增长势头。

一、新能源产业运行特点

（一）新能源产业总体上保持快速增长的趋势

据初步测算，2009年新能源企业产值为403.24亿元，同比增长31.3%；实现增加值141.46亿（收入法、现价，下同），同

十五　深圳市GDP"统一核算，下算一级"情况报告

深圳市统计局于2005年开始实行GDP"统一核算，下算一级"，历时12年，形成相对科学合理规范的GDP下算一级实施方案和成熟流畅的工作运行机制。

（一）率先开展GDP"统一核算，下算一级"主要考虑

1. 深圳开展"统一核算，下算一级"的客观条件

（1）基于深圳对GDP统一核算的需求。深圳作为全国改革开放的前沿地区，其经济数据一直受到社会、媒体、学界高度关注，推进深圳GDP"统一核算，下算一级"十分迫切和必要，有利于市区两级GDP数据的衔接以及维护政府统计的公信力。

（2）基于深圳的特殊城市特点。第一，2004年深圳完成"村改居"，户籍居民全部"农转非"，人口城镇化率达到100%。深圳是全国第一个无农民、无农村行政建制的城市。第二，深圳地理面积较小，仅有1996.78平方公里，下属的行政区域没有县，只有6个行政区。深圳开展GDP"统一核算，下算一级"的工作量相对较小。

（3）基于国家局改进地方GDP核算的要求和深圳本身较强的核算技术力量。2004年国家局发布《关于〈改进地区GDP核算工作意见〉的通知》，提出"各省（区、市），地市一级要逐步建立地区GDP核算下算一级的制度"。深圳局在1995年底单设国民经济核算处，在2000年前就已经与国家统计局同步开展"GDP核算，编制投入产出表，资产负债核算和资金流量核算"，基层统计基础较好，具有较强的"统一核算，下算一级"的核算技术力量。

2. 2005年率先完成"统一核算，下算一级"核算改革创新任务

按照国家局 2004 年通知的要求，深圳局立即组织各专业研究探索建立深圳市 GDP "统一核算，下算一级"制度，于 2005 年上半年完成了前期准备工作，并进行试算。经深圳市人民政府批准同意《深圳市统计局关于〈改进我市 GDP 核算工作〉的通知》后，于 2005 年 10 月 28 日正式发布了《深圳市统计局关于印发〈深圳市 GDP 下算一级实施方案（试行）〉的通知》（深统通〔2005〕78 号），并作为地方规范性文件经《深圳市人民政府公报》对外公布。

2014 年，在总结开展了 9 年的 GDP "统一核算，下算一级"制度基础上，结合国家局、省局制定的年季度 GDP 核算方案，重新修订文件并印发《深圳市统计局关于印发〈深圳市 GDP 下算一级实施方案〉的通知》（深统规〔2014〕2 号）。

自 2005 年 10 月开始，深圳市率先完成 GDP "统一核算，下算一级"核算改革工作，目前已经执行 12 年。

（二）深圳市 GDP "统一核算，下算一级"运行情况

1. 按《深圳市 GDP 下算一级实施方案》基本原则要求，实现市区两级 GDP 数据一致性

（1）深圳市 GDP 统一核算的基本原则中要求"各区 GDP 数据之和等于全市 GDP"，包括两方面内容：一是在 GDP 总量方面，以经省局核定的市 GDP 总量为总控制数，各区分行业增加值之和等于市行业增加值，各区 GDP 总量之和严格等于全市 GDP；二是在 GDP 增速方面，各区 GDP 增速加权之和与全市 GDP 增速相等。

（2）为确保市区两级数据的一致性，各行业增加值按核算方法核算后，对"统计误差"按比重分摊、消除差额。因为核算指标对应的基数与行业增加值基数不同，即使是核算指标各区增速加权之和等于全市增速，按照核算方案核算出来的各区行业增加值增速加权之和与市行业增加值增速，现价增加值之和与全市行业增加值增速、总量并不匹配，出现"统计误差"。为确保市区两级总量和增速的一致性，把市区分行业增加值的差异数按照各区分行业增加值汇总数的份额分摊，以消除差额。

2. 在核算方法上，基本实现省、市、区三级季度 GDP 核算方法统一

深圳市季度 GDP 核算按照《广东省季度地区生产总值核算方案》执行，对各区的季度 GDP 核算也是在国家和省的制度框架内开展，各区季度核算方法与《广东省季度地区生产总值核算方案》保持一致。

（1）不变价增加值核算方法采用缩减法和速度推算法。建筑业不变价增加值核算采用缩减法；其他行业（农林牧渔业，工业，交通运输、仓储和邮政业，批发和零售业，住宿和餐饮业，金融业，房地产业，营利性服务业和非营利性服务业）通过相关的核算指标的增长速度推算不变价增加值。

（2）现价增加值核算方法采用增加值率法和价格指数推算法。在农林牧渔业和建筑业现价增加值核算中采用增加值率法；工业、批发和零售业以及交通运输、仓储和邮政业、住宿和餐饮业、金融业、房地产业、营利性服务业和非营利性服务业现价增加值核算中使用价格指数推算法。

核算过程中涉及的换算系数统一使用省反馈的市一级分行业换算系数，如果某行业相关指标不变价增长速度为负数，换算系数采用 1。区级换算系数与市一级保持一致。

3. 在核算指标使用上，市区两级基本保持一致，部分行业增加了合理反映区级行业发展状况的指标

由于省市两级实行的地区 GDP 季度核算方案是以国家对省一级核算方案为基础，再往下应用到区一级会出现部分核算指标分区数据无法取得、指标不具代表性或是数据波动性大、操作困难等情况。

因此，深圳市在区一级核算指标的选取上，以省局核算方案中的核算指标为主，在某些行业中，为客观合理反映行业发展情况，新增其他可获得的统计指标纳入区一级核算。

（1）水路运输业核算指标中增加规上服务业水路运输业营业收入指标。省的核算方案中交通运输、仓储和邮政业增加值核算应用的是铁路、水路、公路、航空四种交通运输方式的总周转量指标，邮政使用的是邮政业务总量指标。水路和公路总周转量指标来自市交委，铁路、航空运输总周转量增速由省局反馈，邮政业务总量来自市邮政管理局，上述五个指标部门均无分区的数据。

为保持市区两级行业增加值核算数据的衔接，对公路、铁路、航空中周转量和邮政业务总量各区采用全市平均数。对于水路运输业的核算，在水路运输总周转量指标上增加了分区水路运输业营业收入指标来反映行业发展。

水路运输总周转量数据来自市交委调查的在深注册的船舶公司（44家），达到规上服务业规模纳入规上服务业统计仅为18家，这18家企业增加值占规上水路运输企业增加值不到15%。而形成深圳市水路运输业增加值的主体企业是8家（集装箱）码头公司，其增加值占规上水路运输业增加值的77%，因码头公司无水路运输量，不纳入交委的水路运输总周转量调查统计，市级使用的核算指标水路运输总周转量与行业实际发展情况不匹配，为科学反映各区水路运输业的实际发展情况，在分区核算中水路运输业核算指标中增加规上服务业水路运输业营业收入指标。

（2）金融业增加值核算中参考使用深圳市地方统计调查中的金融机构分区营业网点和从业人员增速。市级金融业季度核算使用的是金融机构（含外资）本外部存贷款余额增速、地区证券交易额增速和保费收入增速。金融业是跨区经营的特点极为明显的行业，指标来源部门无法按在地统计原则提供上述指标分区值。

在实际分区金融业核算中，深圳市上述四个指标分区数使用全市数值。因深圳市有地方金融业统计调查制度，自2017年起，在金融业统计报表制度新设了分区的营业网点和从业人员指标，通过纳入各区营业网点和从业人员增速指标，更为科学地反映各区金融业的发展状况。

（3）波动性大的指标依据"先核后算"原则，先对数据进行审核和综合评估，再用于测算。对于区级核算指标中出现季度波动性很大、增长"异常"的指标，参照国家局、省局的做法，在核算指标出现"异常"值、波动较大时，依据"先核后算"原则，对指标数据进行审核和综合评估或是调整行业换算系数，再将评估后的值用于行业测算。比如波动较大的财政八项支出指标、2015年的证券交易额增速，当指标增速在季度核算时出现"异常值"均需要审核评估使用。

实际上，除了使用的部门指标"先核后算"，统计系统内部各专业自上往下反馈数据时，各专业已经对相关统计指标（如规上工业增加值增速、建筑业增加值、规上服务业营业收入增速、商品销售额增速等）先进行了评估审核，再提供核算部门使用，核算用的统计系统内部核算指标已经是经专业的"先核"数据。

4. 在工作机制和流程上,形成"部门协作、专业联动、市区合力"的核算模式

GDP 核算是综合性的统计工作,是数据的"总装车间",各部门、专业的数据是重要的"零部件"。在核算过程中,各零部件是否到位、齐全,质量好坏都会影响到最后的装配成果。在深圳市 GDP 统一核算的执行过程中,已形成一个流畅、高效运转的工作机制,以 GDP 核算为中心,部门、专业、区统计局分工协作、联动协调,确保了 GDP 核算工作的效率和质量。

(1)部门协作。加强与部门的沟通协作,当年季度核算方案确定后,积极与各部门沟通联系,各部门确保在季后 16 日前提供分区所需的季度核算指标。

深圳局通过核算培训、座谈调研、电话沟通等形式增强对部门统计指标的了解,及时协调、指导部门统计指标分区工作。

(2)专业联动。深圳局核算处根据 GDP 核算需要向各专业提出当年分区所需专业核算指标,通过召开统计专业委员会,核算与各专业联动,及时就专业指标的调整变化、分区指标的要求、数据的协调一致性进行研究。

各专业负责本专业分区核算指标的划分方法和统计数据质量,在市级专业数据经省局核定后的两个工作日内完成分区专业指标数据的审核评估并提供核算处,市区两级专业数据需保持衔接和一致性。

(3)市区两级齐心协力、互相支持。季度核算时,市区两级齐心协力、互相支持、积极沟通。

分区 GDP 核算工作操作流程具体如下。

①深圳局核算处在季后 16 日前完成部门、专业基础指标的收集工作(遇节假日或市级专业数据核定推迟,可适当顺延)。

区级统计部门在季度 16 日前以书面材料形式向市局提供本区经济发展预判情况,就核算指标中未能反映本区行业发展特点的部分需提供充分合理的依据。

②深圳局根据各区分行业核算指标,按照季度 GDP 核算方案方法核算各区分行业数据,再将各区分行业数据与全市数据进行衔接平衡后形成各区 GDP 初始核算结果。

③深圳局核算处认真研究各区提供的书面材料,综合有关指标对各区 GDP 初始数据进行审核评估,科学合理地核算各行业的区域发展情况,再次平衡调整各区 GDP 数据后,报局领导最终审定。

④各区季度 GDP 数据在市级 GDP 数据核定后的 3 个工作日内反馈。

运行效果。在统一核算过程中，核算方法秉持公开、透明的原则，各区可根据自身掌握的指标数据按照季度 GDP 核算方案初步测算出各区的季度 GDP 运行情况，与市核算数据互相印证，并在市级核算的时候积极配合做好工作。当前，各区认为市级 GDP 核算能够较为科学合理反映本区域经济增长的规模、结构、速度。

区级 GDP、专业统计数据以市局核定为准。

5. 在数据评估过程中，坚持"两不变"原则

在 GDP 统一核算过程中，通过基础核算指标数据得到各区 GDP 初始核算结果后，再依据各区的书面材料和综合指标对数据进行评估，各区最后的核定结果与初始核算结果之间保持两不变原则：一是各区增长速度的排位顺序基本不变；二是各区 GDP 总量排位基本不变。

（三）GDP"统一核算，下算一级"发现的相关问题

GDP 是反映一个国家（地区）生产成果的核心经济指标，是地方政府分析判断经济发展态势、进行决策的重要依据，在服务宏观调控和经济转型中具有重要作用，一直以来受到政府、社会各界的高度关注。

长期以来，国家统计局对各省（区、市）在 GDP 核算上实行"分级核算、下管一级"体制，因这种分级核算和国家与地区核算使用的基础资料不一致等因素影响，出现了地方 GDP 总量和增速之和要超过全国 GDP 数据的现象，这种差异已经超出了一个合理的误差范围，时常受到媒体、学者等社会各界的质疑，也影响到中国政府官方统计的公信力。

2013 年，党的十八届三中全会审议通过的《中共中央关于全面深化改革若干重大问题的决定》明确指出要"加快建立全国统一的核算经济制度"。2017 年 6 月 26 日，习近平总书记主持召开的中央全面深化改革领导小组第三十六次会议审议通过了《地区生产总值统一核算改革方案》。这表明，地区统一核算改革从 2004 年国家局发文推行"GDP 统一核算"开始，历时 13 年正式推出，改革时间表进入日程。

作为基层，深圳市在季度 GDP 核算和实行区级 GDP 下算一级的实践中，发现

在当前核算方法中仍然面临着一些困难和问题,未来实行 GDP 统一核算中需进一步完善制度方法。

1. 低层面核算问题

深圳市实行 GDP 下算一级实践中发现,因统计资料来源问题,统一的核算指标和方法在向下延伸的过程中,越低层面的适应性越差。比如,区一级核算比市一级核算难度更大、资料来源限制更多,指标波动性和不确定因素更强,核算更难。有些指标在省一级层面能反映全省情况,但到市一级或者进一步下延到区一级,与行业发展状况的匹配性则降低。

比如,当前季度 GDP 核算指标在区级核算层面存在以下几点问题。

一是部分核算指标采集困难,无法按生产活动在地获得分区统计数据,主要集中在部门指标如邮政业务总量、电信业务总量、保费收入、证券交易额增速、存贷款余额、公路运输总周转量、铁路运输总周转量等指标增速;若按法人原则分区,法人企业集中在少数几个中心区,其他区无数据,不能真实反映区域经济活动情况,只能取全市平均数。

二是统计调查系统中分区样本量不够,代表性不足,目前各区大部分的价格指数和部分行业规下数据也只能采用全市平均数。

三是深圳区域间发展差异较大,原特区内的福田、罗湖两个区三产占比已超过 95%,原特区外的龙岗、光明、坪山三个区工业占比 60% 左右。在区域差异性较大的情况下,部分行业规上服务业企业在某些区只有少数几家,不具行业代表性,若只采用该行业规上企业营业收入增速来推算行业发展不合理,而采用全市平均水平作为规下增速的补充推算也仍需进一步考量。

2. 当前 GDP 核算中存在的共性问题

在实践中,深圳市认为 GDP 核算中仍存在一些问题,亟待未来国家在统一核算顶层设计中能有所改进。

(1) 季度核算时工业增加值核算和专业方法不统一,出现"数出一门"却相互矛盾的现象。因核算和专业方法在核算工业增加值方法的不同,在实践中深圳市近几年季度核算经常出现全口径工业增加值低于专业规上工业增加值的现象。

目前,国家局和部分省、市统计部门已不再对外公布专业规上工业增加值数据,只公布增速,避免工业增加值数据数出统计局却相互矛盾的现象。但是在政府系统内部数据提供和分析工业发展状况时,却难以避免这种矛盾现象且统计部门难以解释这是国家制度方法设计中本身存在的矛盾问题。

(2) 季度核算方法和年度核算方法不同带来的误差。季度核算时因资料来源的限制和时效性要求,只能采用国际通行的速度推算法;年度核算的资料来源较为丰富,"四上"企业采用收入法,规下及个体户、非企业采用有关指标推算。

企业财务报表中的收入确认原则与季度核算指标的生产确认原则的时滞,在某些行业尤为明显突出;加上年季度核算方法不一致,快报数据和年度核算数据必然会存在差异。

理论上,年度初步核实数据的准确性要高于快报初步核算数,但在当前体制下,快报数的时效性和作用要高于年报,同时为了控制地区数据差异,国家局规定年度初步核实数不能大于快报数,只能在总控制数的范围中根据年度核算的情况调整分行业数据。

(3) 使用统一的换算系数。季度核算中采用速度推算法,从核算相关指标推算到行业增速需要使用换算系数。目前,换算系数存在简单的"一刀切"问题,国家对各省、省对各市均使用相同的换算系数。在一国、一省范围内,区域的异质性强,经济发展阶段不同,行业换算系数方面采用相同值,抹杀了区域经济发展阶段的结构差异和特征。

(四) 几点启示与借鉴

中央深改组第二十六次会议中指出:"推动地区生产总值统一核算改革,要坚持真实准确、规范统一、公开透明的原则,改革核算主体,改革核算方法,改革工作机制,提高核算数据质量,准确反映地区经济增长的规模、结构、速度。"

地区 GDP 统一核算是统计体制的一场重大变革,是一项政策性和技术性很强的系统工作,任务艰巨。深圳市从地方 GDP 核算工作实践出发,有几点建议,希望能对未来国家推行 GDP 统一核算提出有所借鉴。

1. 在顶层设计上要重视"四经普"的方案设计

地区和国家数据匹配性问题是实行地区 GDP 统一核算首先面对的问题。实施统一核算,国家和各省级 GDP 之和的差距要缩小到合理区间,才能保证地区 GDP

统一核算有衔接的 GDP 基期数据和核算结果。

2018 年，是第四次全国经济普查年份，是衔接国家和地区数据的契机，可以考虑通过四经普数据结果把国家和地方数据进行接轨。

目前，我国的统计制度框架设计是自上而下的。在顶层设计上，尤其需重视"四经普"的整体方案设计，统筹协调各专业，从经普方案、具体执行过程到 GDP 核算方法，兼顾科学性、准确性、合理性、匹配性和一致性，方能无可置疑地推进国家和地方数据的接轨。

2. 重视核算制度和专业统计制度的协调和匹配性，增强与部门统计的协作和整合部门统计资源

GDP 是综合性的统计工作，既涉及统计系统内部的专业统计数据，也需要各部门的统计资料数据。专业、部门统计是统一核算的基础。

当前，确实存在专业统计和 GDP 核算不一致的地方。在顶层设计上，国民经济核算制度改革需和专业统计制度改革同步进行，以避免在统计系统内部出现自相矛盾的现象。

另外，在部门统计数据资源共享方面，也需进一步加强合作。比如，金融业是目前唯一不在统计系统"一套表"的门类行业，却是各级政府高度关注的行业，地方统计部门对金融企业的数据需求，对地区金融业细分行业的核算方法以及金融总部数据、保险业投资收益数据的地区分劈上希望能够有资料进行进一步深入了解。

对于"四经普"中金融业的普查方式、部门数据共享方面，建议能和有关部门进一步加强合作协调，并在部门地区数据的划分和核算上能够更加透明。

3. 统一核算中 GDP 核算方式、方法要坚持公开、透明的原则

统一核算开展后，各省（自治区、直辖市）的统计部门由 GDP 核算的主体转变为资料数据提供者、本级 GDP 核算的参与者。地区 GDP 核算主体改变，不变的是地区统计部门同样需要对本区域经济发展趋势进行预判预警，为地区宏观经济决策提供依据。统一核算过程中，坚持公开、透明的原则，既有利于下一级统计部门利用自己掌握的资料数据对本地区经济发展进行初步测算，判断地区经济发展趋势，也有利于与上一级统计部门统一核算结果的相互印证、相互监督，有效推进统一核算工作。

4. 进一步完善地区 GDP 核算方法

2016 年 7 月 12 日，国务院批复了国家局《关于报请印发〈中国国民经济核算体系（2016）〉的请示》。2016 年核算体系的发布，为今后一段时期国家和地方的国民经济核算工作确立新的统一标准和规范。

未来，国民经济核算领域将按照 2016 年核算体系的框架不断改进。当前地区 GDP 核算方法中确实还存在一些值得商榷的地方，为使地区 GDP 统一核算"准确反映地区经济增长的规模、结构、速度"，需不断完善地区 GDP 核算方法。比如，换算系数能够考虑地区经济发展阶段差异，可否考虑按经济发展特点全国分三片区设计；在经普核算方案对跨区经营特点明显的行业如邮政业、金融业，采用行政管理部门的行政纪律或相关统计数据；在季度核算中如交通运输业引入规上服务业统计，用价值量指标推算，等等。

地区 GDP 统一核算改革是统计核算制度的一次重大改革，涉及资料收集、统计数据生产、核算主体、核算流程以及统计管理体制的变化等多方面的内容。深圳市亦将根据国家局、省局的统一部署，讲政治、讲大局，切实在地区 GDP 统一核算改革中认真完成各项工作任务。

附录 15-1 深圳市 GDP 下算一级实施方案

为统一规范深圳市市、区（含新区，下同）两级 GDP 核算方法，不断提高核算数据质量，满足市、区两级政府绩效考核和宏观管理的需要，为深圳"有质量的稳定增长，可持续的全面发展"提供统计服务。根据《国务院办公厅转发〈国家统计局关于改进地区 GDP 核算工作意见〉的通知》（国办发〔2004〕82 号）、广东省人民政府办公厅《转发〈国务院办公厅转发国家统计局关于改进地区 GDP 核算工作意见〉的通知》（粤府办〔2005〕1 号）和深圳市人民政府批准的《深圳市统计局关于〈改进我市 GDP 核算工作〉的通知》等有关文件精神，制定本方案。本方案所称"GDP 下算一级"特指由市统计局对区级 GDP 进行统一核算。

一 GDP 下算一级基本原则

（一）市统计局严格按照国家统计局和广东省统计局制定的 GDP 核算制度核算深圳市的 GDP 数据。

（二）市统计局按在地统计原则，分劈 GDP 核算所需的相关统计指标的报告期和基期分区数据。数据分劈的办法由市统计局各相关专业确定。

（三）区级 GDP 数据由市统计局统一组织核算，各区统计局（含新区统计机构，下同）不得自行公布未经市统计局核定的 GDP 数据。各区 GDP 数据之和应等于全市 GDP 数据。

二 GDP 下算一级办法

（一）年度核算

我市 GDP 下算一级以季度核算为主，年度核算中行业增加值按企业财务指标数据进行核算（具有跨区经营特点的行业分区增加值通过相关指标的分区比例分劈），并结合各区初步核算结果以及深圳市 GDP 年度初步核实数据进行相应调整。

经济普查年度的 GDP 年度核算执行《经济普查年度 GDP 核算方案》。

（二）季度核算

1. 基本方法

季度核算原则上统一按照广东省统计局制定的《广东省季度地区生产总值核算方案》中的方法核算各行业增加值，同时结合我市的实际情况以及行业发展特点，调整其中部分行业分区核算相关指标。

2. 行业核算指标的调整

为全面客观反映各区行业发展情况，市统计局相关专业经与各区统计局协商后可调整行业分区核算相关指标。原则上同一核算年度内指标不进行更换。

3. 统计误差处理

如果个别行业出现统计误差，即各区各行业增加值之和不等于全市数据，为保持市、区数据的平衡，必须将两者的差额在各区相关数据中按各区占全市的比重分摊，消除差额。

三 GDP 下算一级程序

（一）深圳市统计局根据各专业的核算指标分区数据初步核算出各区 GDP 数据。

（二）深圳市统计局于季后 25 日前组织召开分区 GDP 评估会议，对各区 GDP 数据进行评估。

（三）市统计局最终审定评估后的各区GDP数据。

四 GDP下算一级数据发布

季后25日前，深圳市统计局将季度全市及各区GDP数据报送市领导，同时将有关资料反馈各区统计局。

年度数据于次年6月30日前反馈各区统计局，并根据年度数据调整相应的基数。

各区GDP数据以市统计局发布的数据作为法定数据。

五 GDP下算一级职责与要求

（一）市统计局各专业职责

1. 农林牧渔业统计专业

负责报告期、基期农林牧渔业总产值、增加值及增速等分区数据。

2. 工业统计专业

负责报告期、基期规模以上和规模以下的工业增加值及增速等分区数据。

3. 建筑业统计专业

负责报告期、基期建筑业增加值及增速等分区数据。

4. 交通运输业统计专业

负责报告期、基期各种运输方式客、货运周转量，港口吞吐量、电信业务量等分区数据。

5. 批发和零售业统计专业

负责报告期、基期商品销售额或社会消费品零售总额等分区数据。

6. 住宿和餐饮业统计专业

负责报告期、基期住宿和餐饮业营业额或社会消费品零售总额等分区数据。

7. 金融业统计专业

负责报告期、基期金融业增加值核算所需相关指标分区比例数据。

8. 房地产业统计专业

负责：

（1）报告期、基期商品房销售面积、销售额等分区数据。

（2）报告期、基期房屋租赁综合税等分区数据。

9. 劳动工资统计专业

负责：

（1）报告期、基期房地产业从业人员劳动报酬等分区数据。

（2）报告期、基期其他非营利性服务业从业人员劳动报酬等分区数据。

10. 重点服务业统计专业

负责报告期、基期重点服务业部分行业营业收入等指标分区数据。

11. 核算专业

（1）收集财政、税收等分区部门数据。

（2）根据各专业的分区数据，及时核算出各区的 GDP 数据，并组织开展分区 GDP 数据质量评估工作。

（3）组织 GDP 下算一级核算方法的制定、修订和实施工作。

（二）各区统计局职责

1. 已经实施在地统计的专业，区统计局各相关专业统计人员要认真组织好有关报表的填报工作，夯实 GDP 核算所需基础数据，把好数据质量关。相关数据必须经区统计局领导审核签字后才能上报市统计局，否则按无效数据处理。

2. 区统计局要加强沟通，协调好相关部门数据，努力满足 GDP 核算需要。

3. 区统计局各专业统计人员与核算人员要做好数据沟通工作，专业统计人员要将市统计局各专业反馈的辖区数据及时提供给区统计局核算人员。

（三）时间要求

市统计局各统计专业负责 GDP 核算所需分区数据，并于季后 16 日前分劈出有关指标的分区数据，逢法定节假日（双休日除外）是否顺延，按上级统计部门规定执行。

（四）数据质量要求

市统计局各专业统计人员要把好数据质量关，做好市、区数据协调工作，特别是农林牧渔业、工业、建筑业、交通运输业、批发和零售业、住宿和餐饮业、房地产业、劳动工资、重点服务业等专业，并及时将相应资料反馈给各区统计局对应的专业人员。

六 施行日期

本方案自通知之日起施行。原《深圳市 GDP 下算一级实施方案（试行）》同时废止。

附录 15-2 2005—2016 年深圳各区 GDP 统一核算结果

一 2005—2009 年深圳市下辖 6 个行政区

2005—2009 年深圳市及各区 GDP 总量　　　　单位：万元

	2005 年	2006 年	2007 年	2008 年	2009 年
深圳市	49509078	58135624	68015706	77867920	82902842
福田区	10340815	11647097	13133597	15204504	16359674
罗湖区	5301055	5933161	7108138	8162693	8848615
盐田区	1474060	1721439	2021615	2264261	2520353
南山区	11363967	12665819	14658195	16713631	17294987
宝安区	11736821	15252352	18240558	20868748	22321547
龙岗区	9292360	10915756	12853603	14654083	15557666

2005—2009 年深圳市及各区 GDP 增速　　　　单位：%

	2005 年	2006 年	2007 年	2008 年	2009 年
深圳市	15.1	16.6	14.8	12.1	10.8
福田区	10.9	14.0	12.7	10.3	10.2
罗湖区	7.8	13.4	12.9	9.1	7.7
盐田区	18.5	16.2	16.0	10.9	10.2
南山区	14.8	12.7	10.6	12.1	11.4
宝安区	19.1	21.0	18.2	13.3	12.2
龙岗区	18.6	19.2	18.5	14.2	10.9

二 2009年，宝安区和龙岗区中分别新设光明新区和坪山新区（2016年经国务院批复改为行政区）两个功能新区

2010—2013年深圳市及各区（新区）GDP总量　　　　　单位：万元

	2010年	2011年	2012年	2013年
深圳市	97733062	115158598	129714672	145726689
福田区	18788014	20934837	23757257	27146439
罗湖区	10363416	12024593	13582520	14942336
盐田区	2881114	3270442	3661787	4104196
南山区	20459279	24432827	28360020	32230645
宝安区	26910483	32882453	35078623	39435743
#光明新区	2870674	3858603	5045967	5835962
龙岗区	18330756	21613446	25274465	27867330
#坪山新区	2276698	2778511	3452486	3871849

2010—2013年深圳市及各区（新区）GDP增速　　　　　单位：%

	2010年	2011年	2012年	2013年
深圳市	12.4	10.0	10.0	10.5
福田区	10.8	8.5	9.0	10.3
罗湖区	8.7	8.2	8.6	9.2
盐田区	10.5	10.0	10.0	10.1
南山区	12.2	11.6	11.6	12.0
宝安区	15.1	14.5	8.4	9.0
#光明新区	28.2	28.5	25.1	15.5
龙岗区	13.0	11.8	11.4	10.7
#坪山新区	27.7	14.5	15.2	13.1

三 2013年，深圳新设龙华新区（2016年经国务院批复成为行政区）和大鹏新区两个功能新区

2014—2016年深圳市及各区（新区）GDP总量　　　　　单位：万元

	2014年	2015年	2016年
深圳市	160018207	175028634	194926012
福田区	29590406	32561471	35572870

续表

	2014 年	2015 年	2016 年
罗湖区	16253301	17275004	19724939
盐田区	4501469	4864379	5375327
南山区	34649427	37155228	38452711
宝安区	44982436	49480569	55873822
#光明新区	6320136	6709285	7265766
龙华新区	14980767	16355110	18569841
龙岗区	30041168	33691983	39926343
#坪山新区	4237273	4580534	5060882
大鹏新区	2593084	2744918	3074578

2014—2016 年深圳市及各区（新区）GDP 增速　　　单位：%

	2014 年	2015 年	2016 年
深圳市	8.8	8.9	9.0
福田区	8.8	9.0	8.6
罗湖区	8.0	8.0	9.0
盐田区	8.9	8.9	8.8
南山区	9.0	9.3	9.3
宝安区	9.1	8.6	8.5
#光明新区	11.0	9.4	9.1
龙华新区	8.0	8.0	8.0
龙岗区	8.9	9.6	10.0
#坪山新区	10.0	9.4	12.6
大鹏新区	3.7	4.0	7.0

十六　深圳市统计事业发展"十三五"规划纲要

伴随深圳经济特区改革创新发展 30 多年的历程，深圳统计也历经风雨，不断发展，形成了现今统计进入新的发展阶段。深圳统计工作已经打下了改革发展的基础，但在经济新常态下，如何紧密围绕市委、市政府大局和中心工作，创新发展统计工作，服务民生与决策，需要准确定位，认真谋划未来。

《深圳市统计事业发展"十三五"规划纲要》（以下简称《纲要》）依据《深圳市国民经济和社会发展第十三个五年规划纲要》和深圳经济社会发展的客观要求，立足国家统计方法制度和深圳统计工作发展需求编制。《纲要》提出"1169"发展战略，即谋划未来明确"两个一"目标：建立完善一个高效运转的统计数据采集生成系统、适时创新一套反映深圳发展特点的地方科学统计指标体系；创新驱动布局"六个方面"突破：打造地区生产总值核算基础数据来源指标运转体系、建立战略性新兴产业统计指标体系、开展服务业生产指数编算全国唯一城市改革试点、高质量完成国家周期性普查任务、推进具有深圳特色的房屋租赁与科技研发支出 R&D 核算的统计改革创新成果、创建开放服务方式；建立九项保障机制：构建与统计调查任务相匹配的常态人力机制、建成适应统计业务需要的现代统计网络信息技术应用机制、扎实认真执行统一统计报表制度的专业机制、创新提供优质数据产品的服务机制、铸造及时传导准确经济数据变化的能力机制、优化挖掘数据、分析数据和优质统计分析出品的终端机制、形成统一方法审核测算与发布的管理机制、推行适应深圳市场与政府双层需要的统计代理服务的购买机制、建立与完成统计目标任务直接关联的部门及条条单位统计的合作机制。

《纲要》同时还对营造实施目标与重点突破布局的环境提出具体要求。深圳市"1169"发展战略的提出得到了国家统计层面的关注，于 2015 年 11 月在《中国信息报》刊登后,又集思广益作了进一步的修订完善,是未来五年全市统计工作改革创新发展的总体设计与部署,是全市政府综合统计、部门统计工作开展的重要依据,是全市民间统计机构业务开展的重要参考,对于真实、科学、准确地反映深圳经济社会发展成果具有重要意义。

(一) 问题与形势

深圳统计工作发展至今,虽然积累了许多好的经验,但也面对许多新情况、新问题,亟待全方位提升。必须以"问题与需求"双导向梳理的思维,看准深圳统计面临的问题与形势。目前面临的经济形势,积极向好的因素虽然累加较多,但是不确定、不稳定因素依然存在。

1. 面临的问题

目前,深圳统计面临的问题主要表现为"三个冲"。

(1) 经济多样发展,多种经济成分、多个产业形态的出现,与现有的统计方法制度、观察视角、学习能力及力量形成冲击。近年来深圳在打造深圳质量、加快转型升级的过程中,一批新兴产业快速成长,大量新兴业态快速涌现,为深圳经济发展注入新的活力,同时也对统计工作提出了更高的要求。现有统计方式还没有将这些新兴业态完全纳入,致使深圳规模较大的新兴业态经济总量、规模、结构和质量尚未得到全部反映,且对新兴业态的甄别遴选反应速度不够迅速、手段不够先进,尚未形成与国际惯例的全面接轨,基层统计力量配备与产业活动单位数量严重不成比例。

(2) 民生与决策管理层对统计服务的需求,与现存的统计服务思想与水平有冲突。统计服务民生与决策层,是不变的真理。统计工作成果是党委政府决策的重要基石,是社会各界生产生活的重要参考。现阶段,党委政府对统计工作提出更多更新更高的要求,社会各界也期盼统计部门发布更全更快的统计信息。而现有统计信息提供在门类、质量、便捷性等方面仍有待提高。深圳统计唯有不断召唤优质统计服务,统实数、出实数、干实事,不断推进统计公开透明,才能最大限度地发挥统计社会价值。

(3) 当代网络、大数据、国际化,与深圳现有的统计理念、手段、条件等冲撞。深圳作为率先转型升级成功地区,经济社会发展活跃,开辟了一片广阔的数据蓝海。近年来深圳统计尽管也有房屋租赁、R&D、统计代理等在全国先行先试的创举，但总体来说改革创新的力度仍有待加强，视野应当更加宽广，手段应当更加丰富。只有坚持改革兴统、科技强统，挖掘大数据、迈向国际化，才能打破原有窠臼，迎来突破契机。

2. 面临的形势

（1）我国经济发展迈入新常态。当前我国经济已经迈入速度换档、结构优化、动能转化的新常态。新常态是我国经济发展阶段性特征的必然反映，是经济规律、社会规律、自然规律作用的自然体现。新常态下，经济保持中高速增长，产业迈向中高端水平，大众创业、万众创新蓬勃发展，新产业、新业态、新商业模式层出不穷。十八大以来，在经济新常态下，调结构与稳增长成为我国经济发展的主基调。

（2）当前世界经济发展仍存在不确定性。美欧经济企稳，走出最坏时期，呈缓慢向上趋势。一些坏的因素，如希腊退欧、伊朗核谈得到解决，世界经济不利因素得到一定程度缓解，但美联储加息问题、黄金与石油大宗商品持续下跌等因素又在一定程度上加剧了世界经济动荡。这些喜忧交织，构成了影响当今世界经济的新因素。

（3）深圳经济在发展中求大求新求质。经济结构与质量形成较早较好，在我国经济新常态中一直起引领作用，一贯坚持发展、结构与效益相统一；经济发展环境相对宽松，新兴业态频现，产业活动单位增量大，经济基础扎实；但也应看到，在深圳这个越来越大的经济体里，外向性、金融性和地产因素占比较大，这也带来经济体发展的波动性与不可控性，需进一步把制造业坐实做大，这是很重要的现实经济任务与着力方向。

（4）中央、省、市对统计工作提出更高要求。在我国经济迈入新常态、外部形势日益复杂、经济运行快速变化的新的时期，统计工作的重要性越显突出，遇到的挑战和新的课题也越来越多。认识新常态、适应新常态、引领新常态，是当前和今后一段时期我国经济发展的大逻辑，对于推动经济持续健康发展意义深远而重大，对于促进统计改革发展具有重要指导意义。中央、省、市纷纷要求统计工作要更加真实反映速度变化、更加全面揭示结果优化、更加有效监测动力转换，要加快建立覆盖全面、调查准确、核算科学、运作高效的现代统计体系，要适应经济发展新常态大势和国家治理体系、治理能力现代化大势，统计管理要向适应多元化、市场化、国际化转变，数据生产要向科学利用互联网、云计算、大数据转变，统计服务要向事后反映、预测预判和对策建议并重转变，要着力提升统计数据质量、统计运作效率、政府统计公信力和依法治统水平。

深圳统计走在符合新常态要求的统计改革创新前列，既是对中国新常态下转型升级提高经济发展质量、效率，推动可持续发展的要求的落实，同时也是深圳经济特区在当前发展阶段经济社会发展的客观需要。

（二）工作思路和原则

1. 工作思路

以习近平总书记系列重要讲话和对深圳工作重要批示精神为指导，以"四个全面""五大发展理念"为引领，贯彻落实市第六次党代会精神，紧密围绕市委、市政府中心工作，坚持"问题与需求"为双导向，以实施深圳统计"1169"发展战略为主线，以加快建立现代统计体系为目标，结合深圳经济社会发展特质与深圳统计的基础、现状与条件，坚持真实性、准确性、科学性，遵循实事求是的统计核心价值理念，脚踏实地，改革创新，试点试行，凝神聚力，扎实工作，服务大局，准确描述与反映深圳统计活动全过程，确保统计产品质量可靠可用，在国家统一统计体系与制度框架内建立并实施特区统计工作的新机制、新方式、新方法，全力确保完成全市国民经济和社会发展各项统计任务。

（1）主动作为，提质增效。充分发挥"主动作为"的精神和干劲，积极开展"主动作为"的行为和实践，开拓创新，顺势而为，主动作为，奋发有为。一是继续做好各项普查调查工作，提升统计调查能力；二是继续深化统计改革，提升统计科学化水平；三是继续推进法治统计建设，提升依法治统能力；四是继续夯实统计基层基础，提升统计环境质量；五是继续完善统计服务手段，提升统计服务水平；六是继续巩固党风廉政建设和作风建设，提升统计干部自身素质。要认识新常态、适应新常态、服务新常态，坚持法治立统、改革兴统、科技强统和服务塑统，加快建成与经济发展新常态相适应的现代化服务型统计，切实推进现代化服务型统计建设。

（2）有为有位，勇于担当。积极作为，敢于担当，密切关注经济社会发展态势，为政府科学决策提供准确性更高、覆盖面更广、时效性更强的发展数据。坚持当好数据"核算师"和"分析师"，不断加强宏观数据监测，努力在分析研判中找到问题、找准趋势、找明路径。

（3）服务大局，建言献策。解放思想、真抓实干，针对工作中具体问题和困难，深入调查，深入思考，主动作为、有所作为。进一步加强自身建设，切实提升服务大局能力和水平，切实转变工作作风，以优良的作风把统计人团结凝聚在党和政府的周围，在制定深圳经济发展目标上当好党委政府的参谋，积极化解工作压力，不断改善统计环境，切实争取工作主动，勇当"四个全面"排头兵。

（4）未雨绸缪，谋划未来。顺应时代发展趋势，将"1169"发展战略落到实处，建成以结构化数据和大数据为基础来源的现代化政府统计，生产更多、更好、更有价值的统计产品，为深圳建立现代化国际化创新型城市提供更加优质高效的统计保障。

2. 工作原则

（1）真实性。强调如实上报统计数据，保障统计调查对象独立自主上报数据权利，坚决杜绝数据不真实现象。

（2）准确性。科学合理开展统计调查行为，确保数据间逻辑关系严密，数据搜集的操作过程和加工处理过程完全按照符合统计科学的要求进行。

（3）科学性。加强统计科学研究，提高统计科学的理论水平和应用水平，为统计工作实践服务；健全科学的统计指标体系，更加全面、科学、准确地反映经济社会发展情况；不断改进统计调查方法，降低调查成本，提高调查效率，减轻统计调查对象负担，提高统计数据质量。

3. 基本要求

始终坚持依法治统，严格依法组织实施统计调查，依法整治规范统计工作，依法惩戒统计违法行为；始终坚持改革兴统，立足深圳经济社会发展新形势、新任务、新要求，充分借鉴国内外先进的统计理念和经验，完善统计工作机制，改革统计调查制度，改进工作方式方法；始终坚持质量立统，坚定不移利用现代信息技术变革统计生产方式，加快实现统计调查数字化、网络化、智能化，加快推进统计工作全流程的信息化；始终坚持服务促统，不断强化服务意识，不断提升统计分析监测能力，不断推进统计公开透明，最大限度发挥统计社会价值。

（三）建立完善"一个"高效运转的统计数据采集生成系统

为更大地满足统计业务需求，更好地为调查对象服务，更有效地提高统计工作效率和统计数据质量，以国家联网直报数据平台为依托，建立并完善数据采集、数据处理、综合数据库互为一体的统计数据采集生成系统。并从不断完善基本单位库入手，牵动各专业的"四上"企业，分别按照统计的报表制度，进行采集、审核、上报、核定，确保相关流程链条上各个环节高效运转。

1. 目的

建成以统一规范的调查制度和业务流程为基础，以先进的信息技术为支撑，以联网直报和移动终端为主要数据采集方式，数据处理快捷、数据分析灵活、数据管理方便、运行安全高效的统计数据采集生成系统。同时，加强网络基础环境、业务应用平台、统计数据库、信息安全与运维管理等方面的建设，实现各级统计机构、各专业共享原始数据。为提高统计能力、提高统计数据质量和政府统计公信力奠定更加牢固的基础和提供更加有力的支撑。

2. 内容

（1）继续完善统计信息网络基础设施建设，推进区、街道办联网，实现市、区、街道办三级网络互联互通，区、街道办联网率争取达到100%。

（2）建成统一数据采集处理软件平台，实现数据采集、审核、汇总、加工环节的科学化和规范化，满足各级统计机构统计调查任务的需要。

（3）建设完善安全防护系统、存储备份、运维管理等系统，提高统计信息系统的安全防护能力。

3. 具体工作

（1）统一数据采集系统。统一后的数据采集系统以广东省联网直报数据平台为依托，在严格保证执行国家统计调查制度的前提下，根据深圳市统计业务需求，增加需要的调查内容，包括指标、报表、分组及审核和汇总关系等，将反映深圳发展特点的市级基层报表和综合报表的一套表调查制度，加载到广东省统一的数据采集处理系统,完成深圳市统计调查任务。做到制度信息一次性定制,基层信息一次性采集,满足定期调查、普查和专项(委托)调查等统计业务需求。

(2)统一数据生成系统。统一后的统计数据生成系统将可加工处理各专业的综合表、汇总表;增加自定义汇总表,各级专业部门根据本专业数据使用需求,增加自定义汇总表,进行数据加工汇总;管理数据,各级专业部门在数据采集处理结束后,在统一的数据采集处理系统上对基层、综合和汇总数据按权限进行管理;数据质量管理,各级专业部门根据有关数据质量控制管理办法,对基层、综合和汇总数据进行审核、分析,发现错误,及时改正;统计信息服务,各级统计部门充分开发利用基层数据、综合数据和汇总数据,及时加工、整理并公开有关统计数据,开展统计分析,为各级政府和社会公众提供统计信息服务。

(3)建立完善的统计数据发布平台。统计数据发布平台是以统计数据库、数据分析信息化为源头,通过文字或图表等方式按期发布各类统计信息,开辟统计服务的新内容、新形式和新领域,实现统计服务的网络化、社会化。

(4)不断完善基本单位名录库。一是分阶段、有重点地做好规模以上单位名录库核实、比对工作,避免调查单位重复或遗漏,确保调查单位的真实性。二是实时更新基本单位名录库,并严格按照有关规定,做好规下升规上、新建、注销等企业的审核认定等工作。三是及时摸清年报和定报规模以上企业有关情况,做好名录库基本单位信息的定期维护更新工作。

(5)建立健全人口统计信息系统。一是整合历次人口普查、1%人口抽样调查、1‰人口抽样调查以及月度劳动力调查数据,建立统一的人口统计调查数据库。二是在"深圳市人口统计信息系统"一期的基础上,启动升级改造工作,增加功能模块,植入人口统计调查数据库,增补深圳市统计局常住统计人口及常住管理人口、市出租办非户籍人口、市公安局户籍人口等数据资料,同时进一步完善人口地理信息系统,以适应各级党政领导及社会各界对人口数据及服务的迫切要求。

(6)加强网络及系统保障。充分利用各种硬件设备,以及先进的软件架构,获得优良的处理性能,保证系统能够承载大流量数据和具有较强的并发处理能力。

4. 重点项目——新纬度统计基础数据采集与生成应用系统

围绕实现市委、市政府确定的建成现代化国际化创新型城市目标,按照《深圳市统计事业发展"十三五"规划纲要》中"两个一"的目标，全面建成企业"一套表"基础数据采集平台，集中整合新常态下各部门的数据资源，打造全市统计工业、商业、服务业、建筑业等各专业规范、统一、高效的数据生成应用系统，建立一个高效运转的、适应经济发展新常态和信息技术发展潮流的、具有深圳特色的新纬度统计数据库。

（1）建设目标。利用各部门名录库信息，利用现有部门的行政记录，集中整合各部门的数据资源，在不打破现行统计框架、不增加基层统计对象负担的前提下，进一步整合统计报表和指标、整合统计渠道、整合信息资料，达到各部门共建、信息共享，通过分析比对发现差异，促进各部门工作更加规范、统一、高效。

（2）建设内容。一是在符合国家、地方相关数据规范基础上，建立统一的基本单位名录和业务数据的标准规范和共享平台技术规范。二是为保障数据共享平台长效、稳定、安全高质量地运行，建立一套包括组织领导、数据维护、平台管理和安全保障在内的运行机制。三是建立实统名录库和实统数据库，并在"两库"的基础上，搭建实现统计调查数据与部门生成数据的链接和共享平台。

（3）系统架构

新型统计体系数据共享平台的整体架构如图 16-1 所示。

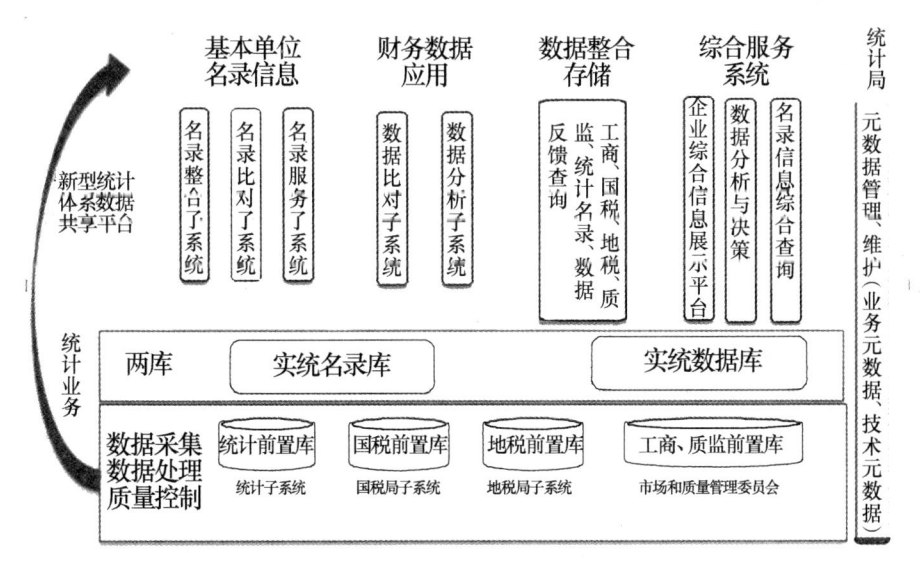

图 16-1　新型统计体系数据共享平台的架构

（4）数据流程

新型统计体系数据共享平台的流程如图 16-2 所示。

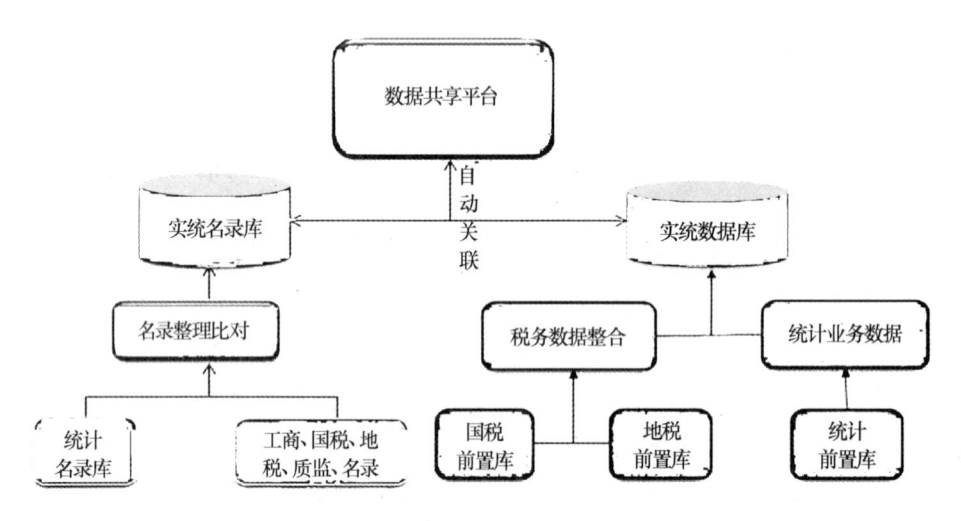

图 16-2　新型统计体系数据共享平台的流程

（5）数据共享

新型统计体系数据共享平台的数据共享模式如图 16-3 所示。

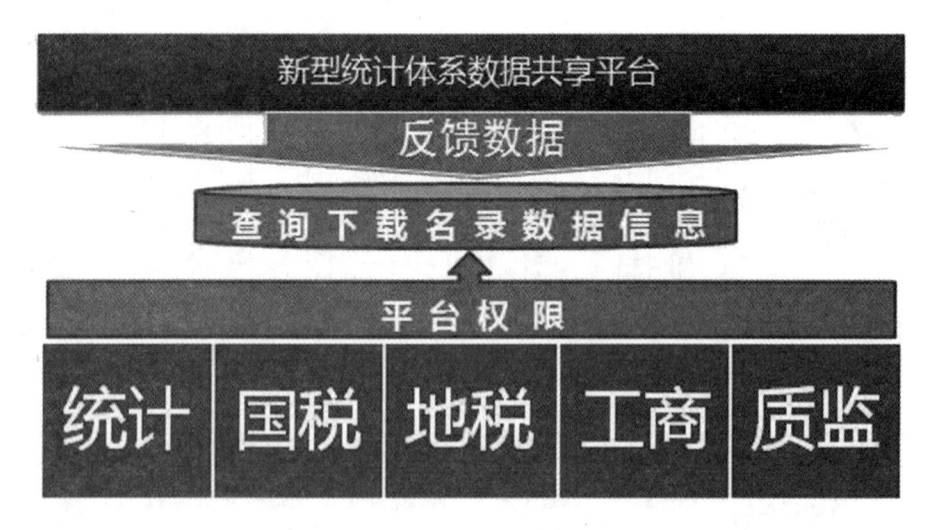

图 16-3　新型统计体系数据共享平台的数据共享模式

(6) 网络拓扑

新型统计体系数据共享平台的网络拓扑结构如图16-4所示。

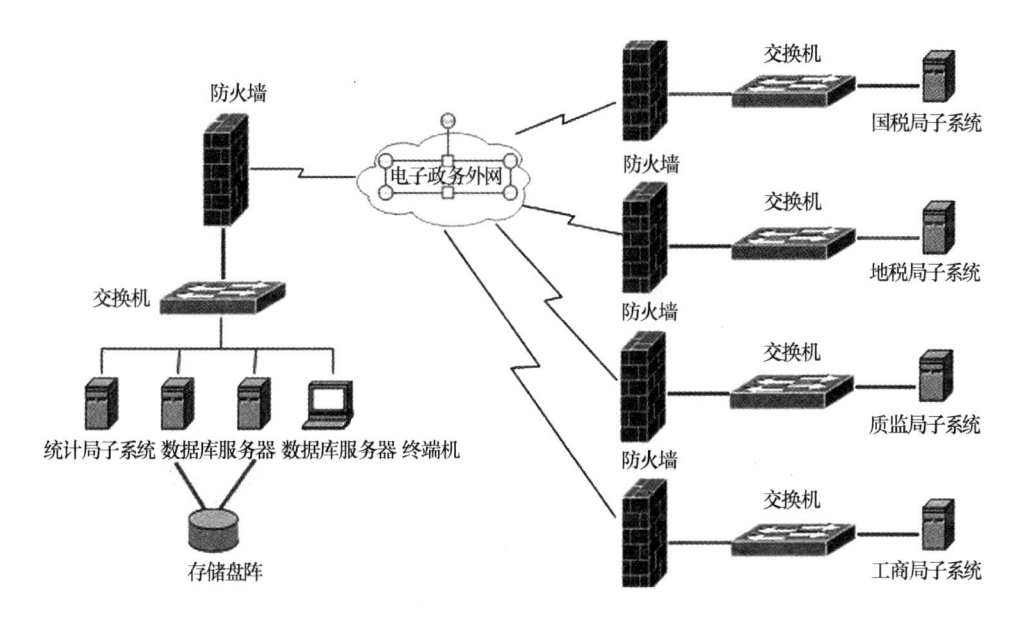

图16-4 新型统计体系数据共享平台的网络拓扑结构

(四) 适时创新 "一套" 反映深圳发展特点的地方科学统计指标体系

在新常态背景下，市委、市政府提出开展科学统计体系行动计划，要求围绕促进产业转型升级和经济结构调整、提升经济质量、强化创新驱动、发展绿色经济等方面构建更加科学的统计体系，更好地发挥统计的信息、咨询和监督职能，使深圳市统计工作在推动产业转型升级与经济结构调整中发挥更大作用。

1. 目的

对国民经济和社会发展情况进行统计调查、统计分析和施行统计监督，为政府和社会提供统计资料和统计咨询意见是统计工作的基本任务。通过构建科学的统计体系，全面反映深圳新常态下的发展现状和问题，特别是围绕提升经济质量、产业转型升级、促使经济结构调整、打造深圳标准、强化创新驱动、发展绿色经济上构建更符合新常态要求的统计体系，更好地发挥统计的信息、咨询和监督职能。

2. 内容

在现有统计制度方法基础上，围绕推动"产业转型升级与经济结构调整"这一中心主题，以统计指标体系为核心内容的符合当前经济"新常态"下的科学统计体系。其主要包括统计监测指标体系、统计评价指标体系、经济运行分析体系、统计专项调查体系四大部分。主要内容是针对经济体的基本情况、转型升级和综合经济问题开展统计监测，针对经济的基本运行状况、转型升级的进展和产生的新情况新问题进行分析，针对产业转型升级和经济结构调整的效果开展综合评价，并通过统计专项调查进一步完善现有的统计制度方法体系。

3. 具体工作

（1）统计监测方面。这方面包括三点内容：一是经济运行基本状况的监测，主要通过一般性的监测指标体系实现；二是产业转型升级和经济结构调整的监测，可通过构建专题指标体系实现；三是通过各种综合指标开展综合监测工作，主要通过月度数据、季度数据以及最新的年度数据开展监测工作。监测指标及其收集整理工作要求更广泛，不仅包括来自本市的统计调查资料，还包括周边地区、广东省及相关地区的资料的整理，也包括与本市发展水平相似或更高水平城市的资料的归集整理，同时还有国家政策变动和国际环境变化的资料整理。

（2）统计评价方面。建立在年度数据基础上进行评价，包括两大方面：一是纵向评价比较，对自2008年以来的深圳发展特别是基于产业转型升级和经济结构调整的综合发展情况进行评价，分析深圳在产业转型升级和经济结构调整上的变动特点；二是横向评价比较，结合北京、上海、广州、天津、苏州相似规模特征城市的实际情况，构建指标体系开展综合评价，明确深圳与这些城市的优势和差距，为进一步推动深圳产业转型升级和经济结构调整提供政策指引。在构建综合评价指标体系方面，从经济增长、结构优化、产业升级、创新驱动、环境美化、民生福利六大方面出发。

（3）经济运行分析方面。这方面主要包括三点内容：一是经济运行基本情况分析，包括工业、服务业、固定资产投资、消费市场、就业、进出口等常规指标的分析；二是针对转型发展的分析，特别是创新驱动措施、传统产业转型升级、新兴产业发展、重点行业发展动态、重点企业改革实效、优化环境节能减排、民生福利改善等领域的分析；三是近期热点、亮点和问题专题分析以及可持续发展相关的综合分析，包括往年历史资料的分析与发展规律的探讨、可持续发展问题的分析。此外还将引入区域合作与对外交往战略分析、政府重大政策执行情况的分析、产业园区和重点发展区域的分析、制造业与服务业融合发展问题的分析等。

（4）统计专项调查方面。着重于调查现有统计制度下没有涉及的专门领域，包括构建的统计监测指标体系、评价指标体系、经济分析运行体系中常规统计调查不能取得资料的专项调查，调查的内容倾向于经济发展中的新特征和新亮点、迫切需要解决的关键问题、产业转型升级的重点行业和企业、经济结构调整中的变动方向和效率等方面，专项调查重点在深层次上和细节上下功夫。

4. 重点项目之一——深圳市"五大发展理念"评价指标体系

通过构建一套比较科学合理的统计评价指标体系，跟踪监测深圳市"五大发展理念"的发展变化情况，研究分析薄弱环节，提出政策建议，以进一步促进深圳经济发展质量更高、结构更优、创新更强、生态更好、城市更为开放、民生更为幸福，从而更好地推动落实好中央提出的"五大发展理念"。

（1）"五大发展理念"内涵。根据十八届五中全会精神，结合深圳实际，构建"五大发展理念"统计评价指标体系的内涵主要包括创新驱动、结构协调、绿色低碳、开放发展、包容共享五个方面。

（2）指标选取原则。一是全面性原则。"五大发展理念"内涵丰富，涵盖面广，涉及整个经济社会发展的全领域，不仅仅要反映"五大发展理念"深圳过去和当前的发展情况，还要能够反映深圳未来的发展情况。因此，"五大发展理念"统计评价指标的选取要力求系统、全面。二是代表性原则。每个领域可供选择的指标很多，但关键是要选取具有高度代表性的指标，以充分反映每个理念的主要内涵。三是适用性原则。指标的选择既要照顾到"五大发展理念"的内涵，也要考虑指标的准确性、可获得性和可操作性；既要照顾到能够从纵向上观察深圳"五大发展理念"的变化情况，也要考虑从其他地方获得相应的指标进行横向对比。

（3）指标设置。"五大发展理念"统计评价指标体系包含创新驱动、结构协调、绿色低碳、开放发展、包容共享五个方面。选取代表性指标共33个，其中创新驱动指标7个，结构协调指标7个，绿色低碳指标6个，开放发展指标6个，包容共享指标7个。权重的确定采用平均法，即五个方面权重各占20%（见表16-1）。

表 16-1　"五大发展理念"统计评价指标体系

指标类型	序号	代表性指标	单位	标准值	权重(%)	指标类型
创新驱动(20%)	1	R&D 经费支出占 GDP 比例	%	2.8	4	正向型
	2	科学技术经费财政支出占比	%	4	2	正向型
	3	每万就业人员 R&D 人员全时当量	人年/万人	100	3	正向型
	4	万人发明专利拥有量	件/万人	10	3	正向型
	5	万元 GDP 技术市场成交额	元	100	3	正向型
	6	增加值率	%	40	2	正向型
	7	战略性新兴产业增加值占 GDP 比重	%	15	3	正向型
结构协调(20%)	8	第三产业增加值占 GDP 比重	%	70	4	正向型
	9	产业结构与就业结构偏离度	%	20	3	逆向型
	10	高技术制造业增加值占规模以上工业比重	%	30	2	正向型
	11	文化产业增加值占 GDP 比重	%	5	3	正向型
	12	高新技术产品出口占出口比重	%	45	3	正向型
	13	居民消费支出占 GDP 比重	%	50	3	正向型
	14	区域发展差异系数	—	0.5	3	逆向型
绿色低碳(20%)	15	单位 GDP 能耗（2010 年价格）	吨标准煤/万元	0.45	4	逆向型
	16	PM2.5 达标天数比例	%	100	4	正向型
	17	地表水达标率	%	100	3	正向型
	18	森林覆盖率	%	60	3	正向型
	19	主要污染物排放强度指数	%	100	4	正向型
	20	城市生活垃圾无害化处理率	%	100	2	正向型
开放发展(20%)	21	外贸依存度	%		4	正向型
	22	一般贸易出口额占总出口额比重	%		3	正向型
	23	服务贸易进出口占 GDP 比重	%		3	正向型
	24	外商直接投资占 GDP 比重	%		3	正向型
	25	对外直接投资占 GDP 比重	%		3	正向型
	26	海外游客占旅游游客比重	%		4	正向型
包容共享(20%)	27	劳动者报酬占 GDP 比重	%	50	4	正向型
	28	居民收入与人均 GDP 之比	%	60	4	正向型
	29	人均可支配财力	元	8000	3	正向型
	30	恩格尔系数	%	40	2	逆向型
	31	平均预期寿命	岁	76	2	正向型
	32	失业率	%	5	3	逆向型
	33	基本社会保险覆盖率	%	100	3	正向型

（4）指标标准值确定。考虑到"五大发展理念"的追求是永续的过程，因此本书采用指标值与标准值（或理想值）进行对比的监测方法，相当于树立一个标杆，所有指标跟标杆对比，达到或超越了就算100分。上述指标体系的标准值主要参考世界发达国家发展水平、全面小康社会建设标准以及经验数据确定，总的思路是按照较高、较先进的标准确定。如第三产业增加值比重按西方发达国家70%的标准定，单位GDP能耗、平均受教育年限的标准值比国家小康中的标准还要严格，R&D经费占GDP比重达到2.8%也是一个比较高的标准，等等。有的指标直接根据常识设置100%的标准值，比如PM 2.5达标天数比例、地表水达标率、城市生活垃圾处理率等。其中，计算单位GDP能耗指标的GDP使用了2010年的可比价，那么计算2000—2009年该指标时，GDP使用了2000年价格，同时标准值相应调整为0.60吨标准煤/万元。

（5）综合评价方法。最终综合评价方法采用综合指数法，通过对各项指标进行加权平均得出总指数和分指数。先将各项指标的实际值与标准值进行对比得到发展程度，然后采用加权平均计算分类指数和总指数。

①单指标评价方法

——正向型指标。正向型指标共有28个，其实现程度计算公式为：

$$Z_i = \begin{cases} \dfrac{x_i}{x_{i1}} \times 100\%, & \text{若}\dfrac{x_i}{x_{i1}} < 1 \\ 100\%, & \text{若}\dfrac{x_i}{x_{i1}} \geq 1 \end{cases}$$

其中，Z_i为X_i的评价值，X_i为实际值，X_{i1}为标准值。

——逆向型指标。逆向型指标共有5个，其实现程度计算公式为：

$$Z_i = \begin{cases} \dfrac{x_{i1}}{x_i} \times 100\%, & \text{若}\dfrac{x_{i1}}{x_i} < 1 \\ 100\%, & \text{若}\dfrac{x_{i1}}{x_i} \geq 1 \end{cases}$$

其中，Z_i为X_i的评价值，X_i为实际值，X_{i1}为标准值。

②多指标综合评价方法

"五大发展理念"统计评价指标体系由创新驱动、结构协调、绿色低碳、开放发展、包容共享五个方面的指标构成，综合发展指数的计算公式如下：

$$F = \sum_{i=1}^{n} W_i \times Z_i$$

其中，Z_i 为各指标的实现值，W_i 为各指标的权数。

具体计算时，先用实现程度和权重计算每一个指标的得分，然后加总可以得出每一类指标分值，最后加总得出总体的分值。分析时既可以进行总趋势的分析，也可以按分类结构进行分析。

5. 重点项目之二——深圳市统计监测指标体系

（1）构建统计监测指标体系的作用。一是能比较全面科学地反映当前区域经济运行状态，监测区域转型发展的程度；二是能比较完整地判断不同区域宏观经济运行状况，进一步为区域经济转型发展提供必要信息；三是能比较准确地判断和预测区域经济未来发展的趋势；四是能比较及时地反映区域产业转型升级与经济结构调整的新情况和新特点；五是能比较科学地反映区域宏观经济调控的效果，并通过监测指标体系开展预警分析工作，为决策提供依据。

（2）统计监测指标体系的构建思路。一是基本监测，是对经济社会各基本状况进行的更系统、更精简的指标监测。主要从供给与需求、战略新兴产业与支柱产业、工业效率与经济活力、资源利用与生态环境、基础设施与民生条件等方面加以考察。二是转型调整监测，是围绕"产业转型升级和经济结构调整"这一主题，展开针对性的指标监测。主要从经济结构优化、产业转型升级、创新驱动等方面加以考察。三是综合监测，是能更好地研判区域内外与国内国外经济形势和走势，展开综合性的指标监测。主要从本地综合形势、国内综合形势、国际综合形势等方面加以考察。

（3）统计监测指标体系的具体设计。统计监测指标体系分为基本监测、专题监测、综合监测三个子指标体系。

① 基本监测指标体系及其构建依据

基本监测指标体系是对区域经济社会环境等基本面进行的基础性的监测。将目前常规统计中被认为有代表性的指标系统化、条理化，同时围绕产业转型升级与经济结构调整主题精简地组合起来，不但对各基本面进行了监测，而且给专题监测和综合监测提供了基础性的支撑。

——供给与需求

供给是指一个国家或地区在一定时期内由社会生产活动实际可以提供给市场的可供最终使用的产品和劳务总量。下设六个具体指标：地区生产总值（GDP）、第二产业增加值、第三产业增加值、规模以上工业总产值、出口总额、民营经济增加值。

需求是指一个国家或者地区在一定时期内对最终物品和劳务的需求的总和。下设四个监测指标：社会消费品零售总额、固定资产投资额、实际利用外资金额、进口总额（见表16-2）。

表16-2 供给与需求的指标分类

类别	指标名称	计量单位	指标来源	监测频率
供给	地区生产总值（GDP）	亿元	深圳市统计局	月度/季度/年度
	第二产业增加值	亿元	深圳市统计局	月度/季度/年度
	第三产业增加值	亿元	深圳市统计局	月度/季度/年度
	规模以上工业总产值	亿元	深圳市统计局	月度/季度/年度
	出口总额	亿美元	深圳市统计局	月度/季度/年度
	民营经济增加值	亿元	深圳市统计局	月度/季度/年度
需求	社会消费品零售总额	亿元	深圳市统计局	月度/季度/年度
	进口总额	亿美元	深圳市统计局	月度/季度/年度
	固定资产投资额	亿元	深圳市统计局	月度/季度/年度
	实际使用外资金额	亿美元	深圳市统计局	月度/季度/年度

——战略性新兴产业与支柱产业

深圳自2011年起陆续确定的战略性新兴产业包括生物产业、互联网产业、新能源产业、新材料产业、文化创意产业、新一代信息技术、节能环保等。下设七个具体监测指标：生物产业增加值、互联网产业增加值、新能源产业增加值、新材料产业增加值、新一代信息技术产业增加值、节能环保产业增加值、文化创意产业增加值。

深圳有四大支柱产业：金融业、物流产业、文化产业、高新技术产业。下设四个具体监测指标：金融业增加值、物流产业增加值、文化产业增加值、高新技术产业增加值（见表16-3）。

表16-3　　　　　　　战略性新兴产业与支柱产业的指标分类

类别	指标名称	计量单位	指标来源	监测频率
战略性新兴产业	互联网产业增加值	亿元	深圳市统计局	月度/季度/年度
	生物产业增加值	亿元	深圳市统计局	月度/季度/年度
	新能源产业增加值	亿元	深圳市统计局	月度/季度/年度
	新材料产业增加值	亿元	深圳市统计局	月度/季度/年度
	新一代信息技术产业增加值	亿元	深圳市统计局	月度/季度/年度
	文化创意产业增加值	亿元	深圳市统计局	月度/季度/年度
	节能环保产业增加值	亿元	深圳市统计局	月度/季度/年度
支柱产业	金融业增加值	亿元	深圳市统计局	月度/季度/年度
	物流产业增加值	亿元	深圳市统计局	月度/季度/年度
	文化产业增加值	亿元	深圳市统计局	月度/季度/年度
	高新技术产业增加值	亿元	深圳市统计局	月度/季度/年度

——工业效益与经济活力

工业是经济转型升级的主体，规模以上工业企业统计报表体系比较成熟，可以通过规模以上工业企业生产活动的投入与产出比较中构建工业效益指标，用来反映工业的运行质量。下设三个具体监测指标：工业经济效益综合指数、工业产品销售率、规模以上工业企业利润总额增长率。

经济活力是指国家或者地区在经济发展过程中的能力和潜力。下设十个具体指标：公共财政预算收入、税收收入、公共财政预算支出、金融机构人民币存款、金融机构人民币贷款、港口集装箱吞吐量、上市公司数量、货运量、外来人口流动率、新增就业人口数（见表16-4）。

表16-4　　　　　　　工业效益与经济活力的指标分类

类别	指标名称	计量单位	指标来源	监测频率
工业效益	工业经济效益综合指数	—	深圳市统计局	月度/季度/年度
	工业产品销售率	%	深圳市统计局	月度/季度/年度
	规模以上工业企业利润总额增长率	%	深圳市统计局	月度/季度/年度

续表

类别	指标名称	计量单位	指标来源	监测频率
经济活力	公关财政预算收入	亿元	深圳市财政委	月度/季度/年度
	税收收入	亿元	深圳市财政委	月度/季度/年度
	公共财政预算支出	亿元	深圳市财政委	月度/季度/年度
	金融机构人民币存款	亿元	人民银行深圳分行	月度/季度/年度
	上市公司数量	家	深交所	年度
	港口集装箱吞吐量	万 TEU	深圳市交通运输委	月度/季度/年度
	货运量	万吨	深圳市交通运输委	月度/季度/年度
	外来人口流动率	%	—	—
	新增就业人口数	万人	深圳市人社局	季度/年度

——资源利用与生态环境

资源是指国家或者地区拥有的物力、财力、人力等物质要素的总称，而这里的资源利用主要针对自然资源，比如水、电、矿藏等。下设三个具体监测指标：工业用电量、工业用水量、能源消耗量。

生态环境是指与人类密切相关且影响人类生活和生产活动的各种自然力量和物质，其中水和空气是必不可缺的。生态环境的监测主要从污染处理与空气质量两个方面来展开讨论。下设六个具体指标：城市生活污水处理率、二氧化硫浓度、细颗粒物（PM 2.5）浓度、工业固定废弃物综合利用率、空气质量平均优良天数、区域环境噪声平均值（见表 16-5）。

表 16-5　　　　　　　　　资源利用与生态环境的指标分类

类别	指标名称	计量单位	指标来源	监测频率
资源利用	工业用电量	万千瓦小时	深圳市供电局	季度/年度
	工业用水量	万吨	深圳市水务局	季度/年度
	能源消耗量	吨标准煤	深圳市统计局	季度/年度
生态环境	城市生活污水处理率	%	深圳市人居环境委	年度
	二氧化硫浓度	微克/立方米	深圳市人居环境委	季度/年度
	细颗粒物（PM 2.5）浓度	微克/立方米	深圳市人居环境委	季度/年度
	工业固定废弃物综合利用率	%	深圳市人居环境委	年度
	空气质量平均优良天数	天	深圳市人居环境委	年度
	区域环境噪声平均值	分贝	深圳市人居环境委	年度

——基础设施与民生条件

基础设施是指社会生产和居民生活提供公共服务的物质工程设施,用于保证国家或地区社会经济活动正常进行的公共服务系统,它是社会赖以生存发展的一般物质条件。下设六个具体指标:电信业务量、互联网宽带用户量、各类文化公共设施数、每万人拥有医院病床数、人均道路面积、绿化覆盖率。

民生条件主要是指民众的生存状态和生活水平,以及民众的基本发展机会、基本发展能力和基本权益保护状况等。下设三个具体指标:城镇居民人均可支配收入、恩格尔系数、基本社会保障覆盖面(见表16-6)。

表16-6　　　　　　　　基础设施与民生条件的指标分类

类别	指标名称	计量单位	指标来源	监测频率
基础设施	电信业务量	万元	深圳市经贸委	年度
	互联网宽带用户量	户	深圳市经贸委	年度
	各类文化公共设施数	个	深圳市统计局	年度
	每万人拥有医院病床数	张	深圳市卫生计生委	年度
	人均道路面积	平方米	深圳市交通运输委	年度
	绿化覆盖率	%	深圳市人居环境委	年度
民生条件	城镇居民人均可支配收入	元/人	国家统计局深圳调查队	年度
	恩格尔系数	%	国家统计局深圳调查队	年度
	基本社会保障覆盖面	%	深圳市人社局	年度

②专题检测(转型调整)监测指标体系及其构建依据

产业转型升级和经济结构调整必须把经济结构优化作为基础,产业转型升级作为核心,科技创新作为根本动力,进而推动社会转型发展。因此,可以从经济结构优化、产业升级、创新驱动三个方面构建。

——经济结构优化:一是产业结构,下设三个具体监测指标:"第二产业增加值与第三产业增加值之比""四大支柱产业占GDP比重"和"七大战略新兴产业占GDP比重";二是需求结构,下设四个具体监测指标:"消费率""投资率""互联网实现的商品销售占商品零售总额比重""房地产开发项目投资额占GDP比重";三是进出口结构,下设三个具体监测指标:"外贸依存度""一般出口贸易额占总出口额的比重""高新产品出口额占总出口额比重";四是劳动力结构,下设四个具体指标:每万人专业技术人员、第二产业从业人员/第三产业从业人员、人均受教育程度、城镇调查失业率;五是收入结构,下设三个具体指标:"劳动力报酬/GDP""城镇居民人均可支配收入增长率""在岗职工平均工资增长率";六是空间结构,下设三个具体指标:深圳出入境人数(一线)、前海深港现代服务业合作区新增注册企业数、深圳异地产业园增加值;七是经济质量,下设四个指标:工业企业全员劳动生产率、每平方公里GDP产出、万元GDP电耗、万元GDP能耗(见表16-7)。

表16-7 经济结构优化包含的指标分类

类别	指标名称	计量单位	指标来源	监测频率
产业结构	第二产业增加值与第三产业增加值之比	%	深圳市统计局	月度/季度/年度
	四大支柱产业占GDP比重	%	深圳市统计局	月度/季度/年度
	七大战略性新兴产业占GDP比重	%	深圳市统计局	月度/季度/年度
需求结构	消费率(最终消费/GDP)	%	深圳市统计局	年度
	投资率(资本形成总额/GDP)	%	深圳市统计局	年度
	房地产开发项目投资额占GDP比重	%	深圳市统计局	月度/季度/年度
	通过互联网实现的商品销售占商品零售总额比重	%	深圳市统计局	月度/季度/年度
进出口结构	外贸依存度(进出口总额/GDP)	%	深圳市统计局	年度
	一般出口贸易额占总出口额的比重	%	深圳市统计局	年度
	高新产品出口额占总出口额的比重	%	深圳市统计局	年度
劳动力结构	每万人专业技术人员	人	深圳市科创委	年度
	人均受教育程度	年	深圳市统计局	年度
	第二产业从业人员/第三产业从业人员	%	深圳市统计局	季度/年度
	城镇调查失业率	%	深圳市人社局	季度/年度
收入结构	劳动力报酬/GDP	%	深圳市统计局	年度
	在岗职工平均工资增长率	%	深圳市统计局	年度
	城镇居民人均可支配收入增长率	%	国家统计局深圳调查队	年度
空间结构(区域合作)	深圳出入境人数(一线)	亿人次/月	深圳市海关	月度/季度/年度
	前海深港现代服务业合作区新增注册企业数	个	深圳前海管理局	年度
	深圳异地产业园增加值	万元	深圳市经贸委	年度
经济质量	工业企业全员劳动生产率	%	深圳市统计局	年度
	每平方公里GDP产出	万元/平方公里	深圳市统计局	年度
	万元GDP能耗	吨标准煤/万元	深圳市统计局	年度
	万元GDP电耗	千万小时/万元	深圳市统计局	年度

——产业转型升级：一是产业内优化，下设四个具体监测指标：规模以上工业企业万元工业增加值能耗降低率、先进制造业对制造业的贡献率、现代服务业占服务业贡献率、电子商务交易额占地区生产总值比重；二是产业聚集，下设两个具体监测指标：总部企业数、100强企业产值占比；三是重点产业，下设三个具体监测指标：七大战略性新兴产业增加值对GDP贡献率、四大支柱产业增加值对GDP贡献率、工业增加值对GDP的贡献率（见表16-8）。

表16-8　　　　　　　　产业转型升级包含的指标分类

类别	指标名称	计量单位	指标来源	监测频率
产业内优化	规模以上工业企业万元工业增加值能耗降低率	%	深圳市统计局	年度
	先进制造业对制造业贡献率	%	深圳市统计局	年度
	现代服务业占服务业贡献率	%	深圳市统计局	年度
	生产性服务业对服务业贡献率	%	深圳市统计局	年度
	电子商务交易额占GDP比重	%	深圳市统计局	年度
产业聚集	100强企业产值占比	%	深圳市统计局	年度
	总部企业数	个	深圳市发改委	年度
重点产业	工业增加值对GDP贡献率	%	深圳市统计局	年度
	七大战略性新兴产业增加值对GDP贡献率	%	深圳市统计局	年度
	四大支柱产业增加值对GDP贡献率	%	深圳市统计局	年度

——创新驱动：一是创新投入，下设六个具体监测指标：研究开发经费支出占GDP比重、企业研发经费支出占全社会研发支出比重、每万人工业从业人员拥有的研发人员数、大中型企业研究开发人员数、创新平台数、高等院校及科研机构数量；二是创新成果，下设四个具体监测指标：每万人专利授权量、全年技术市场交易成交额、新产品产值率、工业高新技术产品产值占工业总产值比重；三是创新效率，下设发明专利申请授权量与研究开发经费之比一个指标（见表16-9）。

表 16-9　　　　　　　　　　　创新驱动包含的指标分类

类别	指标名称	计量单位	指标来源	监测频率
创新投入	研究开发经费支出占 GDP 比重	%	深圳市统计局	年度
	企业研发经费支出占全社会研发支出比重	%	深圳市统计局	年度
	每万人工业从业人员拥有的研发人员数	人	深圳市统计局	年度
	大中型企业 R&D 人员数	人	深圳市统计局	年度
	创新平台数	个	深圳市科创委	年度
	高等院校及科研机构数量	个	深圳市科创委	年度
创新成果	每万人专利授权量	件/万人	深圳市统计局	年度
	全年技术市场交易成交额	万元	深圳市统计局	年度
	新产品产值率	%	深圳市统计局	年度
	工业高新技术产品产值占工业总产值比重	%	深圳市统计局	年度
创新效率	R&D 经费/发明专利申请授权量与研究开发经费之比	%	深圳市统计局	年度

③综合监测指标体系及其构建依据

综合监测是一种综合性的监测形式，它能提高对经济形势和走势的综合研判能力，从而为经济运行和政策制定提供更有力的指导。随着改革开放的不断深入，我国乃至国际的经济形势和走势都会对深圳的发展产生巨大的影响。因此，按照范围的大小，可以将影响本区域经济形势的综合因素划分为区域综合因素、国内综合因素和国际综合因素。综合监测指标体系的指标构建也可以通过这三个方面来进行。

——区域综合因素：一是价格指数，下设三个具体指标：居民家庭消费价格指数（CPI）、住宅销售价格指数、工业生产者出厂价格总指数（PPI）；二是景气指数，下设两个具体指标：深圳企业景气指数、深房景气指数；三是金融风险，下设两个具体指标：不良贷款率、地方债务/地方公共财政预算收入；四是市内权威评价指数，下设三个具体指标：深圳市消费者信心指数、深圳市公共交通服务指数、深圳市社会建设实绩考核指标；五是市外权威评价指数，下设四个具体指数：全球城市指数、全球金融中心指数、中国城市竞争力指数、中国城市电子商务发展指数（见表 16-10）。

表 16-10　　　　　　　　　区域综合因素包含的指标分类

类别	指标名称	计量单位	指标来源	监测频率
价格指数	居民家庭消费价格指数（CPI）	—	国家统计局深圳调查队	月度/季度/年度
	住宅销售价格指数	—	国家统计局深圳调查队	月度/季度/年度
	工业生产者出厂价格总指数（PPI）	—	国家统计局深圳调查队	月度/季度/年度
景气指数	深圳企业景气指数	—	深圳市统计局	季度/年度
	深房景气指数	—	深圳市统计局	季度/年度
金融风险	不良贷款率	%	人民银行深圳分行	年度
	地方债务/地方公共财政预算收入	%	深圳市财政委	年度
市内权威评价指数	深圳市消费者信心指数	—	深圳市统计局	季度/年度
	深圳市公共交通服务指数	—	深圳交通运输委员会	季度/年度
	深圳市社会建设实绩考核指标	—	深圳市委办公厅	年度
市外权威评价指数	全球城市指数	—	科尔尼管理咨询公司网站	年度
	全球金融中心指数	—	伦敦金融城网站	年度
	中国城市竞争力指数	—	中国社科院网站	年度
	中国城市电子商务发展指数	—	阿里研究院网站	季度/年度

——国内综合因素

国内综合因素是指能反映我国综合形势和走势的因素或者表现。下设八个具体指标：工业增加值增长率、非制造业商务活动指数、中国制造业采购经理指数、克强指数、东证期货大宗商品期货价格综合指数、银行间同业拆借利率、国房景气指数、阿里指数。

——国际综合因素

国际综合因素是指能反映国际综合形势和走势的因素或者表现。下设五个具体指标：国际原油油价、人民币对美元等货币的汇率（系列）、CRB 指数、OECD 综合领先指数、全球 PMI 指数（见表 16-11）。

表 16-11 国内综合因素与国际综合因素的指标分类

类别	指标名称	计量单位	指标来源	监测频率
国内综合因素	工业增加值增长率	%	国家统计局网站	年度
	非制造业商务活动指数	—	国家统计局网站	月度/季度/年度
	中国制造业采购经理指数	—	国家统计局网站	月度/季度/年度
	克强指数	—	国家统计局网站	月度/季度/年度
	东证期货大宗商品期货价格综合指数（系列）	—	上海东证期货有限公司网站	月度/季度/年度
	银行间同业拆借利率	%	中国人民银行网站	月度/季度/年度
	国房景气指数	—	国家统计局网站	月度/季度/年度
	阿里（系列）指数	—	阿里研究院网站	月度/季度/年度
国际综合因素	国际原油油价	—	金投网网站	月度/季度/年度
	人民币对美元等货币的汇率（系列）	—	中国银行网站	月度/季度/年度
	CRB 指数	—	美国商品调查局网站	月度/季度/年度
	OECD 综合领先指数	—	经合组织网站	月度/季度/年度
	全球 PMI 指数（系列）	—	相关国统计部门网站	月度/季度/年度

（五）创新驱动布局"六个"方面突破

1. 打造地区生产总值核算基础数据来源指标运转体系

（1）优化 GDP 核算数据的来源，保证 GDP 核算数据的准确性与真实性。一要优化联网直报数据的来源，强化源头数据的设计与采集；二要优化部门行政记录数据的来源，逐步从综合型数据过渡到单项型专业化数据；三要积极研究和采用各类商品交易平台、互联网、物联网、移动互联网、云计算技术、企业财务系统等数据信息。

（2）强化 GDP 核算基础建设。一是在严格执行《广东省地区生产总值统计报表制度》《广东省季度地区生产总值核算方案》《广东省现代产业体系统计报表制度》基础上，不断完善核算方法和质量评估办法，规范数据审核评估流程；二是强化 GDP 核算相关指标的分解监测工作，根据市委、市政府确定的全年经济增长目标，每年做好主要核算指标目标任务的分解方案，按月度整理汇总并及时向市政府报送各项指标的完成情况；三是及时研究"联网直报企业"基础指标变化情况，正确使用相关专业指标，确保各专业数据的实效性，及其与核算数据的匹配性；四是健全与财政、税务、人行、证监、保监等重点数据来源部门的月度、年度统计数据交换机制，监测重点指标的波动变化情况，提高部门数据来源的稳定性、可靠性和真实性；五是建立部门联合数据会商制度，以便及时掌握监控相关指标。

（3）提高GDP核算数据质量。一要加大数据审核力度和数据查询力度，从源头把好数据质量关，确保数据准确可靠，提高数据的可信度；二要加大统计培训、指导工作力度，联合相关部门定期开展核算业务培训及企业走访，指导企业如实、准确填报数据；三要牢固树立统计法治意识，坚持实事求是的原则，对负责搜集、审核、验收的统计资料与统计调查对象报送的统计资料的一致性负责，严格执行核算工作的各项技术和规范，按制度和流程审核季度地区生产总值数据，并依据宏观经济指标的协调性和一致性开展年度和季度GDP核算数据质量评估；四要通过提取、转换、整合数据，建立GDP核算数据仓库，变各类"死数据"为"活信息"，强化对常规年度和季度专业数据的管理，提高对经济的描述性和预测性分析水平。

（4）促进GDP核算流程顺应新形势。一是要进一步完善企业联网直报各项制度，建立健全企业联网直报报表标准化定制和管理系统、数据管理和监督系统、数据审核和评估系统、企业诚信报数系统，加强数据的关联性和可比性审查，确保企业提供的信息和数据的准确一致；二是要加大统计信息化建设力度，构建政府统计信息共享采集平台，统一采集相关的部门统计信息，减少统计信息提供者向多个部门多次报送同一信息，造成数出多门交叉重复的现象出现，切实提高信息报送效率和质量；三是适时研究和调整内部分工；建立专业的数据挖掘队伍，设立行业数据整理分析机构和部门。

（5）提高GDP核算的价值。更多地运用"大数据"原理，通过图形、图像、地图、动画等更为生动、易懂的方式来展现数据，加大以"宏观"把握为主向加大"微观"运用力度的转变，推动GDP逐步成为社会使用频率高、可信度大、依赖性强的宏观和微观都适用的大众化指标，实现GDP核算成果的可视、交互、方便、共享。

（6）推动GDP核算的国际化。一要加强对国际统计核算标准的研究，按照《国民账户体系2008》精神，深入开展改进城镇居民自有住房服务价值核算方法、将R&D经费支出创造的价值纳入GDP核算、将雇员股票期权计入劳动者报酬等方法研究，推进核算制度顶层设计改革；二要进一步创新"三新"统计制度方法，系统梳理新兴经济业态的各种活动类型和统计缺口，积极探索将调查成果纳入 GDP 核算的有效途径；三要借助国家统计局开展《国民经济行业分类》修订工作的契机，改进 GDP 核算的行业分类，实现与联合国现行《国际标准行业分类（ISIC Rev 4.0）》接轨，提高行业反映问题的针对性和有用性，全面真实地反映各种新业态的发展变化情况；四要采用相关指标系数法、指数法分析基层企业、部门和专业数据的真实性，评估与 GDP 相关指标的协调性；五要逐步走向按照国际数据公布程序，严格分阶段公布初步核算数、初步核实数和最终核实数，同步公布核算数据的来源、方法和手段，并提供可视化图形、图像 GDP。

2. 建立战略性新兴产业统计指标体系

（1）进一步完善现行的《深圳市六大"战略性新兴产业"统计报表制度》。完善战略性新兴产业统计标准、统计指标，增强调查方法的科学性，规范统计调查过程，推动统计调查现代化，力争实现对新兴战略性新兴产业"四上""四下"全覆盖统计，不断增强统计数据的准确性、完整性和可靠性。

（2）完善战略性新兴产业企业名录。以有关职能部门的战略性新兴产业项目扶持专项资金和奖励资金信息管理库资料、税务部门行政登记资料、相关产业协会各项统计调查资料为基础，实时掌握"四上"企业和"四下"企业名录，推进各区（新区）统计机构定期维护更新本片区内新兴产业单位名录库，强化对名录数据的统一采集和动态维护，加快建成统一完整、不重不漏、信息真实、更新及时、互惠共享的深圳市战略性新兴产业统计基本单位名录库。

（3）健全战略性新兴产业统计标准。联合市发展改革委明确当前深圳市战略性新兴产业的性质、活动类型和特征，进一步探索和完善深圳市战略性新兴产业的界定概念、定义、分类和统计范围，加快建成科学、统一、完整、适用的深圳市战略性新兴产业统计标准体系，实现指标含义、计算方法、分类目录、调查表式标准化。

（4）强化数据质量保障体系。一是严格实施国家企业一套表制度，利用安全畅通、便捷高效的联网直报系统，统一组织采集战略性新兴产业企业数据；二是以国家统一的经济核算制度为基准，切实加强产业核算统一性、规范性和科学性，真实准确反映深圳市及各区（新区）战略性新兴产业发展的规模、速度和结构；三是加快推进产业统计信息化建设，加强产业统计信息系统的日常运行维护和安全保障工作；四是丰富战略性新兴产业统计报告形式，深度挖掘产业统计资料，构建文字、表格、图形、演示文稿等多样化统计产品体系。

（5）加强联动，充分利用部门行政记录作为战略性新兴产业统计的补充。一是加强部门专业统计基础，进一步建立健全涵盖工业、服务业、批发和零售业、建筑业等四大国民经济行业的战略性新兴产业统计体系标准；二是推进部门间统计信息共享，确保战略性新兴产业统计基本单位名录库保持一致；三是加强与相关产业协会的联系与交流，积极挖掘小微新兴产业企业力量，进一步完善战略性新兴产业统计名录库。

（6）把握新一轮产业发展风口，加快建立未来产业统计报表制度。加快建立航空航天、生命健康、海洋及机器人、可穿戴设备及智能装备等四大未来产业统计报表制度，为推动全市下一轮产业转型升级提供统计保障。

（7）重点工作：开展全国首个"三新"统计改革试点。

①试点目的

——电子商务统计改革试点目的：一是摸清深圳电子商务的交易规模、结构、特征及有关情况，包括业态界定、行业规模、发展态势、业务特点、经营模式及营利模式等；二是完善电子商务统计指标体系，准确、及时地反映业态发展；三是改进电子商务统计调查方法，为完善全国电子商务统计报表制度提供依据和技术支持。

——城市商业综合体统计改革试点目的：一是摸清深圳城市商业综合体的规模、结构、特征及占消费市场比重，全面反映深圳商贸流通发展状况；二是厘清新商业模式下统计数据的不重不漏，更准确反映消费市场发展；三是改进城市商业综合体统计指标体系，为完善国家《城市商业综合体统计专项调查方案》提供可行支持。

——创业服务综合体（科技企业孵化器）统计改革试点目的：一是全面、及时了解深圳创业服务综合体（科技企业孵化器）的发展情况以及存在问题，包括孵化器总数、类型、孵化面积、孵化器基地内的在孵企业、毕业企业、就业人数等；二是建立创业服务综合体（科技企业孵化器）统计报表制度，为国家开展科技企业孵化器统计积累经验。

②试点范围

——电子商务统计改革试点范围：深圳行政区划内规模以上工业、有资质的建筑业、限额以上批发和零售业、限额以上住宿和餐饮业、全部房地产开发经营业、规模以上服务业法人单位和电子商务交易平台；规模以下法人单位重点电子商务平台。

——城市商业综合体统计改革试点范围：深圳行政区划内符合条件的城市商业综合体。

——创业服务综合体（科技企业孵化器）统计改革试点范围：深圳行政区划内的科技企业孵化器、留创园、加速器、集中办公区、大学科技园等创业服务综合体，具体选择南山区深圳湾创业广场作为改革试点对象。

③试点措施

——组织机构

为做好试点的组织协调工作，成立"三新"（统计）工作领导小组（以下简称"领导小组"）和专业委员会，负责"三新"统计工作。由领导小组领导统筹，专业委员会负责，建立日常综合与委员牵头双重业务机制。任何一委员可依业务需要，动议和发起"三新"综合或单一统计业务开展。专业委员会依托若干各类专员（专业人员，下同）启动专业工作，务实业务改革创新的有效性和针对性，确保每个时期和阶段"三新"统计业务的贯穿执行。除"三新"统计外的业务工作，如有必要，也可启动专业委员会机制，以满足任务需求。

——组织实施

试点工作由领导小组指导，专业委员会具体组织实施。专业委员会设立统计制度，进行业务培训、汇总报表资料和全过程技术和支持。

全市各区、街道、社区选派专职人员，参加业务及程序培训和负责报表的填写、录入及上报工作。

3. 开展服务业生产指数编算全国唯一城市改革试点

（1）明确指数编算的意义。2015年11月，深圳被国家统计局列为全国服务业生产指数编算统计改革试点唯一城市。该指数编算是服务业统计改革的一项重要创新内容，对于全面、科学、及时地描述深圳服务业发展总体状况、量化服务业发展水平、分析服务业发展结构及观测深圳服务业短期动态变化等都具有重要的现实意义，同时可为国家城市尤其是一线城市进一步完善地区服务业增加值核算提供可资借鉴经验和有效操作方法。

（2）理清编算工作思路。一是测算一个经济体中服务业短期内的波动，使经济分析人员和决策者能够尽快掌握相关信息，了解服务业发展态势；二是辅助季度GDP核算，与不变价增加值核算相互借鉴和印证，填补月度服务业缺乏综合性指数的空白，成为 GDP 核算的重要补充；三是将服务业中各行业的生产活动联系起来，并且将各种单位不同、数量级不一、实物统计量和价值统计量并存的统计指标整合成是一套系统的、科学的体系；四是采用比较灵活的编制方法，不拘泥于财务数据，可使用绝对数、相对数、价值指标、物量指标进行编制。

（3）认真开展指数编算工作。月度服务业生产指数旨在全面反映服务业的企业法人生产情况，即其测量的是市场化的服务业生产水平，不包含事业单位法人、产业活动单位等的非市场化生产活动。计算公式选用拉式指数，计算基础为服务业行业大类（房地产业为行业中类），计算周期为月度，首先分行业大类编制行业大类生产指数，后累计同比指数。在计算得出各行业大类的分项生产指数以后，加权计算得出全部服务业的生产指数。

基础公式：服务业生产指数测度服务部门产出物量随时间推移所发生的变化，计算公式选用拉式指数，计算基础为服务业行业大类（房地产业为行业中类），计算周期为月度。因为数据的时间序列长度不足，暂不考虑编制经季节调整的数据。

①首先分行业大类编制行业大类生产指数

——产出是物量指标（不变价指标）时，无须缩减，计算公式为：

$$L_{i,t} = \frac{C_{i,t}}{C_{i,0}}$$

其中，$L_{i,t}$ 是报告期 i 行业大类的生产指数，$C_{i,t}$ 是报告期 i 行业大类的物量指标，$C_{i,0}$ 是前一期 i 行业大类的物量指标。

——产出是现价指标时，需要通过 CPI 等价格指数进行缩减，计算公式为：

$$L_{i,t} = \frac{C'_{i,t}}{C_{i,0}} = \frac{X_{i,t}/P_{i,t}}{X_{i,0}}$$

其中，$L_{i,t}$ 是报告期 i 行业大类的生产指数，$C'_{i,t}$ 是报告期 i 行业大类的物量指标，$C_{i,0}$ 是前一期 i 行业大类的物量指标，$X_{i,t}$ 是报告期 i 行业大类的产出现价指标，$X_{i,0}$ 是前一期 i 行业大类的产出现价指标，$P_{i,t}$ 是报告期 i 行业大类的价格缩减指数。

②累计同比指数

累计同比指数的计算方法同上，只需将对应本月值转化为累计值即可。

权重选取：以报告期前两年度服务业行业门类增加值占比作为行业大类和门类的权重，权重每年更新。

4. 高质量完成国家周期性普查任务

（1）组织开展深圳市第四次全国经济普查。摸清 2018 年 1 月 1 日—12 月 31

日深圳市各类单位的基本情况，全面调查全市第二产业和第三产业的发展规模及布局，系统了解深圳市产业组织、产业结构的现状以及各主要生产要素的构成，查实服务业、战略性新兴产业、文化产业等相关产业的发展状况，全面更新覆盖国民经济各行业的基本单位名录库、基础信息数据库和统计电子地理信息系统，为加强和改善宏观调控，加快经济结构战略性调整，科学制定中长期发展规划，提供全面系统、真实可靠的统计信息支持。

主要做好普查区划分与绘图、确定单位底册、手持电子终端设备内容加载、普查告知、普查登记、数据审核检查和验收、数据汇总、事后质量抽查与数据评估、主要数据发布、普查成果的开发与应用等10个方面的工作。

（2）组织开展深圳市第七次全国人口普查。查清2010年以来深圳市人口在数量、结构、分布和居住环境等方面的变化情况，为科学制定国民经济和社会发展规划，统筹安排市民的物质和文化生活，实现可持续发展战略，构建社会主义和谐社会，全面实现小康社会，提供科学准确的统计信息支持。

人口普查是和平时期全国最大的社会动员，是极其复杂的社会系统工程，工作繁重复杂、环环相扣。主要做好普查机构设立、方案设计、普查试点、全社会宣传动员、人财物场地筹备、普查人员选调与培训、物料发放、村级单位数据核查、普查区域划分与绘图、摸底调查、入户登记、事后质量抽查、专项编码、数据审核评估、主要数据公报、普查成果的开发和应用等16个方面的工作。

（3）组织开展深圳市第三次全国农业普查。查清2016年1月1日—12月31日深圳市农业及其从业人员基本情况，掌握土地流转、农业生产、新型农业经营主体、农业规模化和产业化等情况，反映农业发展新面貌和农业从业人员生活新变化，为深圳市科学制定农业政策、推动农业都市化、多元化和生物产业化发展，提供全面系统、真实可靠的统计信息支持。

主要做好宣传发动、普查试点、普查登记、数据审核检查和验收、数据汇总、事后质量抽查与数据评估、主要数据发布、普查成果的开发与应用等8个方面的工作。

5. 推进具有深圳特色的房屋租赁与科技研发支出 R&D 核算的统计改革创新成果

（1）继续开展深圳市房屋租赁业调查全国唯一试点工作。进一步建立房屋租赁业统计制度，反映"沉淀"的经济现象，为政府人口及城市管理提供决策依据，为推动国家完善支出法 GDP 核算提供依据，更为准确地反映消费水平。主要任务是健全完善房屋租赁业统计标准体系和加强房屋租赁业增加值核算研究，为政府人口及城市管理提供决策依据，使沉淀的经济现象得到反映，利于准确反映消费水平，为全国 GDP 核算制度改革提供经验。

调查对象和范围：深圳市行政区划内所有经营房屋租赁业务的经济活动。包括：住宅租赁活动、办公房屋租赁活动、综合商厦租赁活动、市场摊位出租活动、展览馆展位出租活动、仓库库房出租活动、其他房屋出租活动等。房屋租赁按房屋产权划分为单位产权房屋租赁和私人产权房屋租赁。

调查方式：每五年进行一次调查，标准时点为调查年份的 9 月 30 日。调查年份采用全面调查和抽样调查相结合的方法。非调查年份采用抽样调查或利用调查年份数据和租赁办行政记录变动进行统计计算的方法。调查年份采用全面调查的指标有：可供出租房屋面积、实际出租房屋面积、房屋出租收入等；已纳入现有统计制度出租收入（比重）和中间投入（增加值率）指标采用抽样调查。非调查年份的可供出租房屋面积、实际出租房屋面积、房屋出租收入和增加值率等指标均采用抽样调查或利用调查年份数据和租赁办行政记录变动数据计算获得。

①调查年份

对所有实际出租房屋进行全面调查并填写《深圳市房屋租赁业统计调查过录表》。在街道内按随机原则抽选出分类的实际出租房屋进行逐一调查并填写《深圳市房屋租赁业单位属性统计调查表》和《深圳市房屋租赁业中间投入调查表》。根据调查数据计算生成《深圳市房屋租赁业统计基层表》并逐级汇总生成各街道综合表、各区综合表和全市综合表。

②非调查年份

——抽样调查：是否需要进行抽样调查，可视非调查年份当年情况确定（如房屋租赁市场发生巨大变动、相关政策有较大变更等）。如切实需要，则抽样调查的方法和样本确定应依据当年实际情况制定。抽样调查应简单精练，尽量减少经费开支。

——行政数据统计测算。第一步：市租赁办提供分区、分用途可供出租房屋面积、实际出租房屋面积、房屋出租收入等行政记录数据。第二步：了解相关政策是否有较大的变化。第三步：结合调查年份数据进行统计测算。第四步：组织专家评估小组进行评估。第五步：确定最终数据。

（2）巩固深圳市作为研发支出（R&D）纳入 GDP 核算试点全国唯一城市工作

成果。继续深入研究 SNA 2008 核算体系，研究作为固定资本的 R&D 的界定、R&D 产出的评估、R&D 价格指数的编制、R&D 资产存量及折旧率的确定等问题，运用不同的价格指数和测算方法，研究 R&D 支出企业会计上的处理方法，利用深圳市相关数据测算 R&D 支出中可纳入 GDP 的部分，测算 R&D 资本化对 GDP 的增长的贡献率，加快国家统计局推行 SNA 2008 国民经济核算体系的步伐，更好更真实地反映深圳科技创新对经济的整体拉动作用以及创新型经济特征，有效促进市、区两级政府对 R&D 投入的扶持力度，继续为国家将 R&D 纳入国民账户体系进行一系列探索性研究，有利于扩大深圳在全国的示范和带头作用，赢得在未来竞争中的新优势。

定义及界定：R&D 是指有计划、有步骤地进行创造性的活动，其目的在于增加知识存量，并利用这些知识存量发现或开发新产品——包括改进现有产品的版本和质量、发现和开发新的或更有效的生产工艺。R&D 支出是指为了增加知识储备（包括有关人类、文化和社会的知识）并利用这种知识储备开发新的应用，系统性地从事创造性工作而支出的价值。按照基础研究、应用研究、试验发展三种类型，针对研究主体的不同，将基础研究费用化出来，应用研究与试验发展作资本化处理。

确定变量参数：一是 R&D 资本折旧率。R&D 资本属于无形资本，没有固定的折旧模式，R&D 折旧率的选择也没有统一的标准。根据深圳市实际情况，以 10% 的测算结果作为深圳市 R&D 固定资本折旧率。二是 R&D 支出价格指数。R&D 支出价格指数的测定是 R&D 纳入 GDP 核算的难点之一，最终选用 R&D 支出成本价格指数来测算深圳市 R&D 资本存量。三是 R&D 支出初始增长率。目前针对 R&D 支出初始增长率的计算方法主要有两种，一种是通用的几何平均法，深圳市的测算结果是 17.61%；另一种是美国 BEA 的线性回归法，深圳市的测算结果是 17.87%。

测算基本步骤：一是计算深圳市 2009 年为基期的各个执行部门 R&D 的支出额，即利用 R&D 支出成本价格指数对原始各个执行部门的 R&D 现价支出额剔除价格影响，形成不变价；二是利用永续存盘法求得各个执行部门 R&D 资本化后的资本存量；三是根据各个执行部门 R&D 资本化后的资本存量获得企业 R&D 资本形成总额和非企业 R&D 私人收益；四是计算 R&D 支出中可纳入 GDP 的部分；五是计算 R&D 资本化对 GDP 的增长的贡献率。

6. 创建开放服务方式

（1）树立"双向统计"需求观和开明开放的价值理念。坚持以问题为导向，直面问题、研究问题、解决问题，在不断解决问题中推动统计事业跨越发展。坚持以"需求"为导向，要始终坚持改革开放，既把发展需求视为挑战，更视为导向和巨大的推动力。一是弘扬"开明开放"精神，树立开放理念和海纳百川、兼容并蓄的胸怀，增强世界眼光和战略意识。要进一步解放思想，坚持开拓进取，以更宽的胸怀和视野、更高的标准和要求、更大的气魄和力度，树立深圳统计开放理念和兼容胸怀，增强世界眼光和战略意识，积极投身于统计改革创新发展之中。二是树立开明开放的理念，转变思想观念。增强敢于担当的勇气，做好实干争先的表率，推动统计各项工作顺利开展。三是营造开明开放的发展环境。培育和弘扬豁达、宽容的精神，坚持和衷共济，营造相互尊重、相互理解、相互关爱的工作氛围；不囿于既定的思维定式、已有的成功经验以及现有的知识结构和能力水平。

（2）主动作为，深入推进统计信息透明和开放。深圳统计要坚决破除思想的保守性、理念的陈旧性和思维的局限性，努力使自己的思想、言行和处事方式与和谐社会、开放社会要求相适应。一是针对统计服务手段较为单一，统计服务范围不足的情况，拓展统计服务范围和空间，努力拓宽服务渠道，加强统计服务主动供给，实现统计服务由被动提供向主动反馈、主动公开的转变。二是深入推进统计信息公开透明。在遵守国家有关保密规定的前提下，在第一时间公布统计数据；全面公开统计制度方法，及时地诠释统计数据，广泛普及统计知识；建立数据统一发布制度，创新数据发布手段，建立与新闻媒体长期合作机制，构建传统媒体和新兴媒体全方位、多角度的统计信息服务发布网络。三是扩大统计宣传，增强政府统计的公信力。广泛借助网站、微博、微信等网络手段，促进宣传手段和形式的多样化，全面推进统计工作。加强统计法律法规的宣传，举办关于统计法律法规的宣讲走访活动，使宣传成效和影响进一步扩大；加强公众宣传，制作有趣生动的宣传短片，在电视广告、网络视频和电台等宣传媒介上播放。

（3）精准充实内容，扎实推进深圳统计改革创新。一是努力在更大范围、更广领域、更高层次上参与国内外创新合作项目，主动向国家、省局汇报深圳市统计改革创新工作成果，争取国家统计局在深圳的统计改革创新试点项目。二是加强与国内外先进城市的交流与合作，促进要素信息的合理流动与共享。进一步完善

"直辖市、副省级市、经济特区和沿海开放城市统计信息交流网",逐步加强与中国香港地区统计机构合作力度。三是加强研究领域的对外合作与交流,在更高层次上求得新的发展。紧紧围绕统计改革创新和深圳市经济社会运行的热点问题,积极与国内外著名高等院校、研究机构进行交流和合作,通过项目研究、员工培训等方式,拓展合作的深度和广度。

(4)尽职尽责,分类处理信访投诉请求。制定《处理信访诉求法定途径清单》,属于信访事项的,及时予以解决;不属于信访事项的,转由行政许可、行政处罚、信息公开、意见建议等途径解决(见图16-5)。

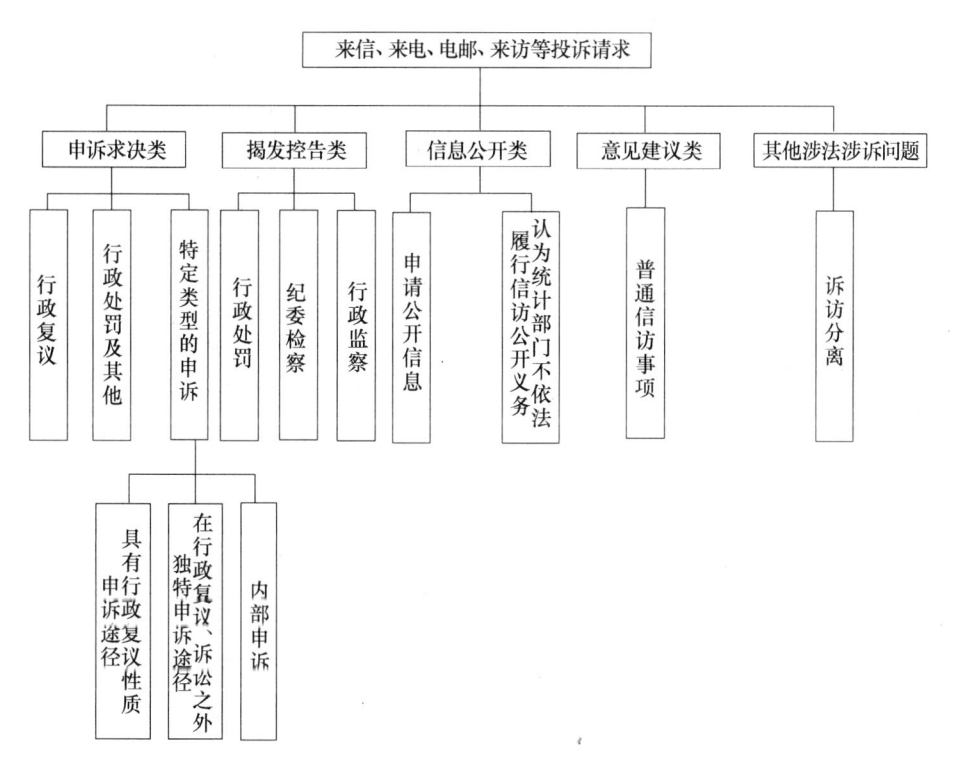

图16-5 处理信访投诉请求流程

(六)建立"九项"保障机制

1. 构建与统计调查任务相匹配的常态人力机制

(1)提升统计人员队伍能力素质。一是围绕统计中心工作,构建分层次多样式的统计业务培训体系，对市、区统计业务骨干重点开展理论知识、专业技能和综合素质的培训，不断加大政府统计人员业务培训力度；二是鼓励政府统计人员自费在职进修培训；三是组织统计系统内开展业务竞赛，为统计人才提供展示才华的舞台；四是加强企事业单位统计人员培训，每年对规模以上工业企业、资质等级建筑业企业、限额以上批零住餐企业、规模以上服务业企业统计人员培训不少于1次。

（2）加强基层统计队伍建设。按照《乡镇统计工作规范（试行）》（国统字〔2013〕7号）要求，各区、街道做到有机构、有人员、有场所、有设备、有经费和统计管理制度化、统计流程规范化、统计调查合法化、统计手段现代化、统计服务优质化、统计教育常规化，确保基层统计队伍规范运作。

（3）调动基层统计员工作积极性。执行《关于进一步加强统计基层基础建设工作的通知》（深府办函〔2016〕31号）精神，落实街道统计机构不少于2名事业编制要求。逐步推动各区（新区）按照统计业务量（法人单位数量）配足配强基层统计员，确保基层统计员年收入不低于深圳职工平均水平，相应提高基层统计员待遇。

（4）做大做强市统计学会博士后创新实践基地。进一步强化与北京大学深圳研究生院合作力度，结合深圳统计工作实际需求缜密设定研究项目，引进高水平人才开展统计科研攻关，立足科研成果转化实际运用，以工作带科研、以科研促工作，不断提高深圳市统计成果的含金量。

2. 建成适应统计业务需要的现代统计网络信息技术应用机制

（1）构建深圳"统计云"，为领导决策层、各级统计部门及其他经济管理部门、公众提供云服务。基于现状，利用好现有的统计信息化建设资源，用面向统计服务的架构进行改造，统一形成一个分布式的统计应用服务支撑体系，依托云计算的分布式处理、分布式数据库和云存储、虚拟化技术对海量数据进行分布式数据挖掘。即保留现有的IT系统不动，将各个IT系统对外的接口和交互或服务能力统一发布到统计云平台，由云平台上的统一统计服务接口管理中心进行调度管理，形成可共享、可重用的业务服务组合体系，供统计业务需求使用。

（2）初步建立新一代基于云服务的统计大数据决策支持平台，转变统计数据生产方式。一是制定深圳市统计大数据发展战略，提升利用大量、复杂统计数据集获取统计知识和预见能力;改进核心统计数据科学与技术手段,初步建立新一代基于云服务的统计大数据决策支持平台,转变统计数据生产方式,提高从各种大型统计数据集中提取重要信息并对其进行有效管理、分析和可视化的能力。二是从数据采集技术入手,利用多功能多用途的感知式统计工具等多种方式获取统计数据,研究合理的集群存储资源映射方法,改进核心统计数据科学与技术手段,提高从各种大型统计数据集中提取重要信息并对其进行有效管理、分析和可视化的能力,初步建立新一代基于云服务的集数据资源的采集、加工、处理、分析、发布于一体的统计大数据决策支持平台,转变统计数据生产方式。

深圳基于云服务的统计大数据决策支持平台集数据资源的采集、加工、处理、分析、发布于一体,在功能上分为4层。

——信息资源整合层。深圳市大数据主要包括各类普查、直报系统、调查系统等获取的大量数据,通过政府资源交换中心获取的其他部门数据,以及通过大数据采集技术获取的互联网数据等。通过将这些异构数据按照统一的规则进行提取、清洗和转换,最终整合到统一的数据仓库,装载到信息共享平台的存储系统中,实现统计信息充分共享。

——信息共享平台。建有共享数据库、信息目录和元数据库,通过门户网站向用户直接提供数据查询、信息发布等可视化的信息服务,通过应用支撑环境向各种宏观经济应用系统、分析和预测系统提供底层的信息共享服务。

——决策支持层。部署数据挖掘、统计分析、在线分析、数据可视化分析、知识获取和数据展示工具,建设数据仓库和面向主题的数据集市。建立深圳市统计数据监测预警机制,以先进技术手段和科学、专业的方法对经济和社会运行情况进行分析和预测,为深圳市经济和社会发展分析和预测工作提供有力工具,为领导的科学决策提供支持。

——门户展示层。基于云服务的统计大数据决策支持平台的所有统计数据和统计图表均采用可视化统一宏观经济视图,包括内网门户、外网门户及移动互联网微门户。

(3) 加强大数据人才培养。立足对统计数据流转规律和传播方向的监测以及对统计大数据的运营能力培养,定位数据咨询师、数据分析师、数据工程师和首席数据师方向,培养多类型的统计数据人才。

3. 扎实认真执行统一统计报表制度的专业机制

（1）严格执行全国统一的基本统计报表制度、统计标准，依法统计。以数据质量为核心，严把数据质量关，认真组织做好统计年报和定期统计报表工作，全面及时完成农业、工业、建筑、投资、贸易、重点服务业、房地产、人口、劳动力、就业、劳动工资、能源、社会科技、外经旅游、文化产业等常规统计调查任务。

（2）充分发挥国家联网直报一套表平台的作用，不断提高统计专业水平。认真执行企业一套表统计调查制度，不断规范名录库管理，扎实做好企业一套表调查单位申报入库工作，做到及时申报入库，并做好基本单位名录库的日常维护更新工作，做好规下升规上、新建、注销等企业的审核认定等工作，严格按照"先有库、后有数，先入库、再出数"的原则开展调查，确保调查单位的真实性。同时加大对新增企业和更换统计人员企业的培训力度，确保企业按时上报，数据准确。"四上"单位审批流程分工如图16-6所示。

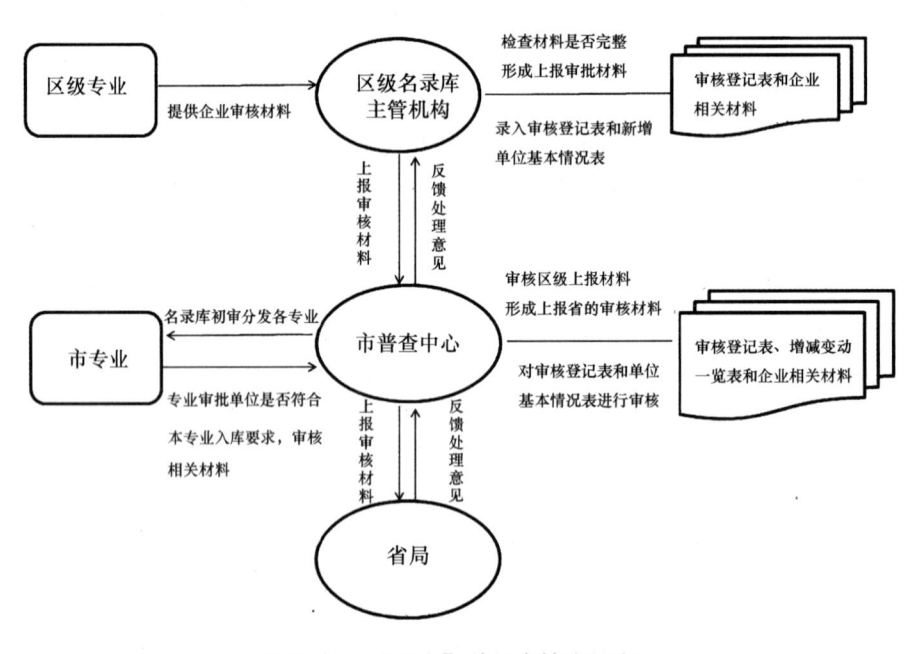

图16-6 "四上"单位审批流程分工

名录库维护更新和管理模式如图16-7和图16-8所示。

（3）杜绝一切干扰企业数据的行为。坚决维护企业独立上报的权利，不定期地深入企业进行执法检查,查处企业联网直报中的弄虚作假违法行为,杜绝瞒报、漏报、迟报等现象的发生,增强企业和统计人员依法统计的自觉性,确保源头统计数据真实可信。

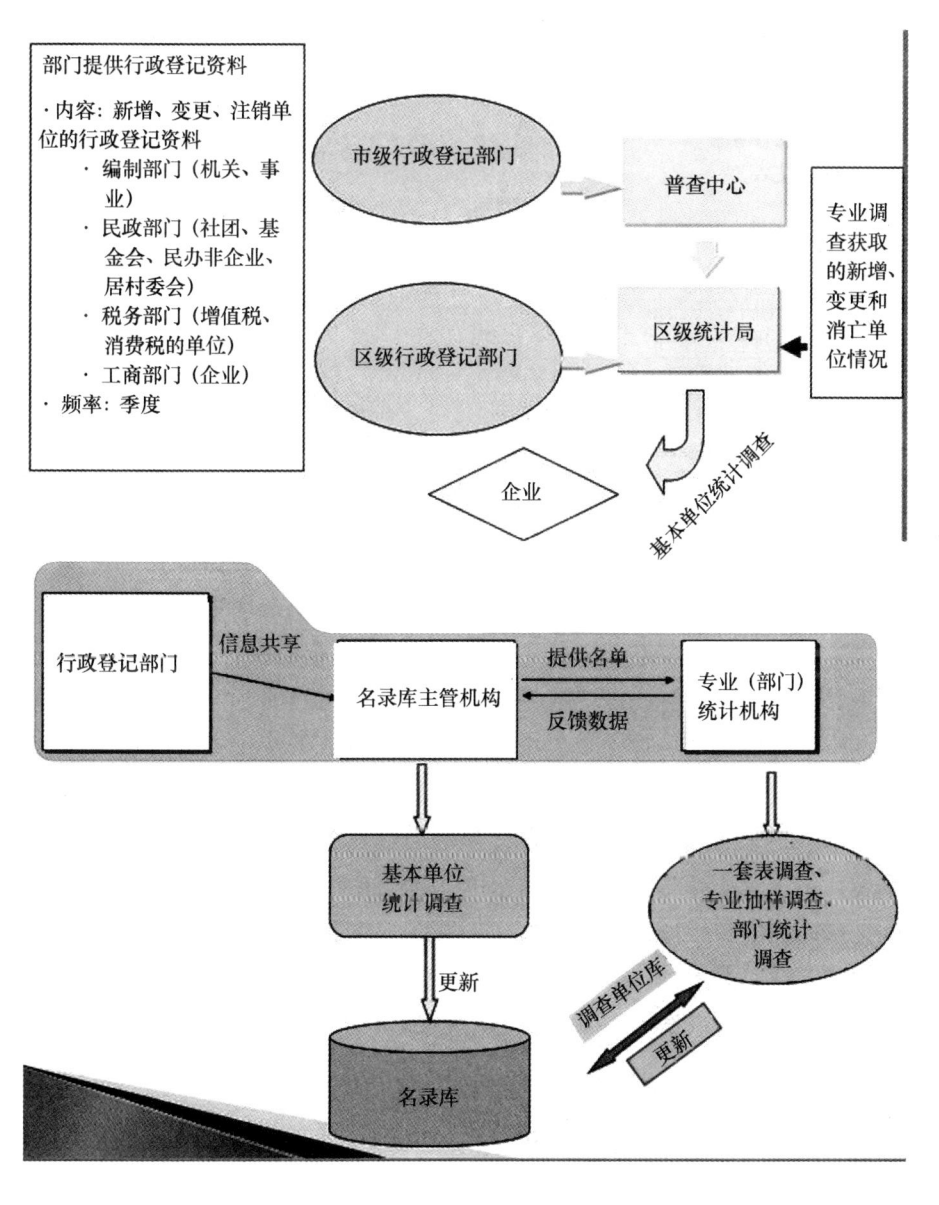

图 16－7　名录库维护更新

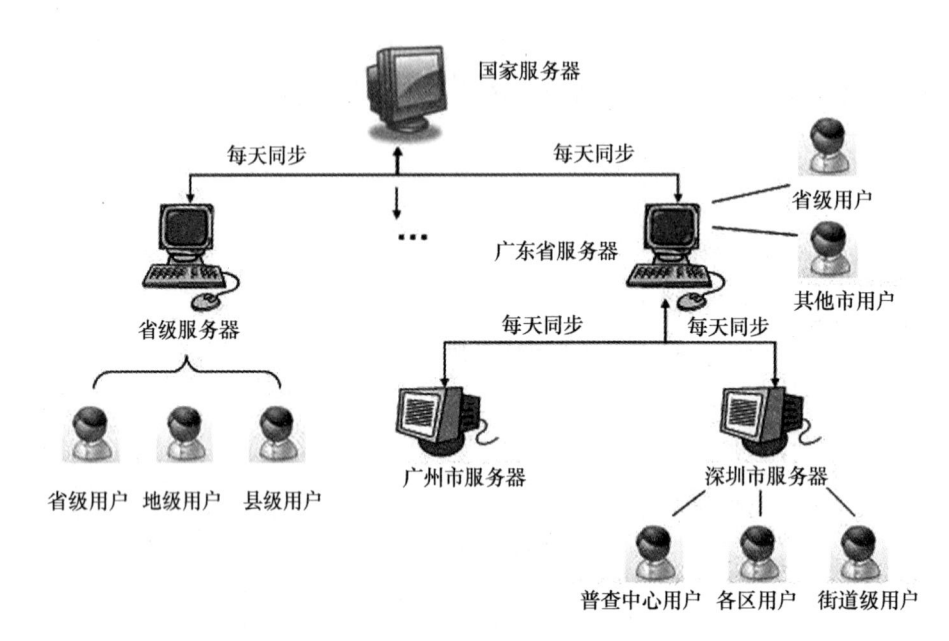

图 16-8 名录库管理模式

4. 创新提供优质数据产品的服务机制

（1）打造稳定、顺畅、高效的统计数据生产链。一是加强对统计调查对象的服务力度，进一步强化数据采集和审核，确保源头数据质量；二是做好数据的审定汇总分析，提高数据分析能力，重点抓好对基层统计机构的工作指导以及数据的审核汇总和实时分析；三是加强数据综合核算，根据数据使用方的需求定制统计口径，提高数据使用的针对性和适用性，发挥数据综合效用。

（2）依托网站和微信、微博构建优质综合性服务平台。一是拓展升级综合性服务平台，纳入关注高的社会民生信息和适应政府需求的统计分析、公报等优质统计产品，构筑更加多元化、立体化的数据体系；二是打造高质高效的现代化运维队伍，确保综合性服务平台持续稳定高效运行；三是持续及时加载多领域统计数据，确保综合性服务平台数据的全面、系统、完整。

5. 铸造及时传导准确经济数据变化的能力机制

（1）强化数据采集能力，提高基础数据质量。一是提高数据采集方法，改变数据采集方式。实现统计数据采集的信息化，利用互联网迅速收集统计数据，再借助软件技术和高速计算机进行统计数据自动化地高效处理，可以极大提高统计工作的效率，为快速决策提供支持。二是拓宽数据采集范围和渠道。在常规调查之外，对当前社会经济发展中的关键问题、热点问题开展一系列专项调查；拓展统计数据采集渠道，把民间统计、代理统计作为政府统计的重要补充。三是规范统计台账，确保统计数据来源的真实性、准确性、科学性。按照统计法律法规的有关规定，做好原始记录，设置统计台账，按规定登记台账，台账记载要与相应的原始资料、记录及统计报表相一致，数据如有修改变动应作详细说明，留底备查；建立健全统计资料的审核、签署、交接、归档等管理制度。

（2）强化数据反馈能力，建立新型合作关系。一是确定数据反馈内容。数据反馈内容主要包括对政府、企业、公众三个层面。在政府层面，及时向市委、市政府报告经济数据运行情况、各主要经济指标完成进度和各项重点工作推进落实情况，加强与相关部门的数据共享、信息沟通，对市委、市政府及相关部门及时反馈信息；在企业层面，积极为企业提供更多行业经济信息、宏观经济信息以及国际经济信息，积极向企业反馈其运营情况，以更加热情周到的服务赢得调查对象的支持配合；在公众层面，瞄准经济社会发展的最新情况和公众关心的热点问题，开发、开放更多的统计指标，通过"网上咨询"、微博、统计开放日等多种方式给社会公众及时反馈统计信息。二是建立数据反馈制度。首先，构建数据反馈机制，保证数据反馈的及时性和准确性。其次，建立反馈数据搜集制度，主动地去获取有关信息，并及时上报。再次，建立公众联系制度，通过各种形式的活动，如统计开放日、专题活动等，加强与公众的联系，为反馈数据提供良好的机会和条件。三是订立反馈程序。数据反馈是一个过程，同时也必须遵循一定的程序。要强化数据反馈的功能，就必须按科学的程序办事，这样，才能使数据反馈发挥有效的作用。首先确立数据反馈工作的具体目标和具体要求；其次根据这些具体目标和具体要求所涉及的内容，及时地搜集和回收各种反馈信息；再次对这些反馈信息进行管理、加工、分析、报告。

（3）强化数据预警能力，驱动预警信息的时效性。一是确定数据预警指标。数据预警包括宏观经济运行数据和微观企业运营数据两个方面。首先是宏观经济运行数据预警，对宏观经济运行过程中可能发生的严重冲击和破坏经济系统结构的波动和偏差进行分析和预报，为宏观经济调控提供警报和排警的建议。其次是微观企业运营数据预警，打造企业数据预警平台，分月度、季度、年度对重点企业运营指标情况进行研判；划定预警区域，若企业指标落入该预警区域，就要立即向企业和政府相关部门反馈做到及时发现、有效预警。二是创新数据预警方法。数据预警可以采取经验审核法与逻辑审核法，即按照指标数据类型、行业、规模等特点确定指标数据的最小值、最大值及众数，划定指标数据合理的变动区间，对区间外的数据进行重点预警；对本部门指标数据有重大影响的情况应随时掌握，及时了解数据变动原因。三是建立数据预警报告制度。在对宏观经济数据、微观企业数据持续关注的基础上，建立预警报告制度。一旦宏观经济运行数据或微观企业运营数据出现较大波动，当立即分析原因、找出问题，并及时上报。

（4）强化数据监测能力，为科学研判提供强力支撑。一是以国民经济运行月度、季度报告为载体，加强对宏观经济实时监测，并及时向上级政府统计机构、各级党委和政府进行统计报告，积极参加市发展改革委、市经贸信息委等多部门联合举行的月度经济形势分析会。二是以国民经济和社会发展数据为依据，加强对宏观经济运行的监测，集中力量重点开展对转变经济增长方式、提高自主创新能力、调整优化经济结构、发展循环经济、提高产业竞争力、促进区域协调发展等重大经济社会问题的研究。三是根据国民经济运行中面临的新形势和新问题加强专项调查，就季度经济数据、城市指标对比等焦点问题进行深入研究，及时调整服务的方向和重点，努力增强服务意识，提高服务水平和服务质量，为市委、市政府提供时效性强、针对性强的统计咨询意见。

6. 优化挖掘数据、分析数据和优质统计分析出品的终端机制

（1）务实有效、质量优先、分类管理、程序规范，高标准严要求做好统计分析出品工作。一是紧紧围绕市委、市政府中心工作开展统计分析，加强统计分析的时效性、针对性和前瞻性，进一步提高统计分析在深圳党政系统内的影响力，努力把深圳市统计局打造为宏观经济分析决策的重要参谋部门和经济社会信息发布的权威部门；二是立足资料客观真实、观点鲜明正确、分析深入透彻、方法科学严谨的鲜明统计特点，力争每年打造一批主题突出、结构严谨、条理清晰的统计分析精品；三是统计分析资料按照《深圳简要统计》《深圳统计分析》和《深圳统计分析报告》三个类别实行分类管理，构建层次清晰、针对性强、功能突出、特点鲜明的统计分析产品体系；四是按流程规范做好统计分析的审核发布工作。

（2）加强领导、协调和培训，扎实做好统计分析出品工作。一是切实加强统计分析工作的组织领导，找准全市经济社会发展中的重点、难点和热点问题，全面

准确地把握宏观经济形势,将统计分析工作列入年度工作重点;二是加强对统计分析工作的组织协调,在系统内要加强各部门之间以及系统上下之间的协调,在系统外部要进一步建立与市内各部门、高校、科研单位的分析研究合作机制;三是开展多样化培训,切实加强对经济理论、政策法规、统计知识和统计软件的学习,提高统计分析人员的理论水平、专业技能以及对经济社会发展形势的洞察能力,建设一支高素质的统计分析人才队伍。

7. 形成统一方法审核测算与发布的管理机制

(1) 严格按照原则、办法做好统计数据和资料审核测算的评估工作。坚持对口负责、逐级审批、统一出口原则,综合运用经济趋势评估法、动态纵向评估法、静态横向对比法、关联指标评估法、比例趋势评估法进行数据质量评估。其中,地区生产总值应与税收数据、全社会用电量数据、财政收入数据、有关行业增加值与增值税或营业税数据进行指标协调评估,与增加值、行业结构、三次产业结构进行结构性评估;工业(能源)数据评估的核心指标为工业总产值、综合能源消费量及增长速度,与其相关的对比评价指标包括工业企业单位数、销售产值、主营业务收入、应交增值税、企业用电量、出口交货值等;固定资产投资数据评估的核心指标为自年初累计完成投资额、固定资产投资增速、建安工程量,与其相关的对比评价指标包括建筑工程、安装工程、房屋施工面积、房地产开发投资额、商品房的销售额等;建筑业数据评估的核心指标为建筑业增加值,与其相关的对比评价指标包括建筑业总产值、直接从事生产经营活动的平均人数、应付职工薪酬、工程结算税金及附加等;商业数据评估的重点指标包括年报、季报指标如批发和零售业商品销售总额、住宿和餐饮业营业额、社会消费品零售总额、营业收入、营业利润、应交增值税、应付职工薪酬以及月报指标如批发和零售业商品销售总额、住宿和餐饮业营业额、社会消费品零售总额;重点服务业数据评估的核心指标为营业收入及营业利润,其他相关的评价指标包括固定资产原价、直接从事生产经营活动的平均人数、应付职工薪酬、营业税金及附加、利润总额等;劳动综合数据评估的核心指标为在岗职工平均工资,与其相关的对比评价指标包括在岗职工工资总额、在岗职工平均人数等。

(2) 严格管理,认真做好统计数据和资料的对外发布工作。一是严格执行单位内部专业部门和综合部门的二级管理内控机制,即各专业的统计数据由各专业部门负责管理,综合性统计数据由综合部门负责管理;综合部门负责统一组织及对外提供、发布综合性统计数据和统计资料。层层把关统计数据和资料质量，明确对外发布的具体操作规程。二是对外发布统计数据和统计资料，指通过统计公开出版物、互联网等渠道和方式向社会发布统计数据和统计资料。凡国家、省、市政府统计部门没有设定标准的统计指标，以及未经上级统计部门核定的统计数据，不得对外发布。社会各界需要查询统计资料的，原则上通过"深圳统计"官方网站和公开出版物《深圳统计年鉴》等途径获取，统计部门有义务提供查询统计资料的方法，并按需要给予规范的数据解读。

8. 推行适应深圳市场与政府双层需要的统计代理服务的购买机制

（1）加快推进《深圳经济特区统计条例》修订工作进程。在《深圳经济特区统计条例》中明确鼓励发展统计代理机构，培育统计代理市场，推进统计代理调查业务和产业发展。市、区政府统计机构和其他有关部门可以委托统计代理机构实施统计调查；统计调查对象可以委托统计代理机构代理统计业务。统计代理机构在统计调查活动中获取的统计资料应当保密，未经统计调查对象的同意，不得对除委托人以外的第三方提供、泄露。统计代理机构及统计代理从业人员依法从事代理业务受法律保护，任何单位和个人不得非法干预。

（2）培育统计代理机构，促进政府统计服务决策。鉴于深圳统计代理机构经过多年发展，统计代理工作已经逐步显现出良好的发展态势，并日益发挥着作为官方统计工作有益补充和为统计调查对象提供有效服务重要作用的特点，推动政府部门通过行政委托，由统计代理服务机构代理执行各项基层统计工作，减少政府部门统计人力支出，进一步降低政府统计货币成本，有效增强统计信息的真实性、有效性，为党委政府决策提供有力的数据、实证支持。

（3）规范统计代理行业，制定和施行统计代理机构评级办法。探索统计代理行业标准并进行深入研究，制定出一套行之有效的统计代理机构评级办法，根据统计代理机构所承接业务类型进行分类别管理，对其工作质量进行评级管理，规范统计代理行业发展，加强监督管理统计代理机构，促进统计代理机构间的良性竞争，实现政府综合统计及部门统计、企业统计和统计代理机构要合理分工，有效地推动行业的健康稳定发展。

9. 建立与完成统计目标任务直接关联的部门及条条单位统计的合作机制

（1）进一步做好政府涉企数据管理工作。严格按照《深圳市政府办公厅关于印发〈进一步规范政府涉企数据管理〉的通知》的要求，加强对有关部门提供的产业专项资金涉企数据进行核实和认定，积极创新方式方法，进一步提高工作效率，确保各部门所采用涉企数据一致可信，为企业申请优惠政府政策提供优质可靠服务。同时，对违反规定的单位启动以下约谈程序（见图16-9）。

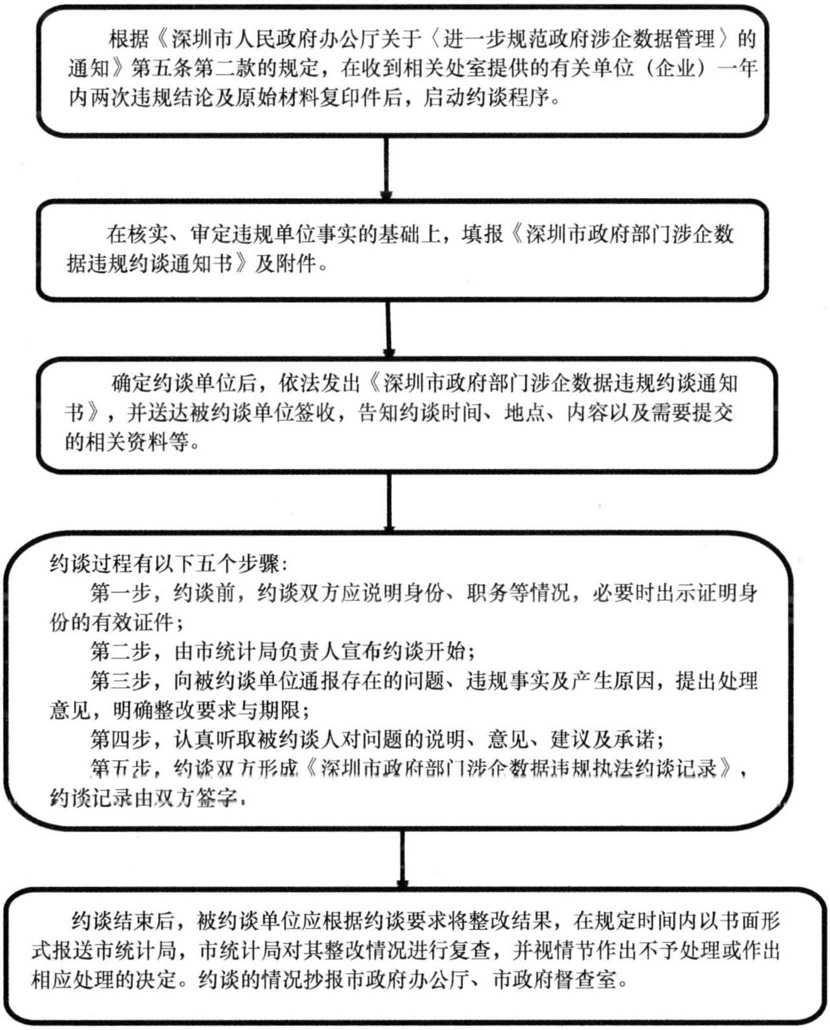

```
┌─────────────────────────────────────────────────┐
│ 根据《深圳市人民政府办公厅关于〈进一步规范政府涉企   │
│ 数据管理〉的通知》第五条第二款的规定，在收到相关处   │
│ 室提供的有关单位（企业）一年内两次违规结论及原始材   │
│ 料复印件后，启动约谈程序。                          │
└─────────────────────────────────────────────────┘
                         ↓
┌─────────────────────────────────────────────────┐
│ 在核实、审定违规单位事实的基础上，填报《深圳市政府   │
│ 部门涉企数据违规约谈通知书》及附件。                │
└─────────────────────────────────────────────────┘
                         ↓
┌─────────────────────────────────────────────────┐
│ 确定约谈单位后，依法发出《深圳市政府部门涉企数据违   │
│ 规约谈通知书》，并送达被约谈单位签收，告知约谈时间、 │
│ 地点、内容以及需要提交的相关资料等。                │
└─────────────────────────────────────────────────┘
                         ↓
┌─────────────────────────────────────────────────┐
│ 约谈过程有以下五个步骤：                            │
│   第一步，约谈前，约谈双方应说明身份、职务等情况，   │
│ 必要时出示证明身份的有效证件；                      │
│   第二步，由市统计局负责人宣布约谈开始；            │
│   第三步，向被约谈单位通报存在的问题、违规事实及产   │
│ 生原因，提出处理意见，明确整改要求与期限；          │
│   第四步，认真听取被约谈人对问题的说明、意见、建议   │
│ 及承诺；                                           │
│   第五步，约谈双方形成《深圳市政府部门涉企数据违规   │
│ 执法约谈记录》，约谈记录由双方签字。                │
└─────────────────────────────────────────────────┘
                         ↓
┌─────────────────────────────────────────────────┐
│ 约谈结束后，被约谈单位应根据约谈要求将整改结果，在   │
│ 规定时间内以书面形式报送市统计局，市统计局对其整改   │
│ 情况进行复查，并视情节作出不予处理或作出相应处理的   │
│ 决定。约谈的情况抄报市政府办公厅、市政府督查室。     │
└─────────────────────────────────────────────────┘
```

图16-9 违规单位的约谈程序

（2）严格执行统计工作联席会议制度。有效整合政府综合统计与部门统计资源，建立健全统计数据信息共享机制，对全市国民经济和社会发展主要统计数据进行分析、评估和预测，向市委、市政府提出统计分析和工作建议，规范政府综合统计及部门统计信息公开发布制度，协调全市统计普法、执法和大型统计调查任务等。

（3）规范部门统计调查工作。依据部门职责，按照精简效能原则，科学设立部门统计调查项目，严格执行部门统计调查制度报批或备案程序，进一步提高部门统计调查制度编制科学性；认真组织实施部门统计调查制度，严格按照统计调查制度开展统计调查，实现统计调查全流程的制度化、程序化、规范化。

（七）营造实施目标与重点突破布局的环境

1. 培育"实打实、阳光向正、漫无争处"的常态人文精神

加强精神文化建设，以倡导人文精神为着力点，打造"追求科学、追求卓越"的精神，打造求真务实、无私奉献、朝气蓬勃、富有时代精神的统计文化，铸就统计工作者的精神支柱和活力源泉。要求"实"，以求实务实为核心价值取向夯实统计活动全过程和各个细节，锻造统计数据质量生命力，进一步提升统计公信力；践行"正"，树立"忠诚统计、无私奉献"的理念，打造阳光向正、无私无畏的统计精神，以求真的态度做踏实的工作；倡导"不争"，营造"于无声处、漫无争处"的氛围，勉励深圳统计人保持定力，不为外界左右，潜心统计、醉心统计。

2. 追求更加"公开、公正、公约"的人际氛围

营造良好的人际氛围，塑造良好的深圳统计产品形象、队伍形象，对外展示统计队伍内部优良的工作作风、整体素质，全面提升深圳统计文化软实力。推动"公开"，统计资源和业务开展力求重点向统计服务领域倾斜，做到能公开即公开，在有限的人、财、物条件下注重向党委政府和社会各界提供高质量的统计服务；秉承"公正"，践行法治理念，严守统计制度要求，依据具体情况在处理系统内外事务时努力做到公正公平，勇于担当；追求"公约"，坚持以人为本，凝聚、尊重、关心、依靠深圳统计人，做到用科学的机制激励人、用美好的前景鼓舞人，因时因地制宜，创造身心放松、和谐融洽的良好人际关系团队。

3. 营造"自律、刻苦、廉洁"的干净干事环境

深入做好党建工作，树立"廉为先、净是底、洁自好"的道德理念，推动统

计队伍建设水平上台阶，为深圳统计创新发展提供动力和保障。提倡"自律"，严格践行"三严三实"，不以小而为之，不以清而放任，不以无而不律；号召"刻苦"，把统计事业的需求融入深圳统计人的自身发展、个人情怀当中，做到脚踏实地、常勤精进；要求"廉洁"，讲纪律、讲规矩、讲方圆，深入推进党风廉政建设工作，保持深圳统计的安全、干净、活力。

本纲要明确了未来五年深圳统计改革发展的战略和主要任务。深圳市统计局成立规划实施领导小组和工作机构，加强对规划实施的组织领导和监督检查。各区统计机构、各专业要高度重视、积极跟进，确保规划切实得到贯彻落实。

十七 "求人先求己、求上先求下"的深圳统计增能力强基础创新机制与做法

统计是一个细密专业工作，不仅是苦累活，而且是紧急活，更是把脉经济社会数据变化的"号手"，使命重大。伴随社会经济的不断发展，深圳统计工作任务"体量"随之增大，既要执行全国统一的"规定动作"，也要有地方的"自选动作"；既有上级的繁重任务，也有地方的工作压力，且承担多项国家级改革创新试点任务、自主开展改革创新探索试行，"人"与"事"矛盾日益突出。深圳统计担起义不容辞的责任，通过创新地方统计思维的新转变，在增能力强基础建设方面创新机制与做法，以专业建设带动"马上就办"的思想和工作作风转变，致力提高"求人先求己"，内增效能，外引助力，打造统计自身软实力，"求上先求下"，上予支持，下固根基，重基层基础数据来源，找到统计工作原动力，凝聚统计专业人员向心力，提高统计面向基层加强数据质量能力。

（一）西点军校 22 条军规与五性极简

面对繁重工作任务，在人力一定情况下，唯有转变思维创新工作理念，修炼自身软实力，才能提高工作效率和质量，有效应对各种挑战。在深圳这片充满改革创新因子的沃土上，在深圳人冒险敢闯、快速高效、创新创意、拼搏实干的基因中，深圳统计系统引西点军校 22 条军规为我所用，提倡"五性极简"工作方式，为推进统计改革创新工作起到重要作用。

西点军校 22 条军规包括：无条件执行，行动胜过计划；不找借口，找办法；专注细节，从小处着手；以上司为榜样；荣誉原则，为目标去努力；得人心者得天下；善于合作；团队精神；勇争第一；敢于冒险；保持激情；不断提升自己；勇敢；全力以赴；尽职尽责；没有不可能；永不放弃；敬业为魂；为自己奋斗；理念

十七 "求人先求己、求上先求下"的深圳统计增能力强基础创新机制与做法

至上;自动自发;立即行动。这22条全面揭示了一个成功的人所应具备的基本素质,引为统计人所用,无条件执行、不找借口、专注细节,成为统计人干事创业的利器。如500万元以下固定资产投资项目调查,国家统计局2016年8月布置"考题",深圳统计立即行动,迎难不难,去繁就简,一个月就交出"答卷",得到宁吉喆局长"动作快、成果已见,向深圳市统计局同志们和杨局长致敬"的高度肯定。

深圳统计还逐步建立起极具统计特色的"五性极简"工作方式,这种转变理念的效力在"五大发展理念"统计评价指标体系的改革创新项目上得到生动体现。十八大上,中央新集体掷地有声确定新发展主题:"创新、协调、绿色、开放、共享。"作为被赋予新常态下的需跟进"采集、测度、观察、评价"功能的深圳统计,由此进入了"五大发展理念"之"五性"新工作状态。指令性,全面深刻解读;自主性,自力更生操作;复杂性,倾心聚力聚慧;广泛性,内外征得意见;权威性,寻求顶级评定。在"五性"操作中,我们选项"极简"方式,高效行进,其效力启明为"弱碱"地醍醐灌顶。

在人力偏紧而专业任务又重的深圳统计,以"简"推开改革创新实现方式,意义非凡。这是对深统自身的再认识,对自由的再定义。深入分析深圳统计,首先了解什么对自己最重要,然后用有限的时间和精力,专注地追求,从而获得最大效用。放弃不能带来效用的行为,控制徒增烦恼的精神活动,简单推进,从而获得最大的统计自由。这个过程中有以下几层含义。

一是设望极简。全面了解自己的真实欲想可达,不受外在潮流的影响,不盲从,不跟风。把自己的精力全部用在自己最迫切的欲望上,如提升专业素养、照顾家庭、关心朋友、追求美食等。

二是风格极简。了解、选择、专注于1—3项自己真正想从事的精神活动,充分学习、提高,不盲目浪费自己的时间与精力。

三是物质极简。大道为简,明确自己的欲望和需求,用一支好用的钢笔,替代堆积如山的中性笔;用瓷杯、钢杯代替纸杯;用电脑写东西,少用纸。养成纸质文件扫描、存档的习惯。

四是信息极简。精简信息输入源头,减少使用社交网络、即时通讯。少看微博、朋友圈。定期远离互联网、远离手机,避免信息骚扰。不关注与己无关的娱乐、社会新闻。精简电子邮箱数量。关注少而精,宁缺毋滥。时间线干净。

五是表达极简。写东西、说话,尽可能简单、直接、清楚。多用名词、动词,

少用形容词、副词。

六是工作极简。使用有效的 GTD 方法，不拖延。一次只专注做一件事，尽可能不做 Multi-task。

七是状态极简。有规见，在推动"五大发展理念"统计评价指标体系中，紧张中贯穿举重若轻，快中行慢。不做无效社交。早睡早起，锻炼不拘一格。穿着简洁、不花哨。

在深圳统计改革创新中，实践极简主义的方法、角度有很多，难在开启，贵在行动，重在落实，效在持之以恒。

（二）专业委员会等创新管理体制

为高效推进改革创新工作，探索"串联变并联"扁平化管理模式，推动资源整合共享，深圳统计于 2016 年 3 月成立统计专业（咨询）委员会，在扁平化管理、内部资源整合共享方面展开积极探索，大大缩短了办事流程，提高了工作效率。

统计专业委员会依据《深圳经济特区统计条例》设立。《深圳经济特区统计条例》第六条规定："市统计部门设立统计咨询委员会，为制定统计政策、组织重大统计调查提供咨询。统计咨询委员会由相关领域的专家、学者及行业代表组成。"委员会人员由主任、委员和专员构成。主任：局主要负责同志；委员：各业务部门主要负责人，同时吸纳各区统计机构、个别兄弟单位具备高级职称资格、长期从事统计工作的优秀同志；专员：局内具备高级统计师、高级工程师职称的同志以及各专业业务骨干。

统计专业委员会实行主任负责制，下设委员和专员队伍，建立日常综合与委员牵头双重业务机制，务实业务改革创新的有效性和针对性，确保每个时期和阶段统计业务的贯穿执行。专业委员会设不固定执行主任，任何一委员依业务需要动议和发起综合或单一统计业务时，即为该项任务执行主任。专业委员会依托若干各类专员启动专业工作，执行主任开展工作时，可跨专业跨部门即时调动专员参与；遇紧急任务，专员可于事后向所属部门负责人报告。

委员会设立以来，全力配合全局中心任务要求开展工作，业务范围覆盖全市综合或单一统计业务，同时积极与上级统计部门对接，迄今已召开 101 次专业委员会会议，有力推动了统计各项业务开展，工作成效显著。

在实践中，深圳统计还通过各种管理创新来调动干部队伍积极性，提升凝聚力和向心力。如强化岗位责任制，将责任到人落到实处；改革完善年度考核办法和内部绩效考核机制，注重突出干部工作实绩，淡化部门平衡和身份层级；成功与国家统计局建立干部挂职锻炼工作机制，选派优秀统计干部到国家统计局挂职；成功推荐干部到统计系统外任职交流；选派干部到基层挂职锻炼、援疆挂职等。

（三）基层基础建设

加强统计基层基础，着力提升统计队伍水平和统计能力，对于从源头上保障统计数据准确、科学、实事求是以及基层统计队伍的稳定、夯实统计业务基础具有重要意义。目前深圳统计基层基础方面存在着任务重但人员配备不足、一人多岗多专业兼顾、基层统计员待遇低流动性大等问题，对统计工作形成较大制约。为破解难题，深圳统计多方施策强基固本，确保统计工作可持续发展。

狠抓制度建设，规范工作机制。2016年2月以深圳市政府办公厅名义向各区印发《关于进一步加强统计基层基础建设工作的通知》。从明确各区（新区）街道的综合统计职能、规范基层统计工作、充实基层统计力量、积极向社会力量购买统计服务等方面提出具体要求，夯实统计基层基础建设。文件下发后，引起各区高度重视。以前未设立街道统计机构的南山区已完成街道统计机构设置工作，盐田区相关工作也正在促进推进中，全市基本完成街道一级统计机构配置。各区（新区）也印发文件，从队伍建设、统计服务、统计法制、制度创新、信息化建设、建立联动机制等多个方面着手，进一步加强和规范基层统计工作。各区（新区）和各街道要做到有机构、有人员、有场所、有设备、有经费和统计管理制度化、统计流程规范化、统计调查合法化、统计手段现代化、统计服务优质化、统计教育常规化，确保统计机构规范运作。落实街道统计机构不少于2名事业编制的规定。推行适应深圳市场与政府双层需要的统计代理服务的购买机制。针对统计任务不断、人力相对不足的现状，从统计代理服务的立法立规层面不断完善办法，切实解决全市统计力量与经济总量不匹配、不相适应问题。

强化统计基层业务培训。各街道统计机构加强街道、社区、企事业单位统计人员培训，每年对街道、社区统计人员培训不少于2次，对规模以上工业企业、资质等级建筑业企业、限额以上批零住餐企业、规模以上服务业企业（以下简称"四上"企业）统计人员培训不少于1次。每年年初制订培训计划，明确培训要求，确保培训效果。区、街道两级联动,全面加强统计培训,采取集中培训、专业人员下基层等多种方式,对街道、社区、企业统计人员开展有计划、有针对性的系统知识培训,提高专职统计员和企业统计人员的业务能力和计算机操作技能,夯实统计源头数据质量。

加大统计执法监督力度。市、区统计机构将街道统计工作建设纳入统计执法检查、统计督查内容,实行长效管理和监督;认真履行职责,加强统计执法监督,依法查处各种统计违法行为。各街道也加强对辖区企业的走访摸查,对不配合工作、虚报、漏报、迟报,特别是瞒报、拒报统计报表的企业,及时报告上级统计机构。

加强基层统计队伍管理。市、区统计机构强化基层统计队伍的人员管理和业务指导。基层统计队伍要保持相对稳定,街道统计机构主要负责人的变动,须征得区统计机构的同意;街道统计人员的变动,须报区统计机构备案。各区(新区)统计机构每年一季度将区、街道统计人员名单报深圳市统计局备案。

建立区、街道、企业沟通长效机制。不定期召开街道统计部门负责人会议,交流近期统计工作情况和遇到的困难,及时提供业务指导;多次召开企业和统计人员座谈会,宣讲统计法律法规和扶持奖励政策,为进一步做好统计工作打好基础。深入街道调研走访,一对一、面对面与企业统计员密切交流,及时发现存在的问题,提供相应的统计辅导,不断夯实统计数据源头质量。

加强数据审核,确保数据质量。建立健全数据质量控制制度,抓好统计数据的评估、审核和监控工作。将产值增速与用电量、税收、参保人数增速等部门数据进行审核比对,对数据不匹配的企业重点关注。针对数据质量下滑明显、数据无法匹配的企业突击开展专项执法抽检。建立统计数据质量季度评估制度。深圳市统计局大力督导GDP基础数据质量和"四上"企业入库,对各区主要经济社会发展数据进行分季度评估通报,统计基层基础建设工作纳入数据质量评估的重要内容。

从夯实长远基础出发,将从加强统计员配备、完善统计员薪酬以及探索管理模式改革创新等方面继续加强工作。一是参照北京、天津、苏州、广州、佛山、东莞等地街道(乡镇)统计员与企业法人单位配比1:300至1:350区间做法,明确按照每300家法人单位(产业活动单位)配备一名街道统计员的标准,以便各区(新区)、街道有所依循。二是各区尽快完善街道统计员薪酬结构。可以参考上一年度本市在岗职工月平均工资,梳理其社保、住房公积金、过节费、体检等项目内容,统筹考虑街道统计员(编外人员)工作强度、质量、表现等因素,实施内部统一的街道统计员(编外人员)薪酬保障制度。三是探索管理模式改革创新。各区应进一步深化街道统计工作体制改革，探索建立街道统计工作"养事不养人"的管理模式，统筹核算街道统计员（编外人员）经费总额。在此范围内，各街道自主用人，增人不增经费、减人不减经费，鼓励减员、提效、合理增薪。

（四）部门信息资源共享机制

"四上"企业是各专业定期统计报表的基础，也是 GDP 核算和各行业统计数据的主要来源，加强"四上"企业入库工作，从源头上确保达到"四上"标准的企业应统尽统，对全面准确反映经济发展成果至关重要。按照全国现行统一的统计制度要求，实行"要有数，先入库；要入库，走程序"的统计原则。获取"四上"企业入库工作所需的企业信息资料，关键是需要政府各相关部门、行业协会分别将掌握的企业营业收入、从业人员、纳税情况、资质证书、项目批复文件等数据资料定期报送统计部门。

2016年，为加强部门协作，新洪局长亲自带队，先后到国税、地税、市场监管、海关、金融、邮政以及各行业协会等20多个部门调研，讨论如何加强数据共享工作，并与有关部门敲定建立并联合作统计机制。2017年2月，《深圳市政府办公厅关于印发〈加强"四上"企业按季动态入库工作〉的通知》（深府办函〔2017〕30号）文件印发，标志着深圳统计工作在政府各部门资源共享方面迈上一个新台阶。

根据文件精神，深圳市发展改革委、经贸信息委、科技创新委、规划国土委、市场和质量监管委、交通运输委、住房建设局、地税局、人力资源和社会保障局等各市直相关部门，深圳市国税局、深圳海关、深圳银监局、深圳证监局、深圳保监局、深圳市邮政局等中央驻深机构，手机行业协会、电子商务行业协会等行业协会需按季将"四上"企业的有效信息报送深圳市"外单内共"统计数据应用系统，通过对各部门的数据比对，系统能够准确获取达标的"准四上"企业信息。

由市统计部门牵头，建立"四上"企业入库工作小组，各相关部门、协会指定专人作为工作联络人。定期组织召开工作协调会，科学指导相关部门提供数据，及时解决提供数据过程中可能出现的统计标准不一、信息内容不全、时效性不强等问题，分析查找工作中的薄弱环节，研究改进措施。市、区统计机构加强与同级相关部门的沟通协调，及时通报相关情况，加强监督检查，发挥好牵头部门和具体操作部门的作用。市、区、街道、企业联动，各有关部门、机构协力，确保"四上"

企业全面、准确、及时入库。

自建立部门信息资源共享机制,启用"外单内共"统计数据应用系统以来,系统数据池已成功整合十多个部门和22家行业协会的总计1620367家的单位信息,3076家大个体信息,初步展现了强大的数据整合比对功能,为"四上"企业入库工作奠定坚实基础。未来要进一步发挥部门信息资源共享机制作用,完善长效数据核对机制,统计数据质量聚合力。

十八　防治假数，构筑以"三个没有纯粹"为主题主线的数据质量生命安全底线

近几年，深圳局全面贯彻落实党的十八大和十八届三中、四中、五中、六中全会及党的十九大精神，以邓小平理论、"三个代表"重要思想、科学发展观为指导，深入贯彻落实习近平总书记系列重要讲话精神和治国理政新理念新思想，着力构筑以"三个没有纯粹"为主题主线的数据质量生命安全底线，科学、准确、实事求是反映地方经济社会发展变化。

（一）没有纯粹的统计工作，特区统计在党的领导下打造创新

统计工作是在党的统一领导下开展的，紧密跟随党的路线方针政策指向而行，在服务经济社会发展中发挥晴雨表、测量仪、指示器和风向标作用。深圳转型升级早，经济上呈现"先""特""外""新"现象，特区统计只有在党的领导下打造创新，方可致力应统尽统。

坚强有力的党政支持。深圳市委、市政府给予统计工作有力支持，有效推动特区统计工作持续良性发展。马兴瑞同志在履任广东省省长后仍不忘深圳统计，在深圳市统计局举办 G20 贡献企业（2016 年深圳市 GDP 总量贡献最大 20 强企业）授牌仪式时，于百忙之中专门抽出时间批示问候勉励企业加快发展步伐。许勤同志在任时，多次在批示中高度肯定特区统计改革创新成效，提示下步工作方向和着力点。王伟中同志甫一上任，在听取深圳市统计局工作汇报后，即在全市经济形势分析会上要求各区各部门严格执行中办发〔2017〕76 号要求，进一步深化统计体制改革，自觉遵守统计工作纪律。

不断完善制度环境。近两年，陆续推动市政府印发《关于印发〈进一步规范

政府涉企数据管理〉的通知》《关于进一步加强统计基层基础建设工作的通知》《关于印发〈加强"四上"企业按季动态入库工作〉的通知》，在外部环境上给予统计工作有力保障。内部环境上，科学规划"1169"发展纲目，谋篇布局特区统计"十三五"期间的工作；同步加强建章立制，制定出台各专业数据监测审核、数据对外发布、舆情监测等制度，扎紧数据质量监测管控"篱笆"，创新提升数据质量制度保障。

实施责任到人的数据责任承诺。切实履行"一岗双责"，以党组名义与各支部签订数据责任承诺，要求其确保统计调查对象独立自主上报统计数据权利，不人为予以干预，切实发挥好数据监测审核职责，对上报上级统计机构的数据真实性、准确性负责。通过充分发挥支部书记的先锋示范作用和支部党员的战斗堡垒作用，带动业务部门干部职工群策群力，共同筑牢捍卫统计数据真实性的坚实防线。

落实重任在肩的9项国家改革。严格按照《国家统计局关于同意深圳开展统计改革创新试点的批复》（国统设管函〔2016〕164号）要求，扎实研发支出核算方法改革研究、"三新"及新经济统计改革试点、服务业生产指数编算试点、房屋租赁业统计调查、"五大发展理念"统计评价指标体系、基本单位方法制度改革创新、500万元以下固定资产投资项目抽样调查、"未观测金融"改革创新试点、地方资产负债表编制试点9项国家级统计改革创新试点任务。其中，"五大发展理念"统计评价指标体系、500万元以下固定资产投资项目抽样调查、"未能观测金融"改革创新试点已完成相关工作，为国家层面提供了有益经验；其余各项业已形成初步研究成果并上报国家局。因建筑业与服务业R&D经费支出超高速增长，国家局于2017年4月来深抽查深圳市中科明望通信软件有限公司、中建钢构有限公司2家企业R&D数据，给予深圳数据"真实、可靠"认定。

（二）没有纯粹的自由市场，特区统计在国家制度下依法统计

坚持依法统计、依法治统是贯彻落实党中央治国理政新理念新思想新战略的迫切需要，也是落实全面依法治国、全面从严治党战略的必然要求，还是推动统计改革发展的基本前提，应将依法统计、依法治统贯穿统计工作始终。

不走样的规定动作。严格按照统计法要求开展工作，自觉执行自上而下的统计方法制度，组织实施国家统一部署的人口、经济、农业等重大国情国力普查以及各

类统计调查。积极做好特区统计条例的修订工作，更好适应上位法要求和深圳经济社会发展新形势、统计数据生产方式深刻变革，主动寻求解决统计工作中的突出问题。

常态化的"双随机"机制。制订统计执法检查"双随机"抽查实施方案，建立统计检查随机抽查事项清单和"双随机"抽查机制，明确年度随机抽查数量和对统计违法行为的曝光方式。以依法实施、公正高效、公开透明、协同推进为原则，制定《深圳市统计执法检查"双随机"抽查工作细则》，推动市、区、街道三级协同有序开展。2017年3月，圆满完成省统计局固定资产投资统计"双随机"统计执法检查迎检工作。检查组随机抽取龙岗区4个街道16个固定资产投资项目进行现场核查，经对项目凭证、统计数据上报凭证、统计台账等统计资料进行核实，给予深圳数据"真实、准确"认定。2016年，深圳市统计局全力落实国家统计局和工商总局做好广告业统计的要求，针对深圳市市场监督管理部门提供的93家经多次催报后仍明确表示不提供统计资料的统计违法线索，对"规下"92家拒绝提供统计资料的企业进行执法检查，除16家搬迁或无法联系到的企业外，对38家企业进行了约谈，对39家企业进行了执法检查，并收到企业整改报告；连续举办3期执法骨干培训班，围绕工业等8个专业内容和统计执法要点有效培训市、区、街道三级统计执法骨干300余人；走访检查企业1334家，对深圳市保鑫隆实业发展有限公司提供不真实统计资料行为进行立案查处和行政处罚。

规范化的统计中介管理机制。经地方法制部门核定，于2017年2月制定印发《深圳市统计中介机构管理指引》《深圳市统计中介调查规范化指引》《深圳市统计中介机构信用管理指引》《深圳市政府统计购买服务规范指引》，进一步促进统计中介机构健康发展，有效规范引导统计中介服务市场发展。

（三）没有纯粹的开放空间，特区统计在求真务实中追求磊落

求真务实是统计工作的活力所在。坚持求真务实，对于统计工作有着特别重要的意义。统计是对经济社会现象的数量描述，数据被正确使用的前提是数据本身无误，没有务实的心态、求真的行为，何来对经济社会发展的科学度量，何谈对党的事业和人民群众的负责，将给党和国家造成重大损失。强调数据质量是统计工作的生命线，并运用法律的、制度的、技术的手段，保障统计数据的真实、准确、完整、及时。

秉承"两先"理念夯实数据基础。树立"求上先求下""求人不如求己"的理念，加大赴基层调研的力度，细致做好相关工作，督促其按时如实上报统计数据。局党组对部分新产业"四上"企业和市重点大型企业进行分工跟踪，平均每月赴企业调研10次以上。2016年，笔者在赴松日数码调研过程中得知，该企业价值2000多万元的关键设备被盗，对企业生产经营活动造成重大影响。随后，笔者多次向有关方面和市委领导反映情况，建言加大侦破力度，有效服务企业急需。此事得到市委、市政府主要领导高度重视并亲自督办。最终该案成功告破，给企业发展生产提振了信心、鼓舞了干劲，让企业更加重视和支持统计工作。

秉执专业操守坐实数据。借助各种场合，多次要求市、区、街道三级统计机构落实抓进数讲质量，抓早采数环节，抓统计导向要求做好数据采集工作。数据上报期间，严格按照国家"一套表"要求，按时点、讲质量，认真组织开展相关工作：安排专人24小时值班，及时为基层和企业解决业务、网络系统问题；全天候密切跟踪数据报送情况、监测数据质量，及时对异动数据进行核实，确认为误填误报或瞒报漏报的第一时间要求企业重新上报。

秉持求真务实一直在路上。在工作实践中，深圳市统计局逐步建立起极具统计特色的"五性极简"工作方式。干部职工充分发扬"马上就办、办就办好"机关作风，强调"指令性、自主性、复杂性、广泛性、权威性"的"五性"工作新要求，执行过程中强调无条件执行、不找借口、专注细节，突出"设望、风格、物质、表达、状态极简"的"极简"理念，以提升工作效率。领导干部与业务骨干"打成一片"，极大地提升干部队伍的凝聚力和向心力，将求真务实的统计气质烙印到工作上、事业中。

全面加强统计法制建设和统计执法力度，一是上紧下实，顶层风声紧，头脑冷静，高度重视，守住底线；二是通盘认识，扎实数据基础与严格要求不冲突，没有矛盾，不断提高统计能力与执法水平；三是一起为之，严肃法规，遵从制度，防止假数，这是全体统计人员的生命线，多与少均危害宏观决策，无益于党和政府政策措施制定，也无益于百姓经济生活；四是深入工作，迎难不难，去繁从简、平扁减环、心中有数、摆进同做，不愁衣食；五是安全模式，不是仅仅分管政府领导和统计局长的第一责任人，而是关联每个环节。接下来，深圳局将进一步以中办发〔2017〕76号为指引，严格按照上级统计部门要求，紧密围绕地方党委政府中心，全面从严治党、从严治统，以夯实统计数据质量为抓手，着力统计改革创新，推动统计各项工作稳健发展。

| 十八 防治假数，构筑以"三个没有纯粹"为主题主线的数据质量生命安全底线 |

附录18-1 深圳市统计局办公室关于印发"深圳市统计系统干预与违法提供统计数据台账记录表格"的通知

深圳市统计局办公室文件

深统办〔2017〕35号

深圳市统计局办公室关于印发"深圳市统计系统干预与违法提供统计数据台账记录表格"的通知

各区统计局、各新区统计机构，各处（专业办）室、中心：

根据《中华人民共和国统计法》第二十五条、第三十八条、第三十九条规定，以及国家深改组有关会议精神，近日国家统计局成立了统计执法监督局，对提供涉及个体单位统计资料作出了明确规定。明确任何人不得伪造、篡改统计资料，不得要求统计调查对象或者其他机构、人员提供不真实的统计资料，统计部门不得提供通过统计调查获得的能够识别或者推断单个统计调查对象身份的资料。现将有关统计违法台账记录表统一印发，请按统一表格对相关统计违法情况进行及时的记录。（详见附件）

附件：1. 深圳市统计系统"干预与违法提供统计数据的台账记录表一"（内部）

2. 深圳市统计系统"干预与违法提供统计数据的台账记录表二"（内部）

深圳市统计局办公室
2017年2月15日

附件1

深圳市统计系统"干预与违法提供统计数据的台账记录表一"
（内部）

时间	要求提供数据内容	要求提供数据的部门或个人	记录人

附件 2

深圳市统计系统"干预与违法提供统计数据的台账记录表二"
（内部）

时间	要求提供数据内容	提供数据单位	干预部门或干预人	记录人

深圳市统计局办公室　　　　　　　　　　　　　　　　2017年5月15日印发

十九　深圳市规模以下企业研发统计抽样调查试点情况报告

（一）国家统计局宁吉喆局长会见深圳市委王伟中书记时座谈统计创新

2017年9月11日，国家统计局局长、党组书记宁吉喆从香港取道深圳，会见广东省委常委、深圳市委书记王伟中等深圳市领导。

王伟中向宁吉喆介绍了深圳统计改革创新工作情况，双方就此展开深入细致的讨论。宁吉喆高度肯定深圳统计改革创新工作成果，着重给深圳统计系统"压担子"，要求率先开展规模以下小微企业R&D抽样等调查试点。

当晚，宁吉喆即赴广西南宁参加"2017中国—东盟统计论坛"。深圳市领导郭永航、刘庆生以及市统计局杨新洪等同志参加了会见。杨新洪参会时，穿插汇报和回答了相关统计改革创新工作与问题，宁吉喆、王伟中与其均有亲切互动，探讨深圳统计改革创新。

（二）国家统计局《要情专报》：深圳市探索并开展规模以下企业研发统计调查

为深入贯彻落实党的十九大提出的"加强对中小企业创新的支持"精神和习近平总书记等中央领导同志关于统计工作重要讲话指示批示精神，国家统计局把进一步加强对规模以下小微企业研发创新的统计监测作为重点工作加以推进，2017年在深圳开展了规模以下企业研发统计调查改革试点。深圳市统计局在市委、市政府领导下，按照国家局要求，以知难而进、迎难而上、主动作为的朝气和规范统一、科学严谨的态度，大胆探索抽样方法，勇于创新统计制度，对深圳市规模以下企业的研发活动开展情况进行了统计调查,并总结了一系列行之有效的方法和经验,在统计改革创新上取得了新突破,在破解统计发展难题上获得了新成效,在服务保障国家发展大局上做出了新作为。

1. 规模以下企业研发统计调查主要内容

(1) 调查思路与原则

规模以下企业研发统计调查紧紧围绕"客观、真实地反映规模以下企业研发投入的规模、构成以及分布情况"这一中心,以统计学、经济学理论方法为依据,遵循全面性、代表性、科学性和适用性的基本原则,并结合规模以下企业的实际情况进行调查报表、调查方法的设计和选取,为地方政府进一步加强对中小企业创新的支持,服务保障国家发展大局提供数据支撑。

(2) 调查方法、抽样方案

考虑到规模以下企业数量庞大,采用抽样调查方式,主要采取发放和回收统计报表方法收集数据。抽样方案按照科学、便利、可推算分层总体原则设计,要求样本对分类指标有代表性,样本统计量均可推算出全市各行业、各区数据。

为此,深圳市统计局创造性地提出多阶分层抽样方法。即把基本单位按行业划分为第一阶(分类行业层),再把各行业的基本单位按区域分为第二阶(区层),在区层中采用等距抽样(即第三阶)抽选出调查单位,确保调查样本的代表性。

最终,深圳市统计局以深圳市统计普查中心记录的基本单位作为抽样框,按多阶分层抽样抽出样本 7850 家,总抽样比为 5.0%。抽样率高,样本量大,确保了调查数据的代表性、有效性和可靠性。

(3) 调查数据的评估

数据质量是统计调查的灵魂,国家统计局多次与深圳市统计局就样本数据质量、抽样推断的科学性、严谨性和专业性等问题进行细致的研究、讨论。深圳市统计局对企业上报的报表进行了全面审查,同时还将企业的调查数据与科技部门的统计数据、税务部门的研发加计扣除减免税数据进行比较,多方位、多维度地对调查数据进行评估,确保了调查数据的质量。

2. 试算结果

调查结果显示:2016 年,深圳市规模以下企业共投入 R&D 经费 48.21 亿元、R&D 人员 2.03 万人,分别占全市企业总量(规模以上企业+规模以下企业数据)

的 5.6%、8.3%。从行业分布看，R&D 经费投入主要集中在计算机、通信和其他电子设备制造业，信息传输、软件和信息技术服务业；从区域分布看，R&D 经费投入主要集中在南山区和宝安区。调查结果是深圳市统计局严格按照国家统计局相关核算方法对样本企业的数据进行试算，并经多方评估后推算出来的，与深圳市的产业结构和区域构成基本相符，较好反映了深圳的实际情况，数据基本可靠，详见表 19-1。

表 19-1　　2016 年深圳市规模以下企业研发活动开展情况

分　层	企业数（个）	有科技活动（个）	R&D 活动	科技经费（万元）	R&D 经费	研发人员（人）	R&D 人员
合计	156881	8204	2271	1933836	482135	87542	20346
按行业分	—	—	—	—	—	—	—
采矿业	26	0	0	0	0	0	0
化学原料、制品和医药制造业	1244	187	137	36954	31036	2202	1779
设备制造业	9159	850	362	139588	49613	9409	2899
电气机械和器材制造业	7621	470	200	85003	37274	6571	1891
计算机、通信和其他电子设备制造业	15522	793	447	293305	104836	10823	3786
其他制造业	32366	1501	200	221626	43474	11906	1901
电力、燃气及水的生产和供应业	133	0	0	0	0	0	0
建筑业	5088	113	0	18049	0	565	0
信息传输、软件和信息技术服务业	15265	2716	333	772188	117125	27197	2833
科学研究和技术服务业	14480	575	292	200498	79851	9373	3659
其他服务业	55977	1000	300	166625	18927	9496	1599
按区域分	—	—	—	—	—	—	—
罗湖区	9770	283	72	124584	57505	3512	1270
福田区	27775	817	120	311549	93944	10037	2120
南山区	20992	2420	553	659596	111406	25641	4851
宝安区	39551	2153	793	394651	111360	23364	6291
龙岗区	22430	864	228	135725	24888	8246	1632
盐田区	2121	126	24	17040	2283	1138	238

续表

分 层	企业数（个）	有科技活动（个）	R&D活动	科技经费（万元）	R&D经费	研发人员（人）	R&D人员
龙华区	20318	1053	336	234605	56550	10481	2630
坪山区	4721	204	72	15545	9427	1374	578
光明新区	8291	204	60	35340	13147	2332	601
大鹏新区	912	79	12	5201	1626	1416	136

具体来看，规模以下企业研发投入具有以下几个特点：一是有科技活动的企业占同类企业的比重远低于规模以上企业的占比。2016年，深圳市规模以下企业有R&D活动的企业仅占企业总数的1.4%，远低于规模以上企业的28.8%。企业开展科技活动的比例与企业规模呈正相关关系。企业规模越大，开展科技活动和R&D活动的企业占比越高，反之亦然。二是R&D投入规模小，占企业R&D投入总量的比例小。2016年，深圳市规模以下企业R&D经费投入仅占全市企业总量（规模以上企业+规模以下企业数据）的5.6%。规模以下企业由于规模小，生存压力大，很难有多余的资金投入研发活动。三是企业自筹资金占绝对地位。2016年，深圳市规模以下企业R&D经费中，来源于企业的资金占96.0%，来源于政府的资金仅占4.0%，因此，政府还需要进一步加大对小微企业创新的扶持力度。

试算结果表明，尽管深圳企业科技创新较为活跃，但受制于R&D活动周期长、风险高的特点，规模以下小微企业承受能力有限，因此真正开展R&D活动的小微企业少之又少。要提高小微企业的创新能力，政府现有的扶持力度还不够，还需要制定一些专门的政策、措施来进一步引导小微企业加大科技创新力度。

开展规模以下企业研发统计调查是统计系统贯彻落实党的十九大精神和习近平总书记等中央领导同志关于统计工作重要讲话指示批示精神的重要举措。深圳市先行先试，在统计方法、评估试算等方面均取得较好成果。通过描述、评价和监测规模以下企业研发活动开展情况，为深圳各级领导干部及时了解现有的对中小企业创新的各项扶持政策、措施的成效、短板和问题提供了参考依据。下一步，深圳市统计局将在实践中不断完善规模以下企业研发情况的统计方法及其计算方法，为国家统计局形成更加科学、规范的研发统计制度开展有益的探索。国家统计局将总结推广深圳的做法和经验,研究制定全国规模以下企业研发统计制度,为各级政府进一步加强对中小企业创新的支持,服务保障国家发展大局提供数据支撑。

(三)深圳市规模以下企业研发统计抽样调查报告

近年来,随着"大众创业、万众创新"国家战略的不断推进,全国各地政府部门不断推出各种普惠性政策扶持体系,培育和支持各类市场主体研究新技术,开发新产品以期推动经济结构调整,打造发展新引擎,增强发展新动力,实现创新驱动发展新道路。在政府扶持政策的支持、引导下,许多小微企业纷纷开展研究、创新,研发活动日趋活跃。

我国现行的科技统计体系下,数量众多的规模以下小微企业虽有研发活动,但无法纳入科技统计范围。由于缺乏小微企业的研发活动统计数据,政府各部门对小微企业的研发活动开展情况都知之甚少。如何获取小微企业的研发活动数据,更好地监测、评估"双创"建设进程,国家统计局对此早有关注。

2017年9月11日,国家统计局宁吉喆局长在会见广东省委常委、深圳市委书记王伟中,常委、市委秘书长郭永航,常委、常务副市长刘庆生时,明确提出深圳市要率先开展规模以下小微企业研发统计改革试点,并要求"越快越好"。

深圳市统计局立即组织开展规模以下企业研发统计抽样调查试点工作,成立以杨新洪局长为组长、夏有亮总统计师为副组长、各专业业务骨干为组员的深圳市规模以下企业研发统计抽样调查工作小组,领导、组织和实施全市抽样调查工作。前后3次召开统计专业委员会会议,对调查方案、调查表式、抽样方法和工作开展方式等事项进行讨论、修订,对抽样调查数据进行评估、审定。同时,向参与调查的企业印发了《深圳市统计局关于开展全市规模以下企业研发统计抽样调查的通知》《深圳市规模以下企业研发统计抽样调查方案》《深圳市规模以下企业研发统计抽样调查表》等一系列通知、文件,并对参与此项工作的市、区、街道各级统计机构100余名统计人员及部分企业开展了专项培训。

此次调查以156863家规模以下企业为抽样框,按5%的抽样率多阶分层抽样,共抽出样本企业7850家。抽样率高,样本量大,确保了调查数据的代表性、有效性和可靠性。

1. 调查对象、内容和时期

本次调查对象是深圳市辖区内规模以下采矿业，制造业，电力、热力、燃气及水生产和供应业企业；不在"一套表"范围内的建筑业企业；规模以下交通运输、仓储和邮政业，信息传输、软件和信息技术服务业，租赁和商务服务业，科学研究和技术服务业，水利、环境和公共设施管理业，卫生和社会工作，文化、体育和娱乐业企业。

调查内容为规模以下企业的生产经营、研发项目、研发投入、研发产出及其他相关情况。调查时期指标为2016年。为此，专门设计了合法的规模以下企业研发统计调查表。

2. 调查方法、抽样方案设计

本次调查采用抽样调查方式，主要采取发放和回收统计报表方法收集数据。抽样方案按照科学、便利、可推算分层总体原则设计，要求样本对分类指标有代表性，样本统计量均可推算出全市各行业、各区数据。

（1）抽样总体和抽样框

目标总体为在深圳市内所有规模以下采矿业，制造业，电力、热力、燃气及水生产和供应业；不在"一套表"内的建筑业；规模以下交通运输、仓储和邮政业，信息传输、软件和信息技术服务业，租赁和商务服务业，科学研究和技术服务业，水利、环境和公共设施管理业，卫生和社会工作，文化、体育和娱乐业法人单位。每一基本单位为调查单位。

以深圳市统计普查中心记录的基本单位作为抽样框。

（2）样本单位的抽取方法

抽样方案采用多阶分层抽样。具体为：

第一阶：按行业分采矿业，化学原料、制品和医药制造业，设备制造业，电气机械和器材制造业，计算机、通信和其他电子设备制造业，其他制造业，电力、燃气及水的生产和供应业，建筑业，信息传输、软件和信息技术服务业，科学研究和技术服务业，其他服务业11层（分类行业层）；

第二阶：各行业按区域再分罗湖、福田、南山、宝安、龙岗、盐田、光明、龙华、坪山和大鹏10层（区层）；

第三阶：在区层中采用系统抽样（即等距抽样）抽选出调查单位。

(3) 样本容量的确定和分配

由于无法知道总体方差和有关经验值，本次调查无法按公式计算样本容量。再由于无法知道总体单位值的分布状况，同时也为了样本统计量均可推算出全市各行业、各区（新区）数据，因此在分类行业层中采用大样本抽样，各层样本量均参考层内总体量及规模以上企业研发比例确定。

(4) 数据的推算

全市 R&D 投入额总体数据计算公式为：

$$\hat{Y}_{st} = \sum_{h=1}^{L} \hat{Y}_h = \sum_{h=1}^{L} N_h \hat{\bar{Y}}_h \quad \text{（式19-1）}$$

$\hat{\bar{Y}}_h$ 表示第 h 层的总体均值；

h 下标，表示第 h 层；

N_h 表示第 h 层的单位总数。

各层 R&D 投入额数据采用点估计：

$$\hat{Y}_h = N_h \cdot \bar{y}_h \quad \text{（式19-2）}$$

N_h 表示第 h 层的单位总数；

$\bar{y}_h$ 表示第 h 层的样本均值。

全市 R&D 投入额按分类行业层推算的数据汇总后取得，各区 R&D 投入额按区内样本推算。

确定全市 R&D 投入额后，按各区推算的总体数据比例调整各区（新区）R&D 投入额。

为了获得 R&D 投入额的离散程度，总体方差的计算公式为：

$$v(\hat{Y}_{st}) = \sum_{h=1}^{L} [N_h(N_h - n_h)] \cdot (S_h^2/n_h) \cdot (1 - \frac{n_h}{N_h}) \quad \text{（式19-3）}$$

N_h 表示第 h 层的单位总数；

n_h 表示第 h 层的样本数；

S_h^2 表示第 h 层的总体方差。

层内方差公式为：

$$s^2 = \frac{\sum_{i=1}^{n_h}(y_{hi} - \bar{y}_h)^2}{n_h - 1} \quad \text{（式19-4）}$$

总体数据的区间估计，采用的上、下限公式分别（95%置信水平）为：

$$\hat{Y}_{st} + u_{0.025} \cdot \sqrt{v(\hat{Y}_{st})} \qquad （式19-5）$$

$$\hat{Y}_{st} - u_{0.025} \cdot \sqrt{v(\hat{Y}_{st})} \qquad （式19-6）$$

按总体分层抽样情况，能计算出全市及各区数据、全市的分类行业数据，但各区不能计算出主要行业的数据。

3. 调查的实施过程

（1）立即行动，及时设计调查方案和抽选样本

9月18日，市统计局杨新洪局长主持召开第90次统计专业委员会会议，部署规模以下企业研发统计抽样调查工作，并就此次抽样调查的时间、范围、对象、要求以及部门分工等问题进行了深入讨论和研究。杨新洪局长表示，此项改革是国家局宁局长亲自布置，起点高、责任大，我们要充分利用现有的研发统计资源，依托现有的研发统计力量，用最快的速度完成此项改革试点工作。同时，杨新洪局长还对此次抽样调查工作提出"一多一真，以快为先"的具体要求，即调查样本要多，调查数据要真实，时间进度要快。

9月25日，市统计局夏有亮总统计师主持召开第92次统计专业委员会会议，市统计局各专业处和福田区、宝安区业务骨干专题讨论并修订了《深圳市规模以下企业研发统计抽样调查方案》。

12月26日，市统计局杨新洪局长主持召开第108次统计专业委员会会议，对规模以下企业研发统计调查数据进行了评估、审定，对《深圳市规模以下企业研发统计抽样调查报告》进行了审议、修订。杨新洪局长表示，经过全市统计系统3个多月的努力，规模以下企业R&D抽样调查改革试点各项工作进展顺利。调查数据经多次试算、评估，并与市科技、地税部门数据比对，结果基本符合逻辑，比较客观、真实地反映了深圳市规模以下企业研发投入的规模、构成及分布情况，同时总结了许多调查经验，基本达到国家统计局在深圳市开展此项试点工作的目标。

9月27日，完成了调查方案、调查表、过录表的设计；9月30日，完成样本单位的确定，市统计局投资处与市统计普查中心按多阶分层并系统抽样抽选出样本单位7850家。

（2）开展专题培训，提高基层研发统计人员业务能力

10月16日，召开全市规模以下企业研发统计抽样调查会议，对区、街道统计机构的统计人员进行研发统计调查动员和业务培训，有效提高了基层统计人员的业务能力，进一步夯实抽样调查基础。

（3）多方式灵活进行数据采集

10月20日至11月20日，各区统计机构、街道统计办和社区工作站开展了样本数据的采集工作，主要利用下文布置填报统计调查表方式收集数据。也有采用其他灵活方法收集：集中会议填写、发送邮件、发送传真与上门调查相结合等。

（4）数据全面审查与核实，多方位、多维度进行评估，确保数据质量

市局领导高度重视抽样调查的数据质量，杨新洪局长和夏有亮总统计师多次召开工作会议就样本数据质量、抽样推断的科学性、严谨性和专业性等问题同统计业务骨干进行细致的研究、讨论。在企业报表上报后，市、区统计局组织专人对企业报表逐家进行审查和核实。同时，还将企业的调查数据与科技部门的统计数据、税务部门的研发加计扣除减免税数据进行比较，多方位、多维度地对调查数据进行评估，确保抽样调查数据能客观地反映深圳市规模以下企业的研发投入情况。

4. 调查结果

（1）抽样调查结果

2016年，全市规模以下企业中开展科技活动的企业有8204家，占企业总量的5.2%。其中，有R&D活动的企业2271家，占企业总量的1.4%，占开展科技活动企业的27.7%。共投入科技经费193.38亿元，其中R&D经费48.21亿元，R&D经费占科技经费的24.9%。从事科技活动人员8.75万人，其中R&D人员2.03万人，R&D人员占科技人员的23.2%。从行业分布看，R&D经费投入主要集中在计算机、通信和其他电子设备制造业，信息传输、软件和信息技术服务业；从区域分布看，R&D经费投入主要集中在南山区、宝安区和福田区。调查结果与深圳市的产业结构和区域构成基本相符，数据基本可靠，结果详见表19-2。

表19-2　　2016年深圳市规模以下企业各层总体推算数据

分　层	企业数（个）	有科技活动（个）	R&D活动	科技经费（万元）	R&D经费	研发人员（人）	R&D人员
合计	156881	8204	2271	1933836	482135	87542	20346
按行业分	—	—	—	—	—	—	—
采矿业	26	0	0	0	0	0	0
化学原料、制品和医药制造业	1244	187	137	36954	31036	2202	1779
设备制造业	9159	850	362	139588	49613	9409	2899
电气机械和器材制造业	7621	470	200	85003	37274	6571	1891
计算机、通信和其他电子设备制造业	15522	793	447	293305	104836	10823	3786
其他制造业	32366	1501	200	221626	43474	11906	1901
电力、燃气及水的生产和供应业	133	0	0	0	0	0	0
建筑业	5088	113	0	18049	0	565	0
信息传输、软件和信息技术服务业	15265	2716	333	772188	117125	27197	2833
科学研究和技术服务业	14480	575	292	200498	79851	9373	3659
其他服务业	55977	1000	300	166625	18927	9496	1599
按区域分	—	—	—	—	—	—	—
罗湖区	9770	283	72	124584	57505	3512	1270
福田区	27775	817	120	311549	93944	10037	2120
南山区	20992	2420	553	659596	111406	25641	4851
宝安区	39551	2153	793	394651	111360	23364	6291
龙岗区	22430	864	228	135725	24888	8246	1632
盐田区	2121	126	24	17040	2283	1138	238
龙华区	20318	1053	336	234605	56550	10481	2630
坪山区	4721	204	72	15545	9427	1374	578
光明新区	8291	204	60	35340	13147	2332	601
大鹏新区	912	79	12	5201	1626	1416	136

（2）样本的分布

以深圳市统计普查中心记录的基本单位（共156863家）作为抽样框，按分层后系统抽样抽出样本7850家，总抽样比为5.0%。样本量分配原则为：①保证行业层内样本量大于等于10；②小层样本量不设最小样本量。经过调整的样本容量在数据估计时按实际概率抽样。总体单位数量、样本分层抽样率和样本量详见表19-3、表19-4、表19-5。

表 19-3　深圳市规模以下基本单位数

单位：个

行　业	行业码	全市	罗湖区	福田区	南山区	宝安区	龙岗区	盐田区	龙华区	坪山区	光明新区	大鹏新区
合　计		156881	9770	27775	20992	39551	22430	2121	20318	4721	8291	912
采矿业	06-12	26	-	6	6	9	1	-	3	1	-	-
化学原料、制品和医药制造业	26-27	1244	11	19	92	413	285	3	196	82	128	15
设备制造业	34-35	9159	20	69	399	4143	1420	8	1754	361	964	21
电气机械和器材制造业	38	7621	23	70	320	3495	1118	5	1600	183	785	22
计算机、通信和其他电子设备制造业	39	15522	20	179	897	8505	1909	18	2353	311	1304	26
其他制造业	13-25/28-33/36-37/40-43	32366	637	655	1388	10818	8509	205	4000	1908	4039	207
电力、燃气及水的生产和供应业	44-46	133	5	15	11	55	16	3	8	7	4	9
建筑业	47-50	5088	268	861	488	1062	697	55	1063	372	131	91
信息传输、软件和信息技术服务业	63-65	15265	909	4440	5153	1658	1137	57	1591	232	48	40
科学研究和技术服务业	73-75	14480	1025	3721	3590	1610	1817	108	2211	162	151	85
其他服务业	53-60/71-72/76-78/83-89	55977	6852	17740	8648	7783	5521	1659	5539	1102	737	396

表19-4　　　　　　　　　　深圳市规模以下样本分层抽样率

分层	总单位数（个）	样本量（个）	抽样率（%）
合计	156881	7850	5.0
一、按行业分	—	—	—
采矿业	26	10	38.5
化学原料、制品和医药制造业	1244	100	8.0
设备制造业	9159	733	8.0
电气机械和器材制造业	7621	762	10.0
计算机、通信和其他电子设备制造业	15522	2329	15.0
其他制造业	32366	647	2.0
电力、燃气及水的生产和供应业	133	10	7.5
建筑业	5088	45	0.9
信息传输、软件和信息技术服务业	15265	916	6.0
科学研究和技术服务业	14480	1738	12.0
其他服务业	55977	560	1.0
二、按区域分	—	—	—
罗湖区	9770	271	2.8
福田区	27775	957	3.4
南山区	20992	1068	5.1
宝安区	39551	2593	6.6
龙岗区	22430	1053	4.7
盐田区	2121	42	2.0
龙华区	20318	1176	5.8
坪山区	4721	187	4.0
光明新区	8291	472	5.7
大鹏新区	912	31	3.4

（3）各层统计值的计算结果

7850个样本经过调查，开展科技活动的企业有522家，占样本总量的6.6%。其中，有R&D活动的企业189家，占样本总量的2.4%，占开展科技活动企业的36.2%。共投入科技经费14.33亿元，其中R&D经费4.36亿元，R&D经费占科技经费的30.4%。从事科技活动人员6306人，其中R&D人员1795人，R&D人员占科技人员的28.5%。计算各层的统计值结果详见表19-6。

表19-5 深圳市规模以下样本单位数及分配

单位：个

行业	行业码	全市	罗湖区	福田区	南山区	宝安区	龙岗区	盐田区	龙华区	坪山区	光明新区	大鹏新区
合 计		7850	271	957	1068	2593	1053	42	1176	187	472	31
采矿业	06–12	10	0	3	3	3	0	0	1	0	0	0
化学原料、制品和医药制造业	26–27	100	1	2	7	33	23	0	16	7	10	1
设备制造业	34–35	733	2	5	32	331	114	1	140	29	77	2
电气机械和器材制造业	38	762	2	7	32	350	111	1	160	18	79	2
计算机、通信和其他电子设备制造业	39	2329	3	27	135	1276	286	3	352	47	196	4
其他制造业	13–25/28–33/36–37/40–43	647	13	13	28	216	170	4	80	38	81	4
电力、燃气及水的生产和供应业	44–46	10	1	1	1	3	1	0	1	1	0	1
建筑业	47–50	45	2	8	4	10	6	0	10	3	1	1
信息传输、软件和信息技术服务业	63–65	916	55	266	309	100	69	3	95	14	3	2
科学研究和技术服务业	73–75	1738	123	447	431	193	218	13	266	19	18	10
其他服务业	53–60/71–72/76–78/83–89	560	69	178	86	78	55	17	55	11	7	4

表 19-6　　2016 年深圳市规模以下抽样调查样本单位各层统计值

分　层	样本量（个）	有科技活动（个）	R&D活动	科技经费（万元）	R&D经费	研发人员（人）	R&D人员
合计	7850	522	189	143309	43593	6306	1795
按行业分	—	—	—	—	—	—	—
采矿业	10	0	0	0	0	0	0
化学原料、制品和医药制造业	100	15	11	2971	2495	177	143
设备制造业	733	68	29	11171	3971	753	232
电气机械和器材制造业	762	47	20	8499	3727	657	189
计算机、通信和其他电子设备制造业	2329	119	67	44009	15730	1624	568
其他制造业	647	30	4	4430	869	238	38
电力、燃气及水的生产和供应业	10	0	0	0	0	0	0
建筑业	45	1	0	160	0	5	0
信息传输、软件和信息技术服务业	916	163	20	46336	7028	1632	170
科学研究和技术服务业	1738	69	35	24065	9584	1125	439
其他服务业	560	10	3	1667	189	95	16
按区域分	—	—	—	—	—	—	—
罗湖区	271	18	6	9232	5199	253	112
福田区	957	52	10	23088	8494	723	187
南山区	1068	154	46	48880	10073	1847	428
宝安区	2593	137	66	29246	10069	1683	555
龙岗区	1053	55	19	10038	2250	594	144
盐田区	42	8	2	1263	206	82	21
龙华区	1176	67	28	17386	5113	755	232
坪山区	187	13	6	1152	852	99	51
光明新区	472	13	5	2619	1189	168	53
大鹏新区	31	5	1	385	147	102	12

（4）参数估计

从总体参数的区间估计来看（见表 19-7），2016 年全市规模以下企业 R&D 经费上、下限分别为 36.62 亿元和 59.81 亿元（按 95% 概率推算），可以推断出规模以下企业 R&D 经费占全市总量比重最高不超过 7.0%。整体抽样误差与总体参数中值之比为 24.1%，相对高的主要原因是总体不呈正态分布（93.4% 的单位没有 R&D 投入）。从行业层内的样本标准差绝对数据来看，信息传输、软件和信息技术服务业，计算机、通信和其他电子设备制造业相对较大，表明此行业中各企业间 R&D 项目投入经费差距较大。

表 19-7　　2016 年深圳市规模以下企业 R&D 经费参数区间估计

行　业	总单位数	中值（万元）	下限（万元）	上限（万元）	95%概率极限误差（万元）	样本标准差（万元）
合　计	156881	482136	366156	598116	115980	—
采矿业	26	0	0	0	0	0
化学原料、制品和医药制造业	1244	31036	25161	36911	5875	26.2
设备制造业	9159	49613	23993	75233	25620	42.0
电气机械和器材制造业	7621	37274	17599	56949	19675	40.4
计算机、通信和其他电子设备制造业	15522	104836	53666	156006	51170	95.5
其他制造业	32366	43474	1191	85757	42283	17.3
电力、燃气及水的生产和供应业	133	0	0	0	0	0.0
建筑业	5088	0	0	0	0	0.0
信息传输、软件和信息技术服务业	15265	117125	33586	200664	83539	89.9
科学研究和技术服务业	14480	79851	48580	111122	31271	52.2
其他服务业	55977	18927	15714	22140	3213	0.7

5. 数据分析

（1）规模以下有科技活动的企业占同类企业的比重远低于规模以上企业的占比

2016 年，深圳市规模以下企业 156881 家，有科技活动的企业 8204 家，占企业总数的 5.2%。其中，有 R&D 活动的企业 2271 家，仅占企业总数的 1.4%，远低于规模以上企业的 28.8%。通过表 19-8 可以看出，企业开展科技活动的比例与企业规模呈正相关关系。企业规模越大，开展科技活动和 R&D 活动的企业占比越高，反之亦然，从另一侧面印证了此次抽样调查数据的合理性。

表 19-8　　　　　　　　　2016 年深圳市企业科技活动开展情况

规　模	企业数（个）	有科技活动	占比（%）	有 R&D 活动	占比（%）
规模以上企业	8072	3573	44.3	2324	28.8
大型	700	459	65.6	316	45.1
中型	2691	1276	47.4	743	27.6
小型	4681	1838	39.3	1265	27.0
规模以下企业	156881	8204	5.2	2271	1.4

（2）R&D 投入规模小，仅占全市企业总量的 5.6%

2016 年，深圳市规模以下企业科技经费投入 193.38 亿元，其中 R&D 经费投入 48.21 亿元；科技经费、R&D 经费分别占全市企业总量（规模以上 + 规模以下企业数据）的 11.2%、5.6%。通过表 19-9 可以看出，企业的科技经费投入规模与企业规模同样呈正相关关系。企业规模越大，科技经费、R&D 经费投入越多。例如，2016 年大型企业 R&D 经费投入 660.71 亿元，占全市企业 R&D 经费投入总量的 76.1%，成为深圳市 R&D 投入的绝对主力。规模以下企业由于规模小，生存压力大，很难有多余的资金投入研发活动。

表 19-9　　　　　　　　　2016 年深圳市企业科技投入情况

规　模	科技经费（亿元）	占比（%）	R&D 经费（亿元）	占比（%）
合　计	1721.49	100.0	868.28	100.0
规模以上企业	1528.11	88.8	820.07	94.4
大型	1200.46	69.8	660.71	76.1
中型	208.28	12.1	93.04	10.7
小型	119.37	6.9	66.32	7.6
规模以下企业	193.38	11.2	48.21	5.6

（3）制造业与服务业各占半壁江山

与规模以上企业制造业一家独大不同，2016 年深圳市规模以下制造业企业投入 R&D 经费 26.62 亿元，占全市规模以下企业 R&D 经费总量的 55.2%；服务业投入 R&D 经费 21.59 亿元，占 44.8%，各占半壁江山（详见表 19-10）。

表 19 – 10　　　　　　　2016 年深圳市企业分专业 R&D 经费投入情况

专　业	R&D 经费（亿元）	占比（%）
规模以上企业	820.06	100.0
制造业	757.38	92.4
服务业	56.06	6.8
其他	6.62	0.8
规模以下企业	48.21	100.0
制造业	26.62	55.2
服务业	21.59	44.8
其他	0.00	0.0

（4）行业分布较为集中

从行业分布看，2016 年规模以下企业中信息传输、软件和信息技术服务业投入 R&D 经费最多，为 11.71 亿元；其次是计算机、通信和其他电子设备制造业，为 10.48 亿元。两大行业合计占规模以下企业 R&D 经费总投入的 46.1%。其余行业 R&D 经费都不到 10 亿元，投入较多的行业还有科学研究和技术服务业 7.99 亿元，设备制造业 4.96 亿元，化学原料、制品和医药制造业 3.10 亿元（详见表 19 – 11）。

表 19 – 11　　　　2016 年深圳市规模以下企业 R&D 经费投入行业分布情况

行　业	R&D 经费（万元）	占比（%）
合计	482135	100.0
采矿业	0	0.0
化学原料、制品和医药制造业	31036	6.4
设备制造业	49613	10.3
电气机械和器材制造业	37274	7.7
计算机、通信和其他电子设备制造业	104836	21.8
其他制造业	43474	9.0
电力、燃气及水的生产和供应业	0	0.0
建筑业	0	0.0
信息传输、软件和信息技术服务业	117125	24.3
科学研究和技术服务业	79851	16.6
其他服务业	18927	3.9

计算机、通信和其他电子设备制造业,信息传输、软件和信息技术服务业是深圳市的两大支柱产业,在华为、中兴、腾讯三大领头羊的带领下,研发活动活跃,研发投入巨大。2016年,两大行业规模以上企业R&D经费投入占全市规模以上企业R&D经费总投入的78.3%,远高于规模以下企业占比。因此,从规模以下企业R&D经费投入的行业分布看,符合深圳市的产业结构特征。

(5)区域聚集度高,南山和宝安合计接近五成

从区域分布看,南山区和宝安区投入R&D经费最多,均约为11.14亿元,合计占规模以下企业R&D经费总投入的46.2%(详见表19-12)。南山区是深圳市的高技术企业聚集区,企业研发活动活跃;宝安区则是深圳市的制造业大区,尤其是计算机、通信和其他电子设备制造业企业很多。这些都是研发活动较为密集的企业,与深圳市的产业区域分布及各区经济结构现状基本一致。

表19-12　　2016年深圳市规模以下企业R&D经费投入区域分布情况

区域	R&D经费（万元）	占比（%）
合计	482135	100.0
罗湖区	57505	11.9
福田区	93944	19.5
南山区	111406	23.1
宝安区	111360	23.1
龙岗区	24888	5.2
盐田区	2283	0.5
龙华区	56550	11.7
坪山区	9427	2.0
光明新区	13147	2.7
大鹏新区	1626	0.3

(6)从资金来源看,企业自筹资金占绝对地位

从资金来源看,企业资金是规模以下企业R&D经费投入的最大来源(见表19-13)。2016年,规模以下企业投入R&D经费48.22亿元,其中来源于企业的资金46.28亿元,占96.0%;来源于政府的资金1.94亿元,占4.0%。规模以

下企业政府资金占比高于规模以上企业 0.9 个百分点，对规模以下企业来说，开展研发活动更需要政府的引导和扶持。

表 19-13　　　　　　　　2016 年深圳市 R&D 经费资金来源情况

规　模	R&D 资金（亿元）	政府资金（亿元）	占比（%）	企业资金（亿元）	占比（%）	其他资金（亿元）	占比（%）
规模以上企业	820.06	25.22	3.1	788.82	96.2	6.02	0.7
规模以下企业	48.22	1.94	4.0	46.28	96.0	0.00	0.0

6. 总结与建议

（1）调查结果显示，深圳市规模以下企业 R&D 经费投入占全市企业总量的 5.6%，通过与企业上报给深圳市科技部门的研发投入数据、地税部门的研发加计扣除数据对比、评估，数据基本合理。这个数据一方面表明规模以下企业确实存在 R&D 活动，在现行科技统计体制下，这部分 R&D 投入没有被纳入全社会 R&D 投入中；另一方面，表明规模以下企业 R&D 经费不大，占全市企业总量比例很小，对全社会 R&D 经费总量影响不大。

（2）从调查结果看，尽管深圳企业科技创新较为活跃，但受制于 R&D 活动周期长、风险高的特点，规模以下小微企业承受能力有限，因此真正开展 R&D 活动的小微企业少之又少。要提高小微企业的创新能力，政府现有的扶持力度还不够，还需要制定一些专门的政策、措施进一步引导小微企业加大科技创新力度。

（3）从深圳市这次规模以下企业抽样调查的过程看，由于研发报表较为复杂，又是第一次填报，很多企业提交的报表质量不是很理想，导致最后的数据质量受到一定影响。建议在第四次经济普查时进一步加强规下企业的研发统计工作力量，如设计更简洁的规模以下企业科技活动指标、报表等，同时加大规模以下企业统计人员的培训力度，提高企业填报的数据质量。

（4）通过这次抽样调查发现，规模以下企业研发统计调查，在现有的统计力量下，无论是全面调查还是抽样调查，难度均较大。建议条件成熟的地区，可以先行纳入，或者可以分行业（如工业）逐步纳入。

（四）深圳市规模以下企业研发统计抽样调查方案

第一部分　总说明

按照国家统计局的统一部署，为全面摸清深圳市规模以下企业研发活动的基本情况，为市、区各级政府制定政策和计划提供依据，依照《中华人民共和国统计法》，制订本方案。

一、调查范围和对象

作为对现有研发统计的补充，调查范围参照《企业（单位）研发活动统计报表制度》的统计范围，即国民经济中研发活动相对活跃的部分行业。包括：规模以下采矿业，制造业，电力、热力、燃气及水生产和供应业企业；不在"一套表"内的建筑业企业；规模以下交通运输、仓储和邮政业，信息传输、软件和信息技术服务业，租赁和商务服务业，科学研究和技术服务业，水利、环境和公共设施管理业，卫生和社会工作，文化、体育和娱乐业企业。

二、调查时点和时期

调查的标准时点为 2016 年 12 月 31 日，时期指标为 2016 年度。

三、调查方法

此次调查采用抽样调查方法，统一设计抽样调查方案，并确定样本量及样本单位，以满足全市分地区及行业抽样推断的需要。

四、调查的主要内容

调查的主要内容包括企业的生产经营、研发项目、研发投入产出及其他相关情况。

五、调查表式

调查的基层表式有 2 张，包括企业研发项目情况表、企业研发活动及相关情况表。

为满足指标计算及汇总需要，本方案设置了 1 张过录表。

六、调查的组织形式

（一）调查方案、调查表、过录表的设计、解析和各总体数据、方差计算由市统计局社科处负责。

（二）等概率系统抽样随机数 S 及确定样本单位由市统计局社科处与市统计普查中心负责。

（三）调查的软件开发、技术支持及数据录入工作由市统计数管中心负责。

（四）抽样企业调查工作由各区各专业或街道统计办负责，调查可采用灵活方式（集中会议填报、上门调查或电子报表填报）开展。

七、调查的时间安排

（一）9月25日前完成调查方案、调查表、过录表的设计；

（二）9月30日前完成样本单位的确定；

（三）10月19日前完成调查资料的准备；

（四）10月20日前完成对区和街道统计人员的培训；

（五）11月20日前完成调查所需软件的开发；

（六）11月30日前完成调查数据的填报和录入；

（七）12月10日前完成试算；

（八）12月20日前完成调查报告；

（九）12月30日前上报国家统计局。

八、报送方式

各区收齐报表后全部转换为电子报表（建议企业以电子报表形式填报），以电子报表格式于11月30日前上报市统计局社科处。

九、统计标准

本方案执行国家有关统计分类标准及规定。

本方案由深圳市统计局负责解释。

第二部分　调查表及填表说明

一、报表目录

（一）基层表

表号	表名	填报范围	报送日期
临调1701表	企业研发项目情况	辖区内规模以下采矿业，制造业，电力、热力、燃气及水生产和供应业企业；不在"一套表"内的建筑业企业；规模以下交通运输、仓储和邮政业，信息传输、软件和信息技术服务业，租赁和商务服务业，科学研究和技术服务业，水利、环境和公共设施管理业，卫生和社会工作，文化、体育和娱乐业企业	调查单位11月10日前填报并由区级统计机构完成数据审核、验收、上报
临调1702表	企业研发活动及相关情况		

（二）过录表

表　号	表　名
L506 表	规模以下企业 R&D 活动及相关情况过录表

二、调查表式
（一）基层表式

企业研发项目情况

表号：　临调 1701 表

组织机构代码□□□□□□□□－□　　　　　　　　制定机关：深圳市统计普查中心
统一社会信用代码□□□□□□□□□□□□□□□□□□　　文号：深统法字（2017）9 号
单位详细名称：　　　　　2016 年　　　　　　　　　　　有效期至：2017 年 12 月

序号	项目名称	项目来源	项目合作形式	项目成果形式	项目技术经济目标	项目起始日期	项目完成日期	跨年项目所处主要进展阶段	参加项目人员（人）	项目人员实际工作时间（人月）	项目经费内部支出（千元）	政府资金
甲	乙	1	2	3	4	5	6	7	8	9	10	11

单位负责人：　　统计负责人：　　填表人：　　联系电话：　　报出日期：2017 年　月　日

说明：1. 统计范围：企业全部研发项目。

2. 报送日期：调查单位 11 月 10 日前填报并由区级统计机构完成数据审核、验收、上报。

3. 本表"项目来源"按《研发项目来源分类目录》填报；

"项目合作形式"按《研发项目合作形式分类目录》填报；

"项目成果形式"按《研发项目成果形式分类目录》填报；

"项目技术经济目标"按《研发项目技术经济目标分类目录》填报；

"跨年项目所处主要进展阶段"按《跨年研发项目所处主要进展阶段分类目录》填报，非跨年项目免填。

4. 审核关系：

表内审核：

（1）若 6≠000000，则 5≤6 且 5≤201612 且 6≥201601；

（2）若 5≤201512 或 6≥201701，则第 7 项的有效代码为 1、2、3 或 4；

（3）9＞0；（4）10＞0；（5）10≥11。

表间审核：

（1）1701 表 ∑（8）≤1702 表（3）；

（2）1701 表 ∑（10）≤1702 表（9＋20－12－13）；

（3）1701 表 ∑（11）≤1702 表（21）。

企业研发活动及相关情况

组织机构代码□□□□□□□□-□	表号：	临调1702表
统一社会信用代码□□□□□□□□□□□□□□□□□□	制定机关：	深圳市统计普查中心
单位详细名称： 2016年	文号：	深统法字（2017）9号
	有效期至：	2017年12月

指标名称	计量单位	代码	数量	指标名称	计量单位	代码	数量
甲	乙	丙	1	甲	乙	丙	1
一、企业基本情况	—	—		四、企业办（境内）研发机构情况	—	—	
主营业务收入	千元	56		期末机构数	个	24	
工业总产值（限工业企业填报）	千元	57		机构人员合计	人	25	
从业人员年平均人数	人	58		机构经费支出	千元	29	
二、研发人员情况	—	—		期末仪器和设备原价	千元	30	
研发人员合计	人	3		五、研发产出及相关情况	—	—	
其中：全职人员	人	8		（一）自主知识产权情况			
其中：本科毕业及以上人员	人	53		当年专利申请受理数（2016年）	件	32	
三、研发经费情况	—	—		其中：发明专利	件	33	
研发经费支出合计（9＋19＋15）	千元	54		期末有效发明专利数（累计）	件	34	
其中：使用来自政府部门的研发资金	千元	21		（二）新产品生产及销售情况			
（一）企业内部的日常研发经费支出	千元	9		新产品产值（限工业企业填报）	千元	38	
人员人工费（包含各种补贴）	千元	10		新产品销售收入（限工业企业填报）	千元	39	
原材料费	千元	11		六、其他相关情况	—	—	
折旧费用与长期费用摊销	千元	12		（一）政府相关政策落实情况			
无形资产摊销	千元	13		研究开发费用加计扣除减免税	千元	45	
其他费用	千元	14		高新技术企业减免税	千元	46	
（二）当年形成用于研发的固定资产支出	千元	19		（二）技术获取和技术改造情况	—	—	
				引进境外技术经费支出	千元	47	
其中：仪器和设备	千元	20		引进境外技术的消化吸收经费支出	千元	48	
（三）委托外单位开展研发的经费支出	千元	15		购买境内技术经费支出	千元	49	
				技术改造经费支出	千元	50	

单位负责人： 　　统计负责人： 　　填表人： 　　联系电话： 　　报出日期：2017年　月　日

说明：1. 报送日期：调查单位11月10日前填报并由区级统计机构完成数据审核、验收、上报。

2. 审核关系：

表内审核：

(1) 3≥8；(2) 3≥53；(3) 3≥25；(4) 54＝9＋19＋15≥21；(5) 9＝10＋11＋12＋13＋14；(6) 9＝10＋11＋12＋13＋14；(7) 若3＞0，则10＞0；(8) 若10＞0，则3＞0；(9) 19≥20；(10) 9＋19－12－13≥29；(11) 若24＞0，则25＞0且29＞0；(12) 若25＞0，则24＞0且29＞0；(13) 若29＞0，则24＞0且25＞0；(14) 若30＞0，则24＞0；(15) 若30＞0，则24＞0；(16) 32≥33。

表间审核：

(1) 1702表（3）≥1701表∑（8）；(2) 1702表（9＋20－12－13）≥1701表∑（10）；

(3) 1702表（21）≥1701表∑（11）。

(二) 过录表式

企业 R&D 活动及相关情况过录表

指标名称	计量单位	代码	过录数据（附说明）
甲	乙	丙	1
一、企业基本情况			
（一）企业属性情况	—	—	—
单位地址		1	由"调查单位基本情况"（101-1表）取得
邮政编码		3	同上
电话号码		4	同上
开业时间年份		104	同上
开业时间月份		105	同上
企业报表类别		106	同上
建筑业企业资质等级		107	同上
（二）企业分组情况	—	—	—
行政区划代码		2	同上
企业登记注册类型		5	同上
行业代码		6	同上
单位规模		7	同上
企业控股情况		8	同上
隶属关系		9	同上
（三）企业生产经营情况	—	—	—
从业人员平均人数	人	89	由"企业研发活动及相关情况"（临调1702表）取得
主营业务收入	千元	110	同上
工业总产值	千元	12	同上
二、R&D人员情况			
1. R&D人员合计	人	17	过录表（参加项目人员+管理和服务人员）
参加项目人员	人	18	项目表R&D项目人员合计
管理和服务人员	人	19	项目表^{1}R&D项目^{2}人员所占比重×过录表^{3}科技管理和服务人员×折算系数
其中：研究人员	人	21	min（活动表本科毕业及以上人员/过录表参加科技项目人员，1）×过录表R&D人员合计×折算系数
其中：①全时人员	人	22	活动表全职人员所占比重×过录表R&D人员合计×折算系数
②非全时人员	人	23	过录表（R&D人员合计－全时人员）

续表

指标名称	计量单位	代码	过录数据（附说明）
2. R&D 人员折合全时当量合计	人年	24	min（项目表 R&D 项目人员平均工作量，1）×过录表 R&D 人员合计
其中：研究人员	人年	25	过录表（R&D 人员中研究人员所占比重×R&D 人员折合全时当量合计）
其中：①基础研究人员	人年	26	项目表基础研究项目[5]人员实际工作时间合计/10
②应用研究人员	人年	27	项目表应用研究项目[6]人员实际工作时间合计/10.8
③试验发展人员	人年	28	max［过录表（R&D 人员折合全时当量合计－基础研究人员－应用研究人员），0］
三、R&D 经费支出情况			
1. R&D 经费内部支出合计	千元	29	过录表（经常费支出＋资产性支出）
其中：①经常费支出	千元	30	项目表中 R&D 项目经费内部支出所占比重×活动表（企业内部的日常研发经费支出－折旧费用与长期待摊费用－无形资产摊销）
其中：人员劳务费	千元	31	活动表［人员人工费/（企业内部的日常研发经费支出－折旧费用与长期待摊费用－无形资产摊销）］×过录表 R&D 经常费支出×折算系数
②资产性支出	千元	32	项目表 R&D 项目经费内部支出所占比重×［活动表当年形成用于研发的固定资产支出中仪器设备＋（固定资产－仪器设备）×折算系数］
其中：土建工程	千元	33	过录表（资产性支出－其中仪器和设备）
仪器和设备	千元	34	项目表 R&D 项目经费内部支出所占比重×活动表当年形成用于研发的固定资产支出中仪器和设备
其中：①基础研究支出	千元	35	项目表 R&D 项目中基础研究项目经费支出
②应用研究支出	千元	36	项目表 R&D 项目中应用研究项目经费所占比重×过录表 R&D 经费内部支出合计
③试验发展支出	千元	37	过录表（R&D 经费内部支出合计－其中基础研究支出－应用研究支出）
其中：①政府资金	千元	38	max（项目表 R&D 项目经费内部支出所占比重，项目表 R&D 项目政府资金占全部项目政府资金比重）×活动表使用来自政府部门的研发资金×折算系数
②企业资金	千元	39	过录表（R&D 经费内部支出合计－政府资金－境外资金－其他资金）
③境外资金	千元	40	项目表 R&D 项目中（境外项目[7]经费×折算系数）/（非政府项目[8]经费＋政府项目经费×折算系数）×过录表（R&D 经费内部支出合计－政府资金）

续表

指标名称	计量单位	代码	过录数据（附说明）
④其他资金	千元	41	项目表 R&D 项目中（其他项目[9]经费×折算系数）/（非政府项目经费 + 政府项目经费×折算系数）×过录表（R&D 经费内部支出合计 – 政府资金）
2. R&D 经费外部支出合计	千元	42	过录表（对境内研究机构支出 + 对境内高等学校支出 + 对境内企业支出 + 对境外支出）
其中：对境内研究机构支出	千元	43	项目表 R&D 项目经费内部支出所占比重×活动表对境内研究机构支出
对境内高等学校支出	千元	44	项目表 R&D 项目经费内部支出所占比重×活动表对境内高等学校支出
对境内企业支出	千元	96	项目表 R&D 项目经费内部支出所占比重×活动表对境内企业支出
对境外支出	千元	45	项目表 R&D 项目经费内部支出所占比重×活动表对境外支出
四、全部 R&D 项目情况			
1. 项目数	项	46	项目表中 R&D 项目数合计
2. 项目人员折合全时当量	人年	47	项目表中 R&D 项目人员折合全时当量合计
其中：研究人员	人年	113	项目表中 R&D 项目研究人员折合全时当量合计
3. 项目经费内部支出	千元	48	项目表中 R&D 项目经费内部支出合计
其中：政府资金	千元	114	项目表中 R&D 项目经费内部支出中政府资金合计
五、企业办研发机构情况			
1. 机构数	个	49	若活动表中机构经费支出＞0，并且仪器和设备原价＞0，则取活动表对应指标
2. 企业在境外设立的研发机构数	个	50	活动表相应指标
3. 机构人员合计	人	51	若活动表中机构经费支出＞0，并且仪器和设备原价＞0，则取活动表对应指标
4. 机构经费支出	千元	55	同上
5. 仪器和设备原价	千元	56	同上
六、研发产出及相关情况			
（一）自主知识产权情况			
1. 专利申请数	件	58	活动表相应指标
其中：发明专利	件	59	同上
2. 有效发明专利数	件	60	同上
（二）新产品开发、生产及销售情况			
1. 新产品开发项目数	项	64	项目表新产品开发项目[10]合计

续表

指标名称	计量单位	代码	过录数据（附说明）
2. 新产品开发经费支出	千元	65	项目表新产品开发项目经费所占比重×活动表［企业内部的日常研发经费支出－折旧费用与长期待摊费用－无形资产摊销＋当年形成用于研发的固定资产支出中仪器设备＋（固定资产－仪器设备）×折算系数］
3. 新产品产值	千元	66	活动表相应指标
4. 新产品销售收入	千元	67	同上
七、其他情况			
（一）政府相关政策落实情况	—	—	—
1. 使用来自政府部门的研发资金	千元	73	活动表相应指标×折算系数
2. 研究开发费用加计扣除减免税	千元	74	活动表相应指标
3. 高新技术企业减免税	千元	75	同上
（二）技术获取和技术改造情况	—	—	—
1. 引进境外技术经费支出	千元	76	活动表相应指标
2. 引进境外技术的消化吸收经费支出	千元	77	同上
3. 购买境内技术经费支出	千元	78	同上
4. 技术改造经费支出	千元	79	同上
（三）科技项目情况	—	—	—
全部项目数	项	97	项目表中项目数合计
全部参加项目人员合计	人	98	项目表中项目人员合计
全部项目人员实际工作时间合计	人月	99	项目表中项目人员实际工作时间合计
全部项目经费内部支出合计	千元	100	项目表中项目经费内部支出合计
其中：政府资金	千元	101	项目表中项目经费内部支出中政府资金合计
（四）科技活动情况	—	—	—
1. 从事科技活动人员合计	人	80	活动表研发人员合计
甲	乙	丙	1
其中：本科毕业及以上人员	人	81	活动表研发人员合计中本科毕业及以上人员
其中：科技管理和服务人员	人	102	过录表（从事科技活动人员合计－全部参加项目人员合计）

续表

指标名称	计量单位	代码	过录数据（附说明）
2. 科技相关费用合计	千元	103	活动表（企业内部的日常研发经费支出－折旧费用与长期费用摊销－无形资产摊销＋当年形成用于研发的固定资产支出）

说明：1. 项目表指"企业研发项目情况（临调1701表）"，下同。

2. R&D项目指主要成果形式代码为1、2、3、4、8，且跨年项目所处主要进展阶段为1、2、3、空的项目，但不包括项目成果形式代码为2并且技术经济目标代码为5的项目。

3. 过录表指"企业R&D活动及相关情况过录表（L506表）"，下同。

4. 活动表指"企业单位研发活动及相关情况（临调1702表）"，下同。

5. 基础研究项目指：（1）项目表中项目成果形式为1，项目来源为1或2，项目技术经济目标为1或2，且跨年项目所处主要进展阶段为1或空的R&D项目；（2）项目成果形式为1，项目来源为4，项目技术经济目标为1，跨年项目所处主要进展阶段为1或空的R&D项目。

6. 应用研究项目指项目表中项目成果形式为2、3、4、8，项目技术经济目标为1或2，且跨年项目所处主要进展阶段为1或空的R&D项目。

7. 境外项目指项目表中项目来源代码为5的项目。

8. 政府项目指项目表中项目来源代码为1和2的项目；非政府项目指项目表中项目来源代码为3、4、5、6的项目。

9. 其他项目指项目表中项目来源代码为6的项目。

10. 新产品开发项目指项目表中项目的技术经济目标代码为3和4的项目。

三、分类目录

（一）研发项目来源分类目录

代码	研发项目来源分类名称	说明
1	国家科技项目	包括各类国家科技计划项目（如国家自然科学基金项目、国家863计划项目、国家攻关计划项目、国家火炬计划项目、国家星火计划项目、国家攀登计划项目、国家社会科学基金项目等）以及由中央政府部门下达的各类科技项目。包括各类地方科技计划项目以及由地方政府部门下达的各类科技项目
2	地方科技项目	
3	其他企业委托研发项目	
4	本企业自选研发项目	
5	来自境外的研发项目	
6	其他研发项目	

（二）研发项目合作形式分类目录

代码	研发项目合作形式名称
1	与境外机构合作
2	与境内高校合作
3	与境内独立研究机构合作
4	与境内注册的外商独资企业合作
5	与境内注册的其他企业合作
6	独立研究
7	其他

（三）研发项目成果形式分类目录

代码	研发项目成果形式名称
1	论文或专著
2	自主研制的新产品原型或样机、样件、样品、配方、新装置
3	自主开发的新技术或新工艺、新工法
4	发明专利
5	实用新型专利
6	外观设计专利
7	带有技术、工艺参数的图纸、技术标准、操作规范
8	基础软件
9	应用软件
10	其他

（四）研发项目技术经济目标分类目录

代码	研发项目技术经济目标名称	说明
1	科学原理的探索、发现	
2	技术原理的研究	
3	开发全新产品	
4	增加产品功能或提高性能	
5	提高劳动生产率	
6	减少能源消耗或提高能源使用效率	
7	节约原材料	
8	减少环境污染	
9		
其他	指采用新技术原理、新设计构思研制生产的全新产品	

（五）跨年研发项目所处主要进展阶段分类目录

代码	跨年研发项目所处主要进展阶段名称
1	研究阶段
2	小试阶段
3	中试阶段
4	试生产阶段

四、主要指标解释

（一）企业研发项目情况

项目名称 按企业研发项目的立项计划书、项目任务书或项目合同书等有关立项资料中确定的项目名称填写。

项目来源 按相应的分类填写代码，具体的分类及代码是：（1）国家科技项目；（2）地方科技项目；（3）其他企业委托研发项目；（4）本企业自选研发项目；（5）来自境外的研发项目；（6）其他研发项目。

项目合作形式 按重要程度选择最主要的项目合作形式并按相应的代码填写，具体的分类与代码是：（1）与境外机构合作；（2）与境内高校合作；（3）与境内独立研究机构合作；（4）与境内注册的外商独资企业合作；（5）与境内注册的其他企业合作；（6）独立研究；（7）其他。

项目成果形式 按重要程度选择最主要的项目成果形式并按相应的代码填写，具体的分类与代码是：（1）论文或专著；（2）自主研制的新产品原型或样机、样件、样品、配方、新装置；（3）自主开发的新技术或新工艺、新工法；（4）发明专利；（5）实用新型专利；（6）外观设计专利；（7）带有技术、工艺参数的图纸、技术标准、操作规范；（8）基础软件；（9）应用软件；（10）其他。

项目技术经济目标 指项目立项时确定的技术经济目标。若一个项目有两个及以上的技术经济目标，应按重要程度选择最主要的技术经济目标填写。具体的分类与代码是：（1）科学原理的探索、发现；（2）技术原理的研究；（3）开发全新产品；（4）增加产品功能或提高性能；（5）提高劳动生产率；（6）减少能源消耗或提高能源使用效率；（7）节约原材料；（8）减少环境污染；（9）其他。

项目起始日期 填写项目列入企业计划或签订协议后、有组织进行开发的年月，即开始动用人力、物力、财力投入开发项目的年月。项目起始日期为6位编码，其中前4位为年份，后2位为月份（1月至9月必须前补0）。

项目完成日期 填写项目技术鉴定的年月，为6位编码，其中前4位为年份，后2位为月份（1月至9月必须前补0）。如项目至当年年底仍在继续进行，填写预期完成时间；如项目年内以失败告终，填写000000；如项目未鉴定就投产，填写投产使用时间。

跨年项目所处主要进展阶段 选择当年所处最主要的进展阶段并按相应的代码填写，具体的分类与代码是：（1）研究阶段；（2）小试阶段；（3）中试阶段；（4）试生产阶段。非跨年项目该指标免填。

参加项目人员 指报告期内企业编入某研发项目组并实际从事（参与）研发活动的人员。研发项目组一般指企业认定的从事研发活动的最小单元，其人员指实际从事（参与）研发项目活动的时间（不包括加班时间）占制度工作时间10%及以上的人员。若专职负责项目管理并且是某些项目组的成员，或某人同时担负几个研发项目的研究任务，则按其最主要的项目填报，其他项目免填。若项目在报告期内确认研发活动工作失败，也应按其实际情况填写参加项目组活动的人员。项目组人员不包括外单位参加本企业研发项目的人员和临时协作人员。企业研发活动管理人员，一般不填报在项目组内。

项目人员实际工作时间 指报告期内项目组人员实际工作的时间，按月计算。同时参加两个及以上项目的人员，应按项目分别计算工作时间，但一人在报告期内的实际工作时间不得超过12个月。

项目经费内部支出 指报告期内企业内部用于某研发项目的实际经费支出，包括劳务费、原材料费、设备购置费、其他日常支出、外协加工费等。它不包括相关折旧费用、长期费用摊销和无形资产摊销，委托或与外单位合作进行项目研究而拨付给对方使用的经费，企业研发活动管理部门的费用，用于研发活动目的的基建支出，以及为研发活动提供间接服务人员的费用，等等。

政府资金 全称为使用来自政府部门的研发资金，指报告期内企业某研发项目中使用的从政府有关部门得到的研发活动资金，包括纳入国家计划的中间试验费、政府科技贷款等。

（二）企业研发活动及相关情况

研发人员合计 指报告期内企业内部直接参加研发项目人员，以及研发活动的管理和直接服务的人员，不包括全年累计从事研发活动时间占制度工作时间10%以下的人员。参加研发项目人员指企业编入某研发项目组并实际从事（参与）研发活动的人员。研发项目组一般指企业认定的从事研发活动的最小单元，其人员指实际从事（参与）研发项目活动的时间（不包括加班时间）占制度工作时间 10%及以上的人员。若项目在报告期内确认研发活动工作失败，也应按其实际情况填写参加项目组活动的人员。项目组人员不包括外单位参加本企业研发项目的人员和临时协作人员；研发活动管理人员包括企业主管研发活动工作的负责人，企业研发活动管理部门（科研管理处、部、科等）的工作人员以及企业办技术中心、科研院（所）、中试车间、试验基地、实验室等的管理人员；研发服务人员为研发活动提供直接服务的人员包括为研发活动提供资料文献、材料供应、设备维护等服务的人员（含中试车间、实验室、试验基地等的工人），但不包括为研发活动提供间接服务的保卫、医疗保健、司机、食堂人员、茶炉工、水暖工、清洁工等人员。

研发人员合计中全职人员 指报告期内企业研发人员中实际从事研发活动的时间占制度工作时间 90%及以上的人员。在企业研发活动管理部门（科研管理处、部、科等）专职从事研发管理工作的人员、企业办研发机构中专职从事研发活动以及管理和直接服务人员，以及上述人员以外主要从事研发项目活动的人员可视作全职人员。

研发人员合计中本科毕业及以上人员 指报告期内企业研发人员中具有大学本科学历或学士学位及以上学历或学位的人员。

研发经费支出合计 指报告期内企业研发活动的经费支出合计，包括企业内部的日常研发经费支出，当年形成用于研发的固定资产支出和委托外单位开展研发的经费支出。

研发经费支出合计中使用来自政府部门的研发资金 指报告期内企业使用的从政府有关部门得到的研发活动资金，包括纳入国家计划的中间试验费、政府科技贷款等。

企业内部的日常研发经费支出 指报告期内企业内部研发活动的直接支出，以及用于研发活动的管理费、服务费以及外协加工费等支出，不包括当年形成用于研发的固定资产支出、委托外单位开展研发的经费支出、生产性活动支出、归还贷款支出以及购买专利等无形资产支出。对于在财务上单独核算研究开发费或技术开发费的企业，该指标直接抄取相应会计科目当年实际发生额，包括人员人工费、直接投入（包括原材料费等）、折旧费用与长期费用摊销、无形资产摊销、其他费用（含设计费、装备调试费等）等。对于在财务上未单独核算研究开发费或技术开发费的企业，该指标应分项目归集整理，即按项目分列人员劳务费、原材料费、其他费用等支出项，再加上未列入项目经费的相关人员工资、管理和服务费用等支出取得。

企业内部的日常研发经费支出中人员人工费（包含各种补贴） 指报告期内企业支付给研发人员的工资薪金，包括基本工资、奖金、津贴、补贴、各种保险、年终加薪、加班工资以及与研发人员任职或者受雇有关的其他支出。

企业内部的日常研发经费支出中原材料费 指报告期内企业为实施研发项目而购买的原材料等相关支出。如：水和燃料（包括煤气和电）使用费等，实际消耗的原材料、辅助材料、备用配件、外购半成品，用于中间试验和产品试制达不到固定资产标准的模具、样品、样机及一般测试手段购置费、试制产品的检验费等。

企业内部的日常研发经费支出中折旧费用与长期费用摊销 指报告期内企业为实施研发活动而购置的仪器和设备以及在用建筑物的折旧费用，包括研发设施改建、改装、装修和修理过程中发生的长期待摊费用。

企业内部的日常研发经费支出中无形资产摊销 指报告期内企业因研发活动需要购入的专有技术（包括专利、非专利发明、许可证、专有技术、设计和计算方法等）所发生的费用摊销。

企业内部的日常研发经费支出中的其他费用 指报告期内企业为研发活动所发生的除人员人工费、原材料费、折旧费用与长期费用摊销、无形资产摊销等费用之外的其他费用，包括用于研发活动的设计费、装备调试费、办公费、通信费、专利申请维护费、高新科技研发保险费等。

当年形成用于研发的固定资产支出 指报告期内企业形成的用于研发的固定资产原价。对于研发与生产共用的固定资产应按比例进行分摊，其中仪器和设备一般应按使用时间进行分摊，建筑物一般应按使用面积进行分摊。

当年形成用于研发的固定资产支出中的仪器和设备 指报告期内企业形成的用于研发的固定资产中的仪器和设备原价。其中，设备包括用于研发活动的各类机器和设备、试验测量仪器、运输工具、工装工具等。

委托外单位开展研发的经费支出 指报告期内企业委托外单位或与外单位合作进行研发活动而拨给对方的经费，不包括外协加工费。

期末机构数 指报告期末企业办研发机构的数量。企业办研发机构指企业自办（或与外单位合办），管理上同生产系统相对独立（或单独核算）的专门研发活动机构，如企业办的技术中心、研究院所、开发中心、开发部、实验室、中试车间、试验基地等。企业办研发活动机构经过资源整合，被国家或省级有关部门认定为国家级或省级技术中心的，应按一个机构填报。与外单位合办的研发活动机构若主要由本企业出资兴办，则由本企业统计，否则应由合办方统计。企业研发管理职能处（科）室（如科研处、技术科等）一般不统计在内；若科研处、技术科等同时挂有研发活动机构的牌子，视其报告期内主要工作任务而定，主要任务是从事研发活动的可以统计，否则不予统计。本指标不含企业在国外或我国港澳台地区设立的研发活动机构数。

机构人员合计 指报告期内企业办研发活动机构中从事研发活动的人员合计。

机构经费支出 指报告期内企业办研发机构用于内部开展研发活动实际支出的总费用。包括机构人员劳务费（含工资）支出、机构业务费支出、管理费支出、固定资产购建支出以及其他维持机构正常工作的日常费用等的支出总和，不包括相关折旧费用、长期费用摊销和无形资产摊销等费用。

期末仪器和设备原价 指报告期末企业办研发机构固定资产中仪器和设备的原价，不包括长期闲置不用的仪器和设备。

当年专利申请受理数 指报告期内企业作为第一申请人向境内外知识产权行政部门提出专利申请并被受理的件数。

当年专利申请受理数中发明专利 指报告期内企业作为第一申请人向境内外知识产权行政部门提出发明专利申请并被受理的件数。

期末有效发明专利数 指报告期末企业作为第一专利权人拥有的、经境内外知识产权行政部门授权且在有效期内的发明专利件数。

新产品产值 指报告期内企业生产的新产品的产值。新产品是指采用新技术原理、新设计构思研制、生产的全新产品，或在结构、材质、工艺等某一方面比原有产品有明显改进，从而显著提高了产品性能或扩大了使用功能的产品。新产品既包括经政府有关部门认定并在有效期内的新产品，也包括企业自行研制开发，未经政府有关部门认定，从投产之日起一年之内的新产品。

新产品销售收入 指报告期内企业销售新产品实现的销售收入。

研究开发费用加计扣除减免税 指报告期内企业按有关政策和税法规定税前加计扣除的研究开发活动费用所得税，按当年税务部门实际减免的税额填报。对尚未得到当年减免税额的企业，按上年实际减免税额填报。

高新技术企业减免税 指报告期内高新技术企业按照国家有关政策依法享受的企业所得税减免额，按当年税务部门实际减免的税额填报。对尚未得到当年减免税额的企业，按上年实际减免税额填报。

引进境外技术经费支出 指报告期内企业用于购买国外或我国港澳台地区技术的费用支出，包括产品设计、工艺流程、图纸、配方、专利等技术资料的费用支出，以及购买关键设备、仪器、样机和样件等的费用支出。

引进境外技术的消化吸收经费支出 指报告期内企业引进境外技术的消化吸收经费支出。引进技术的消化吸收指对引进技术的掌握、应用、复制而开展的工作，以及在此基础上的创新。引进技术的消化吸收经费支出包括：人员培训费、测绘费、参加消化吸收人员的工资、工装、工艺开发费、必备的配套设备费、翻版费等。消化吸收经费支出中属于研发活动的经费支出，除包含在本项外，还要计入研发经费支出。

购买境内技术经费支出 指报告期内企业购买境内其他单位科技成果的经费支出，包括购买产品设计、工艺流程、图纸、配方、专利、技术诀窍及关键设备的费用支出。

技术改造经费支出 指报告期内企业进行技术改造而发生的费用支出。技术改造指企业在坚持科技进步的前提下，将科技成果应用于生产的各个领域（产品、设备、工艺等），用先进工艺、设备代替落后工艺、设备，实现以内涵为主的扩大再生产，从而提高产品质量、促进产品更新换代、节约能源、降低消耗，全面提高综合经济效益。

第三部分　附录

一、抽样方案

（一）设计原则

抽样方案按照科学、便利、可推算原则设计。首先，作为一项全市抽样调查，整体方案必须是严格的概率抽样，应使调查精度尽可能高，也即目标量估计的抽样误差尽可能小。其次，方案必须有较强的可操作性，不仅便于具体抽样的实施，也要求便于后期的数据处理。最后，要求样本对各区（新区）及各行业均有代表性，样本统计量均可推算出全市各行业、各区（新区）数据。

（二）抽样总体和抽样框

目标总体为在深圳市内所有规模以下采矿业，制造业，电力、热力、燃气及水生产和供应业；不在"一套表"内的建筑业；规模以下交通运输、仓储和邮政业，信息传输、软件和信息技术服务业，租赁和商务服务业，科学研究和技术服务业，水利、环境和公共设施管理业，卫生和社会工作，文化、体育和娱乐业法人单位。

每一基本单位为调查单位。

以深圳市统计普查中心记录的基本单位（156863 家）作为抽样框。

（三）样本单位的抽取方法

抽样方案采用多阶分层抽样。具体为：

第一阶：按行业分采矿业，化学原料、制品和医药制造业，设备制造业，电气机械和器材制造业，计算机、通信和其他电子设备制造业，其他制造业，电力、燃气及水的生产和供应业，建筑业，信息传输、软件和信息技术服务业，科学研究和技术服务业，其他服务业 11 层（分类行业层）；

第二阶：各行业按区域再分罗湖、福田、南山、宝安、龙岗、盐田、光明、龙华、坪山和大鹏 10 层（区层）；

第三阶：在区层中采用系统抽样（即等距抽样）抽选出调查单位。

（四）样本容量的确定和分配

由于无法知道总体方差和有关经验值，本次调查无法按公式计算样本容量。再由于无法知道总体单位值的分布状况，同时也为了样本统计量均可推算出全市各分类行业、各区（新区）数据，因此在分类行业层中采用大样本抽样，各层样本量均参考层内总体量及规模以上企业研发比例确定。

（五）系统抽样的具体操作方法

在各分类行业层中采用随机起点的等概率系统抽样抽出样本单位，具体操作步骤为：

第一步：在分类行业的样本框中按单位代码从小到大排列，并从 1 开始相继编号；

第二步：计算抽样距离 $K = N/n$，式中 N 为总体单位总数，n 为样本容量；

第三步：在 1—K 中抽一随机数 S（为了便于操作由计算机抽取），作为样本的第一个单位；

第四步：计算出样本的其他单位编号：$S + K$，$S + 2K$，$S + 3K$，…，直至抽够 n 个单位编号为止。

第五步：利用样本单位编号找出对应的单位。

注：如样本企业搬迁至市内其他区，则采用下一编号企业替换，以此类推。

（六）数据的推算

全市 R&D 投入额总体数据计算公式为：

$$\hat{Y}_{st} = \sum_{h=1}^{L} \hat{Y}_h = \sum_{h=1}^{L} N_h \hat{\bar{Y}}_h \qquad (式19-7)$$

$\hat{\bar{Y}}_h$ 表示第 h 层的总体均值；

h 下标，表示第 h 层；

N_h 表示第 h 层的单位总数。

各层 R&D 投入额数据采用点估计：

$$\hat{Y}_h = N_h \cdot \bar{y}_h \qquad (式19-8)$$

N_h 表示第 h 层的单位总数；

$\bar{y}_h$ 表示第 h 层的样本均值。

全市 R&D 投入额按分类行业层推算的数据汇总后取得，各区 R&D 投入额按区内样本推算。

确定全市 R&D 投入额后，按各区推算的总体数据比例调整各区（新区）R&D 投入额。

为了获得 R&D 投入额的离散程度，总体方差的计算公式为：

$$v(\hat{Y}_{st}) = \sum_{h=1}^{L} [N_h(N_h - n_h)] \cdot (S_h^2/n_h) \cdot (1 - \frac{n_h}{N_h}) \qquad (式19-9)$$

N_h 表示第 h 层的单位总数；

n_h 表示第 h 层的样本数；

S_h^2 表示第 h 层的总体方差。

层内方差公式为：

$$s^2 = \frac{\sum_{i=1}^{n_h}(y_{hi} - \bar{y}_h)^2}{n_h - 1} \qquad (式19-10)$$

总体数据的区间估计，采用的上、下限公式分别（95%置信水平）为：

$$\hat{Y}_{st} + u_{0.025} \cdot \sqrt{v(\hat{Y}_{st})}$$

$$\hat{Y}_{st} - u_{0.025} \cdot \sqrt{v(\hat{Y}_{st})} \qquad (式19-11)$$

按总体分层抽样情况，能计算出全市及各区数据、全市的分类行业数据，但各区不能计算出主要行业的数据。

二、企业数量分配

深圳市规模以上企业研发开展情况 单位：个，%

行业	行业码	单位数	有R&D活动的单位数	占比
合计		8072	2324	29
采矿业	06－12	4	3	75
化学原料、制品和医药制造业	26－27	205	96	47
设备制造业	34－35	709	327	46
电气机械和器材制造业	38	973	383	39
计算机、通信和其他电子设备制造业	39	2087	860	41
其他制造业	13－25/28－33/36－37/40－43	2600	435	17
电力、燃气及水的生产和供应业	44－46	49	13	27
建筑业	47－50	190	20	11
信息传输、软件和信息技术服务业	63－65	420	96	23
科学研究和技术服务业	73－5	303	78	26
其他服务业	53－60/71－72/76－78/83－89	532	13	2

深圳市规模以下基本单位数 单位：个

行业	行业码	全市	罗湖区	福田区	南山区	宝安区	龙岗区	盐田区	龙华区	坪山区	光明新区	大鹏新区
合计		156881	9770	27775	20992	39551	22430	2121	20318	4721	8291	912
采矿业	06－12	26	－	6	6	9	1	－	3	1	－	－
化学原料、制品和医药制造业	26－27	1244	11	19	92	413	285	3	196	82	128	15
设备制造业	34－35	9159	20	69	399	4143	1420	8	1754	361	964	21
电气机械和器材制造业	38	7621	23	70	320	3495	1118	5	1600	183	785	22
计算机、通信和其他电子设备制造业	39	15522	20	179	897	8505	1909	18	2353	311	1304	26
其他制造业	13－25/28－33/36－37/40－43	32366	637	655	1388	10818	8509	205	4000	1908	4039	207

续表

行业	行业码	全市	罗湖区	福田区	南山区	宝安区	龙岗区	盐田区	龙华区	坪山区	光明新区	大鹏新区
电力、燃气及水的生产和供应业	44–46	133	5	15	11	55	16	3	8	7	4	9
建筑业	47–50	5088	268	861	488	1062	697	55	1063	372	131	91
信息传输、软件和信息技术服务业	63–65	15265	909	4440	5153	1658	1137	57	1591	232	48	40
科学研究和技术服务业	73–75	14480	1025	3721	3590	1610	1817	108	2211	162	151	85
其他服务业	53–60/71–72/76–78/83–89	55977	6852	17740	8648	7783	5521	1659	5539	1102	737	396

深圳市规模以下样本分层抽样率

单位：个，%

分层	总单位数	样本量	抽样率
合计	156881	7850	5.0
一、按行业分	—	—	—
采矿业	26	10	38.5
化学原料、制品和医药制造业	1244	100	8.0
设备制造业	9159	733	8.0
电气机械和器材制造业	7621	762	10.0
计算机、通信和其他电子设备制造业	15522	2329	15.0
其他制造业	32366	647	2.0
电力、燃气及水的生产和供应业	133	10	7.5
建筑业	5088	45	0.9
信息传输、软件和信息技术服务业	15265	916	6.0
科学研究和技术服务业	14480	1738	12.0
其他服务业	55977	560	1.0
二、按区分	—	—	—
罗湖区	9770	271	2.8
福田区	27775	957	3.4
南山区	20992	1068	5.1

续表

分　层	总单位数	样本量	抽样率
宝安区	39551	2593	6.6
龙岗区	22430	1053	4.7
盐田区	2121	42	2.0
龙华区	20318	1176	5.8
坪山区	4721	187	4.0
光明新区	8291	472	5.7
大鹏新区	912	31	3.4

深圳市规模以下样本单位数及分配表　　　　　单位：个

行业	行业码	全市	罗湖区	福田区	南山区	宝安区	龙岗区	盐田区	龙华区	坪山区	光明新区	大鹏新区
合计		7850	271	957	1068	2593	1053	42	1176	187	472	31
采矿业	06-12	10	0	3	3	3	0	0	1	0	0	0
化学原料、制品和医药制造业	26-27	100	1	2	7	33	23	0	16	7	10	1
设备制造业	34-35	733	2	5	32	331	114	1	140	29	77	2
电气机械和器材制造业	38	762	2	7	32	350	111	1	160	18	79	2
计算机、通信和其他电子设备制造业	39	2329	3	27	135	1276	286	3	352	47	196	4
其他制造业	13-25/28-33/36-37/40-43	647	13	13	28	216	170	4	80	38	81	4
电力、燃气及水的生产和供应业	44-46	10	1	1	1	3	1	0	1	1	0	1
建筑业	47-50	45	2	8	4	10	6	0	10	3	1	1
信息传输、软件和信息技术服务业	63-65	916	55	266	309	100	69	3	95	14	3	2
科学研究和技术服务业	73-75	1738	123	447	431	193	218	13	266	19	18	10
其他服务业	53-60/71-72/76-78/83-89	560	69	178	86	78	55	17	55	11	7	4

深圳市规模以下企业研发统计抽样调查表

企业研发项目情况

表　号：临调1701表
制定机关：深圳市统计普查中心
文　号：深统法字（2017）9号
有效期至：2017年12月

组织机构代码：
统一社会信用代码：
单位详细名称：

《中华人民共和国统计法》第七条规定，国家机关、企业事业单位和其他组织及个体工商户和个人等统计调查对象，必须依照本法和国家有关规定，真实、准确、完整、及时地提供统计调查所需的资料，不得提供不真实或者不完整的统计资料，不得迟报、拒报统计资料。《中华人民共和国统计法》第九条规定，统计机构和统计人员对在统计工作中知悉的国家秘密、商业秘密和个人信息，应当予以保密。

2016年

序号	项目名称	项目来源	项目合作形式	项目成果形式	项目技术经济目标	项目起始日期	项目完成日期	跨年项目所处主要进展阶段	参加项目人员（人）	项目人员实际工作时间（人月）	项目经费内部支出（千元）	政府资金
甲	乙	1	2	3	4	5	6	7	8	9	10	11
	合计	—	—	—	—	—	—	—				
1												
2												
3												
4												
5												
6												
7												
8												
9												
10												

单位负责人：　　　　统计负责人：　　　　填表人：　　　　联系电话：　　　　报出日期：2017年　月　日

说明：1. 统报范围：企业全部研发项目。
2. 报报时间：调查单位11月10日前填报并由区级统计机构先成整理审核、验收、上报。
3. 审核关系：
表间审核：1）若6=000000，则5≤6且6≥201601　　　2）若5=6且5≤201612且6≥201601　　　3）临调1701表乙（8）≤临调1702表（3）
表间审核：1）若6=000000，则5≤6且6≥201601，附第7项的有效代码为1、2、3或4　　　2）若5≤201512或6≥201701　　　3）临调1701表乙（10）≤临调1701表乙（11）≤临调1702表（7)1）　　　4）10≥0　　　5）10≥11

十九 深圳市规模以下企业研发统计抽样调查试点情况报告

4. 填报指引：

1) 项目名称：按企业研发项目的立项计划书、项目任务书或项目合同书等有关立项资料中确定的项目名称填写。
2) 项目来源：按相应的分类代码填写。具体的分类与代码是：1. 国家科技项目；2. 地方科技项目；3. 其他企业委托项目；4. 本企业自选研发项目；5. 来自境外的研发项目；6. 其他研发项目。
3) 项目合作形式：按project实际选择本项目的合作形式并按相应的代码填写。具体的分类与代码是：1. 与境外机构合作；2. 与境内独立的研究机构合作；3. 与境内注册的外商投资企业合作；4. 与境内注册的其他企业合作；5. 独立研究；6. 独立开发；7. 其他。
4) 项目成果形式：按照最有效选择表达形式和项目成果最主要的项目成果应形式并按相应的代码填写。具体的分类与代码是：01. 论文或专著；02. 自主研制的新产品原型或样机、样件、样品、配方、新装置；03. 自主开发的新技术或新工艺、新工法；04. 发明专利；05. 实用新型专利；06. 外观设计专利；07. 软件著作权；08. 集成电路布图设计专有权；09. 应用软件；10. 其他。
*此项按标准填写两位数，即01、02、03等等。数字前必须加0（10除外）。
5) 项目技术经济目标：请对项目立项时确定的技术经济目标，应重复程度及主要最技术经济目标填写。应按重要程度选择最主要目标填写，具体的分类与代码是：1. 科学原理的探索、发现；2. 技术原理的研究；3. 开发全新产品；4. 增加产品功能或提高性能；5. 提高劳动生产率；6. 减少能源消耗或提高能源使用效率；7. 节约原材料；8. 减少环境污染；9. 其他。
6) 项目起始日期：填项目列入企业计划或签订协议后，有能力进行开发的年月，即开始动用人力、物力、财力投入到开发的年月。项目起始日期为6位编码，其中前4位为年份、后2位为月份（1月至9月必须前补0），如项目起始时间为2016年2月，则填写201602。
7) 项目完成日期：填写项目实际完成月，如2016年8月完成并通过鉴定，则填写201608。如项目当年未完成，则填写预期完成时间，具体的分类与代码是：1. 科学原理的探索、发现；2. 技术原理按产完成时间、项目立项日期与完成日期跨度年数不要大于一般不得超过5年。
8) 跨年项目所处主要进展阶段：选择2016年内所处本项目当前的进展阶段并按相应的代码填写，具体的分类与代码与代码是：1. 研究阶段；2. 小试阶段；3. 中试阶段；4. 试生产阶段。申请本项目该指标免填。
9) 参加项目人员：企业正式2016年内参加研发项目活动的人员数。附表本表主要的项目数据。其他项目免填。
*本年人员同时参与几个研发项目时，应按企业研发活动管理的人员和外单位加本企业研发项目以及临时协作人员。
10) 项目人员实际工作时间：推2016年内项目人员实际工作时间，按月计算。同时参加两个及以上项目的时间。应按项目参加工作时间计算，但一人在2016年内的实际工作时间不得超过12个月。
*项目人员实际工作时间，如5人做了5个月，则填35。如项目人员的项目实际工作时间合计小于1或人员合计×12，*人员小计参加项目人员日常支付、其他日常支出、相应新工作时间需填。
11) 项目经费内部支出：指2016年内企业内部用于本单位开展研发活动的经费实际支出、包括劳务费、材料费、设备购置费、其他日常支出、外协加工费等、不包括向相关方关联无形资产支出等、长期费用增值和无形资产的消耗。不包括生产经营为目的的费用支出，而不是建设资费。
*此类中包括指对实际进行项目研究开发应用的对方使用的自信息。企业研究活动管理部分的经费、用于研发活动的提供机构的服务人员的费用等。
12) 政府资金：使用来自政府部门的拨款等。指2016年内企业本年研发项目中使用的来自政府有关部门拨到的研发资金，包括纳入国家计划内中间试验、国家科技攻关、临目1702支"21"（使用来自政府部门的研究资金）（地方科技项目），这项目这要求。这项目当年末支出将发或全额支出的。
*项目来源为"1"（国家科技项目），"2"（地方科技项目），这项目这要求。

企业研发活动及相关情况

表　号：临　调　1702　表
制定机关：深圳市统计普查中心
文　号：深统法字（2017）9号
有效期至：2017年12月

组织机构代码：□□□□□□□□□-□
统一社会信用代码：□□□□□□□□□□□□□□□□□□
单位详细名称：

2016年

指标名称	计量单位	代码	数量	指标名称	计量单位	代码	数量
甲	乙	丙	1	甲	乙	丙	1
一、企业基本情况	—	—	—	四、企业办（境内）研发机构情况	—	—	—
主营业务收入	千元	56		期末机构数	个	24	
工业总产值（限工业企业填报）	千元	57		机构人员合计	人	25	
从业人员年平均人数	人	58		机构经费支出	千元	29	
二、研发人员情况	—	—	—	期末仪器和设备原价	千元	30	
研发人员合计	人	3		五、研发产出及相关情况	—	—	—
其中：全职人员	人	8		（一）自主知识产权情况（2016年）	—	—	—
其中：本科毕业及以上人员	人	53		当年专利申请受理数（累计）	件	32	
三、研发经费支出情况（9+19+15）	千元	54		其中：发明专利	件	33	
其中：使用来自政府部门的研发资金	千元	21		期末有效发明专利数	件	34	
（一）企业内部的日常研发经费支出	千元	9		（二）新产品生产及销售情况	—	—	—
人员人工费（包含各种补贴）	千元	10		新产品产值（限工业企业填报）	千元	38	
原材料费	千元	11		新产品销售收入（限工业企业填报）	千元	39	
折旧费用与长期费用摊销	千元	12		六、其他相关情况	—	—	—
无形资产摊销	千元	13		（一）政府相关政策落实情况	—	—	—
其他费用	千元	14		研究开发费用加计扣除减免税	千元	45	
（二）当年形成用于研发的固定资产支出	千元	19		高新技术企业减免税	千元	46	
其中：仪器和设备	千元	20		（二）技术获取和技术改造情况	—	—	—
（三）委托外单位开展研发的经费支出	千元	15		引进境外技术的消化吸收经费支出	千元	47	
				引进境内技术经费支出	千元	48	
				购买境内技术经费支出	千元	49	
				技术改造经费支出	千元	50	

单位负责人：　　　统计负责人：　　　填表人：　　　联系电话：　　　报出日期：2017年　月　日

说明：1. 填报时间：调查单位11月10日前填报并由区级统计机构完成数据审核、轴收、上报。
2. 审核关系：
表内关系：1）3≥8　2）3≥53　3）3≥25　4）54=9+19+15＝21　5）9=10+11+12+13+14　6）9=10+11+12+13+14　7）9≥20，则10≥0，则24≥0　8）若10≥0，则3≥0　9）19≥20
10）19+12+13≥29　11）若24≥0，则25≥0且29≥0　12）若25≥0且29≥0　13）若29≥0，则24≥0且25≥0　14）若30≥0　15）若30≥0，则24≥0　16）32≥33
表间关系：1）临调1702表(3)≥临调1701表工(8)　2）临调1702表(3)＞临调1701表工(10)　3）临调1702表(21)＞临调1701表工(11)

十九 深圳市规模以下企业研发统计抽样调查试点情况报告

3. 填报指标：

1) 研发人员合计 指2016年内企业内部直接参加研究开发项目人员，以及研发活动的管理和直接服务的人员。以研发活动的管理和直接服务的人员不包括企业主管研发活动部门的负责人。企业研发活动的管理和服务的人员不包括为研发活动提供间接服务的人员（如为研发活动提供后勤服务的人员等）。项目人员不包括本单位从事本企业以外委托研发项目的人员。不包括全年累计从事研发活动时间占制度工作时间10%以下的人员。
2) 研发人员合计中全职人员 指2016年内企业研发人员中实际从事研发活动的时间占制度工作时间的90%及以上的人员（含中试车间、实验室（所）、中试基地等的工人和中等学校以上毕业从事研发活动，以及上述人员以外主要从事研发活动管理工作的人员，在企业研发活动管理部门（科研管理部、科研处等）专职从事研发管理工作的人员。
3) 研发经费支出合计 指2015年内企业研发活动的经费支出合计，包括企业内部的日常性研发经费支出和当年形成用于研发的固定资产支出。当年形成用于研发的固定资产支出不包括外购土地。
4) 研发经费支出合计中使用来自政府部门的研发经费 指当年企业内部的从政府有关部门得到的研发经费。包括纳入国家计划的中间试验费、重大装备研制费、科技三项费等。
必填栏：第十栏等于第11J支"在"11"及以研发支出合计。
5) 企业内部的日常性研发经费支出 指2016年内企业开展研发项目而发生的实际支出。以及用于研发活动的地方采购为国家拨款地方配套，如项目未中项目有来源为国家拨款地方配套，附送是项目未上述之外。
6) 企业内部的日常性研发经费支出中人员人工费 指2016年内企业支付给本企业研发人员及为研发活动提供直接服务人员的工资、奖金、津贴、补贴、年终加薪、加班工资和绩效工资等，包括当年已经入用的劳务费金。
7) 企业内部的日常性研发经费支出中原材料费 指2016年内企业开展研发项目而耗用的原材料等实际支出。如：水和燃料（包括煤气电和电）、使用费等。实际消耗的原材料、辅助材料、备件配件、外购半成品、用于中间试验和产品试制过程中原型产品的标准用费、试制产品标准用费等。
8) 委托外单位开展研发的经费支出 指2016年内企业委托外单位开展研发活动而转拨给对方的经费。包括对研发活动全过程中发生的长期性增值等费用，不包括外协加工费。
9) 企业内部的日常性研发经费支出中折旧费用与长期费用摊销 指2016年内企业用于研发活动的仪器设备和在用建筑物发生的当年折旧费，包括研发活动而借用单位提供的设备和设施。设计和计算方法等（或单独核算）的专门研发活动机构，如在此基础上的新设立、管理上增设开发机构的专职研发机构。
10) 企业内部的日常性研发经费支出中无形资产摊销 指2016年内企业为开展研发活动购买或自行建立所立的无形资产（包括专利、专有技术、许可证、非专利发明、设计和计算方法等）所发生的费用摊销。
11) 当年形成用于研发的固定资产支出 指2016年内企业为用于研发活动而购置或新建的固定资产支出，包括购置设备、土地和建筑物、仪器和设备支出以及相关固定资产大型修理支出等。一般来说购置、折旧费用与长期费用摊销，高新技术企业的研发经费支出总和不超过"企业当年营业销售收入的研究开发费用支出总额与销售收入之比例的3%、4%、6%"的30%。
此数据为复杂变量。
12) *研发费用的固定资产支出之和*，不包含年内形成年研究资产，仅为年度当年形成的。不包含以往年度的研究资产。
13) 委托外单位开展研发的经费支出 指2016年内企业委托外单位开展研发活动而转拨给对方的经费，其中：设备（包括用于研发活动的各类机器和设备、试验测量仪器、运输工具、工装工具等）。
14) 期末专利申请数 指2016年内企业作为第一申请人向国内外知识产权行政部门提出以发明专利申请且经受理的件数。其中，第一、第二、第三申请人只算一申请。*必填是要素*。
15) 机构人数合计 指2016年末企业研发活动和中从事研发的人员数。
16) 机构经费合计 指2016年末企业研发活动和中从事研发活动支出的经费合计。
17) 期末仪器和设备原值 指2016年末企业的研发机构拥有的仪器和设备原值。
18) 期末当年专利申请数 指2016年末企业的研发机构本年申请的专利数。
19) 当年专利申请受理数 指2016年末企业的研发机构作为第一申请人向国内外知识产权行政部门申请且被受理的专利数，按当年度第一申请人在有效期内所申报的专利计。
20) 期末有效发明专利数 指截止到2016年12月31日企业作为专利权人拥有经国内外知识产权行政部门授权且在有效期内的发明专利件数。
21) 期末产品合计 指企业在国内市场销售的新产品，不含企业出口的新产品。新产品主要是采用新技术原理、新设计构思研制、生产的全新产品或者在结构、材质、工艺等方面较原有产品有明显改进，从而显著提高了产品性能或扩大了使用功能的产品。
22) 新产品销售收入 指报告期企业销售新产品实现的销售收入。新产品既包括经政府有关部门认定并在有效期内的新产品，也包括企业自行研制开发，未经政府有关部门认定，从投产之日起一年之内的新产品。
23) 新产品出口收入 指本年企业销售新产品中已实现的销售收入。
24) 研发开发费用加计扣除减免税 指2016年内高新技术企业按税法规定从实际发生的技术开发费支出中按实际发生额的50%抵扣应纳税所得额而减免的税款。
25) 引进境外技术支出 指2016年内企业引进境外技术或成果的一次性或分期支付的费用。
26) 引进境外技术的消化吸收经费支出 指2016年内企业为引进境外技术成果进行消化吸收所发生的实际支出，包括对技术和设备进行改造所发生的费用支出，也包括此类活动中引进技术后再度消化吸收的经费。
27) 实现技术改造支出 指2016年内企业对现有设施、生产工艺、条件进行技术改造而发生的费用支出。
28) 技术改造经费支出 指2016年内企业进行技术改造而发生的费用支出，包括对企业内进行改造的技术改造支出，即改造现有工艺过程所发生的费用支出。技术改造主要是对现有设施、生产工艺条件进行改造提升、合理化、节约能源、降低消耗、改善环境、加强综合利用等。
备注：实现以内容为主的大年生，人简单的产品原产高质量的，促进产品更新换代。

附录 19-1　深圳市探索并开展规模以下企业研发统计调查情况汇报

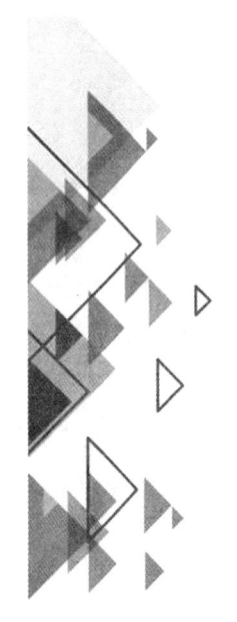

深圳市规模以下企业研发统计抽样调查试点情况报告

Report on sample survey of R&D statistics for enterprises below scale in Shenzhen

深圳市统计局　杨新洪

目录 Contents
- 试点背景和目的
- 试点工作开展情况
- 抽样调查情况
- 调查数据分析
- 总结和建议
- 附录

十九 深圳市规模以下企业研发统计抽样调查试点情况报告

第一部分
试点背景和目的

◎ 试点背景　◎ 试点缘由　◎ 试点目的

一、试点背景

近年来,随着"大众创业、万众创新"国家战略的不断推进,全国各地政府部门不断推出各种普惠性政策扶持体系,培育和支持各类市场主体研究新技术、开发新产品以期推动经济结构调整、打造发展新引擎、增强发展新动力,实现创新驱动发展新道路。在政府扶持政策的支持、引导下,许多小微企业纷纷开展研究、创新,研发活动日趋活跃。

我国现行的科技统计体系下,数量众多的规模以下小微企业虽有研发活动,但无法纳入科技统计范围。由于缺乏小微企业的研发活动统计数据,政府各部门对小微企业的研发活动开展情况都知之甚少。如何获取小微企业的研发活动数据,更好地监测、评估"双创"建设进程,国家统计局对此早有关注。

· 935 ·

二、试点缘由

2017年9月11日，宁吉喆局长在会见广东省委常委、深圳市委书记王伟中，常委、市委秘书长郭永航，常委、常务副市长刘庆生时，明确提出深圳市要率先开展规模以下小微企业研发统计改革试点，并要求"越快越好"。

国家统计局宁吉喆局长会见深圳市委王伟中书记时座谈统计创新

2017年9月11日，国家统计局长、党组书记宁吉喆从香港取道深圳，会见广东省委常委、深圳市委书记王伟中等深圳市领导。

王伟中向宁吉喆介绍了深圳统计改革创新工作情况，双方就此展开了深入细致的讨论。宁吉喆高度肯定深圳统计改革创新工作成果，着重给深圳统计系统"压担子"，要求深圳率先开展规模以下小微企业研发统计改革试点。

圳市领导郭永航、刘庆生以及杨新洪等同志参加了会见。杨新洪参会时，穿插汇报和回答了相关统计改革创新工作与问题，宁吉喆、王伟中与其均有亲切互动，探讨深圳统计改革创新。

○ 宁吉喆与王伟中交流

○ 杨新洪参与会见

三、试点目的

1. 全面了解深圳市规模以下企业研发活动开展情况
2. 客观、真实地反映规模以下企业研发投入的规模、构成以及分布情况
3. 为国家局下一步的研发统计改革提供有价值的参考

第二部分

试点工作开展情况

- ◎ 成立专责工作小组
- ◎ 召开专业委员会会议
- ◎ 开展专题培训
- ◎ 制定并印发试点文件资料
- ◎ 多方式进行数据采集
- ◎ 核实和评估调查数据

试点工作开展情况

》 成立专责工作小组

为做好试点工作，我局成立了以杨新洪局长为组长、夏有亮总统计师为副组长、各专业业务骨干为组员的深圳市规模以下企业研发统计抽样调查工作小组，领导、组织和实施全市抽样调查工作。

》 召开专业委员会会议

试点工作期间，以统计专业委员会会议为平台，我市前后召开3次会议，对调查方案、调查表式、抽样方法和工作开展方式等事项进行讨论、修订，对抽样调查数据进行评估、审定。

深圳市规模以下企业研发统计抽样调查工作架构图

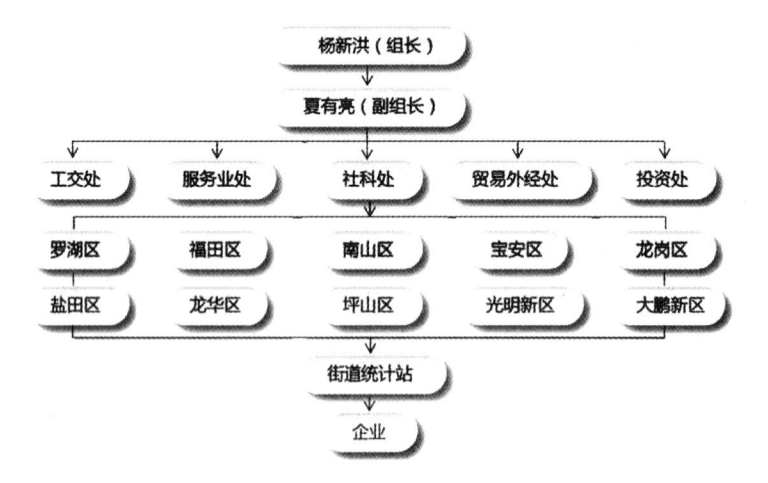

```
                  杨新洪（组长）
                       ↓
                  夏有亮（副组长）
    ↓         ↓         ↓         ↓         ↓
  工交处    服务业处   社科处   贸易外经处   投资处

  罗湖区    福田区    南山区    宝安区    龙岗区
  盐田区    龙华区    坪山区    光明新区   大鹏新区
                       ↓
                   街道统计站
                       ↓
                     企业
```

十九 深圳市规模以下企业研发统计抽样调查试点情况报告

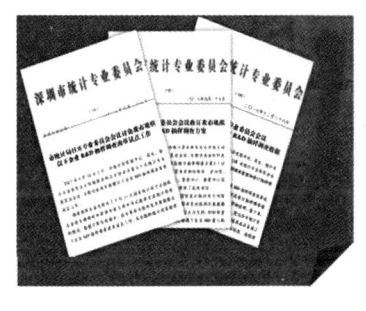

》第90次统计专业委员会会议

2017年9月18日,杨新洪局长主持召开,部署规模以下企业研发统计抽样调查工作,并就调查的时间、范围、对象、要求以及部门分工等问题进行了深入讨论和研究。

》第92次统计专业委员会会议

2017年9月25日,夏有亮总统计师主持召开,讨论并修订《深圳市规模以下企业研发统计抽样调查方案》。

》第108次统计专业委员会会议

2017年12月26日,杨新洪局长主持召开,对规模以下企业研发统计调查数据进行了评估、审定。

试点工作开展情况

3 》开展专题培训

2017年10月16日,召开深圳市规模以下企业研发统计抽样调查会议,对区、街道统计机构的统计人员进行了研发统计调查动员和业务培训,有效提高了基层统计人员的业务能力,夯实了抽样调查基础。

4 》制定并印发试点文件资料

试点期间,我局先后制定并印发了《深圳市规模以下企业研发统计抽样调查方案》《深圳市统计局关于开展全市规模以下企业研发统计抽样调查的通知》《深圳市规模以下企业研发统计抽样调查表》《深圳市统计局办公室关于举办全市规模以下企业研发统计抽样调查会议的通知》等文件资料。

| 科学度量 One |

一整个秋天的深圳规下R&D调查

秋种　秋喜

秋收　秋实

试点工作开展情况

⑤ » **多方式进行数据采集**

2017年10月20日至11月20日，各区统计机构、街道统计办和社区工作站开展了样本数据的采集工作，主要利用下文布置填报统计调查表方式收集数据。也有采用其他灵活方法收集：集中会议填写、发送邮件、发送传真与上门调查相结合等。

⑥ » **核实和评估调查数据**

数据质量是统计调查的灵魂，市统计局对企业上报的报表进行了全面审查，同时还将企业的调查数据与科技部门的统计数据、税务部门的研发加计扣除减免税数据进行了比较，多方位、多维度地对调查数据进行评估，确保调查数据质量。

第三部分 抽样调查情况

◎ 调查对象、内容和时期
◎ 调查方法和抽样方案
◎ 数据计算公式
◎ 调查结果

一、调查对象、内容和时期

(一)调查对象

调查对象为深圳市辖区内规模以下采矿业,制造业,电力、热力、燃气及水生产和供应业企业;不在"一套表"范围内的建筑业企业;规模以下交通运输、仓储和邮政业,信息传输、软件和信息技术服务业,租赁和商务服务业,科学研究和技术服务业,水利、环境和公共设施管理业,卫生和社会工作,文化、体育和娱乐业企业。

调查对象
规模以下工业
#采矿业
#制造业
#电力、热力、燃气及水生产和供应业
不在一套表范围内的建筑业企业
规模以下服务业
#交通运输、仓储和邮政业
#信息传输、软件和信息技术服务业
#租赁和商务服务业
#科学研究和技术服务业
#水利、环境和公共设施管理业
#卫生和社会工作
#文化、体育和娱乐业

(二)调查内容

调查内容为规模以下企业的生产经营、研发项目、研发投入、研发产出及其他相关情况。

(三)调查时期

调查时期为2016年。

二、调查方法和抽样方案

考虑到规模以下企业数量庞大,本次调查采用抽样调查方式,主要采取发放和回收统计报表方法收集数据。

抽样方案按照科学、便利、可推算分层总体原则设计,要求样本对分类指标有代表性,样本统计量均可推算出全市各行业、各区数据。

十九 深圳市规模以下企业研发统计抽样调查试点情况报告

(一)抽样总体和抽样框

目标总体为在深圳市内所有规模以下采矿业,制造业,电力、热力、燃气及水生产和供应业;不在"一套表"内的建筑业;规模以下交通运输、仓储和邮政业,信息传输、软件和信息技术服务业,租赁和商务服务业,科学研究和技术服务业,水利、环境和公共设施管理业,卫生和社会工作,文化、体育和娱乐业法人单位。每一基本单位为调查单位。

以深圳市统计普查中心记录的基本单位作为抽样框。

(二)采用多阶分层抽样方法

第一阶:把基本单位按行业划分为采矿业,化学原料、制品和医药制造业,设备制造业,电气机械和器材制造业,计算机、通信和其他电子设备制造业,其他制造业,电力、燃气及水的生产和供应业,建筑业,信息传输、软件和信息技术服务业,科学研究和技术服务业,其他服务业11层(分类行业层);

第二阶:每行业的基本单位按区域再划分为罗湖、福田、南山、宝安、龙岗、盐田、光明、龙华、坪山和大鹏10层(区层);

第三阶:在区层中采用系统抽样(即等距抽样)抽选出调查单位。

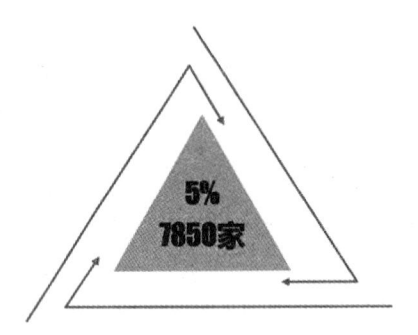

最终以深圳市统计普查中心记录的基本单位作为抽样框，按多阶分层抽样抽出样本7850家，总抽样比为5%。抽样率高、样本量大，确保了调查数据的代表性、有效性和可靠性。

（三）样本的分布

以深圳市统计普查中心记录的基本单位（共156863家）作为抽样框，按分层后系统抽样抽出样本7850家，总抽样比为5.0%。

样本量分配原则为：
（1）保证行业层内样本量大于等于10；
（2）小层样本量不设最小样本量。经过调整的样本容量在数据估计时按实际概率抽样。

总体单位数量、样本分布情况详见表1、表2。

表1 深圳市规模以下多阶分层抽样样本行业分布情况

分层	总单位数（个）	样本量（个）	抽样率（%）
合计	156881	7850	5.0
采矿业	26	10	38.5
化学原料、制品和医药制造业	1244	100	8.0
设备制造业	9159	733	8.0
电气机械和器材制造业	7621	762	10.0
计算机、通信和其他电子设备制造业	15522	2329	15.0
其他制造业	32366	647	2.0
电力、燃气及水的生产和供应业	133	10	7.5
建筑业	5088	45	0.9
信息传输、软件和信息技术服务业	15265	916	6.0
科学研究和技术服务业	14480	1738	12.0
其他服务业	55977	560	1.0

表2 深圳市规模以下多阶分层抽样样本区域分布情况

分层	总单位数（个）	样本量（个）	抽样率（%）
合计	156881	7850	5.0
罗湖区	9770	271	2.8
福田区	27775	957	3.4
南山区	20992	1068	5.1
宝安区	39551	2593	6.6
龙岗区	22430	1053	4.7
盐田区	2121	42	2.0
龙华区	20318	1176	5.8
坪山区	4721	187	4.0
光明新区	8291	472	5.7
大鹏新区	912	31	3.4

三、数据计算公式

全市R&D投入额总体数据计算公式：

$$\hat{Y}_{st} = \sum_{h=1}^{L} \hat{Y}_h = \sum_{h=1}^{L} N_h \hat{\bar{Y}}_h$$

$\hat{\bar{Y}}_h$ 表示第 h 层的总体均值
h 下标，表示第 h 层
N_h 表示第 h 层的单位总数

各层R&D投入额数据采用点估计：

$$\hat{Y}_h = N_h \cdot \bar{y}_h$$

N_h 表示第 h 层的单位总数
$\bar{y}_h$ 表示第 h 层的样本均值

全市R&D投入额按分类行业层推算的数据汇总后取得，各区R&D投入额按区内样本推算。

确定全市R&D投入额后，按各区推算的总体数据比例调整各区（新区）R&D投入额。

为了获得R&D投入额的离散程度,总体方差的计算公式为:

$$v(\hat{Y}_{st}) = \sum_{h=1}^{L}[N_h(N_h - n_h)] \cdot (s^2{}_h/n_h) \cdot (1 - \frac{n_h}{N_h})$$

N_h　表示第 h 层的单位总数
n_h　表示第 h 层的样本数
$s^2{}_h$　表示第 h 层的总体方差

层内方差公式为:

$$s^2 = \frac{\sum_{i=1}^{n_h}(y_{hi} - \bar{y}_h)^2}{n_h - 1}$$

总体数据的区间估计,采用的上、下限公式分别(95%置信水平)为:

$$\hat{Y}_{st} + u_{0.025} \cdot \sqrt{v(\hat{Y}_{st})}$$

$$\hat{Y}_{st} - u_{0.025} \cdot \sqrt{v(\hat{Y}_{st})}$$

按总体分层抽样情况,能计算出全市及各区数据、全市的分类行业数据,但各区不能计算出主要行业的数据。

四、调查结果

（一）样本统计值

7850个样本经过调查，开展科技活动的企业有522家，占样本总量的6.6%。其中，有R&D活动的企业189家，占样本总量的2.4%，占开展科技活动企业的36.2%。共投入科技经费14.33亿元，其中R&D经费4.36亿元，R&D经费占科技经费的30.4%。从事科技活动人员6306人，其中R&D人员1795人，R&D人员占科技人员的28.5%，详见表3、表4。

表3 2016年深圳市规模以下抽样调查样本单位分行业统计值

分层	样本量（个）	有科技活动（个）	R&D活动	科技经费（万元）	R&D经费	研发人员（人）	R&D人员
合计	7850	522	189	143309	43593	6306	1795
采矿业	10	0	0	0	0	0	0
化学原料、制品和医药制造业	100	15	11	2971	2495	177	143
设备制造业	733	68	29	11171	3971	753	232
电气机械和器材制造业	762	47	20	8499	3727	657	189
计算机、通信和其他电子设备制造业	2329	119	67	44009	15730	1624	568
其他制造业	647	30	4	4430	869	238	38
电力、燃气及水的生产和供应业	10	0	0	0	0	0	0
建筑业	45	1	0	160	0	5	0
信息传输、软件和信息技术服务业	916	163	20	46336	7028	1632	170
科学研究和技术服务业	1738	69	35	24065	9584	1125	439
其他服务业	560	10	3	1667	189	95	16

十九 深圳市规模以下企业研发统计抽样调查试点情况报告

表4 2016年深圳市规模以下抽样调查样本单位分区域统计值

分 层	样本量（个）	有科技活动（个）	R&D活动	科技经费（万元）	R&D经费	研发人员（人）	R&D人员
合计	7850	522	189	143309	43593	6306	1795
罗湖区	271	18	6	9232	5199	253	112
福田区	957	52	10	23088	8494	723	187
南山区	1068	154	46	48880	10073	1847	428
宝安区	2593	137	66	29246	10069	1683	555
龙岗区	1053	55	19	10058	2250	594	144
盐田区	42	8	2	1263	206	82	21
龙华区	1176	67	28	17386	5113	755	232
坪山区	187	13	6	1152	852	99	51
光明新区	472	13	5	2619	1189	168	53
大鹏新区	31	5	1	385	147	102	12

（二）参数估计

从总体参数的区间估计来看，2016年全市规模以下企业R&D经费上、下限分别为59.81亿元和36.62亿元（按95%概率推算），可以推断出规模以下企业R&D经费占全市总量比重最高不超过7.0%。整体抽样误差与总体参数中值之比为24.1%，相对高的主要原因是总体不呈正态分布（93.4%的单位没有R&D投入）。从行业层内的样本标准差绝对数据来看，信息传输、软件和信息技术服务业，计算机、通信和其他电子设备制造业相对较大，表明此行业中各企业间R&D项目投入经费差距较大，详见表5。

表5 2016年深圳市规模以下企业R&D经费参数区间估计

行 业	总单位数	中值（万元）	下限（万元）	上限（万元）	95%概率极限误差（万元）	样本标准差（万元）
合 计	156881	482136	366156	598116	115980	-
采矿业	26	0	0	0	0	0
化学原料、制品和医药制造业	1244	31036	25161	36911	5875	26.2
设备制造业	9159	49613	23993	75233	25620	42.0
电气机械和器材制造业	7621	37274	17599	56949	19675	40.4
计算机、通信和其他电子设备制造业	15522	104836	53666	156006	51170	95.5
其他制造业	32366	43474	1191	85757	42283	17.3
电力、燃气及水的生产和供应业	133	0	0	0	0	0.0
建筑业	5088	0	0	0	0	0.0
信息传输、软件和信息技术服务业	15265	117125	33586	200664	83539	89.9
科学研究和技术服务业	14480	79851	48580	111122	31271	52.2
其他服务业	55977	18927	15714	22140	3213	0.7

注：样本标准差只针对分层计算使用，无合计数。

（三）调查结果

经过方差推算，最终选取中间值为调查结果，数据如下：

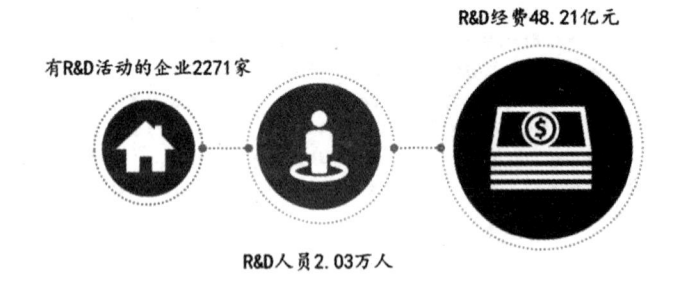

有R&D活动的企业2271家

R&D人员2.03万人

R&D经费48.21亿元

2016年,深圳市规模以下企业中开展科技活动的企业有8204家,占企业总量的5.2%。其中,有R&D活动的企业2271家,占企业总量的1.4%,占开展科技活动企业的27.7%。共投入科技经费193.38亿元,其中R&D经费48.21亿元,R&D经费占科技经费的24.9%。从事科技活动人员8.75万人,其中R&D人员2.03万人,R&D人员占科技人员的23.2%。

从行业分布看,R&D经费投入主要集中在计算机、通信和其他电子设备制造业,信息传输、软件和信息技术服务业;从区域分布看,R&D经费投入主要集中在南山区、宝安区和福田区。调查结果与深圳市的产业结构和区域构成基本相符,数据基本可靠。详见表6、表7。

表6　2016年深圳市规模以下企业分行业数据

分层	企业数（个）	有科技活动（个）	R&D活动	科技经费（万元）	R&D经费	研发人员（人）	R&D人员
合计	156881	8204	2271	1933836	482135	87542	20346
采矿业	26	0	0	0	0	0	0
化学原料、制品和医药制造业	1244	187	137	36954	31036	2202	1779
设备制造业	9159	850	362	139588	49613	9409	2899
电气机械和器材制造业	7621	470	200	85003	37274	6571	1801
计算机、通信和其他电子设备制造业	15522	793	447	293305	104836	10823	3786
其他制造业	32366	1501	200	221626	43474	11906	1901
电力、燃气及水的生产和供应业	133	0	0	0	0	0	0
建筑业	5088	113	0	18049	0	565	0
信息传输、软件和信息技术服务业	15265	2716	333	772188	117125	27197	2833
科学研究和技术服务业	14480	575	292	200498	79851	9373	3659
其他服务业	55977	1000	300	166625	18927	9496	1599

表7　2016年深圳市规模以下企业分区域数据

分　区	企业数（个）	有科技活动（个）	R&D活动	科技经费（万元）	R&D经费	研发人员（人）	R&D人员
合计	156881	8204	2271	1933836	482135	87542	20346
罗湖区	9770	283	72	124584	57505	3512	1270
福田区	27775	817	120	311549	93944	10037	2120
南山区	20992	2420	553	659596	111406	25641	4851
宝安区	39551	2153	793	394651	111360	23364	6291
龙岗区	22430	864	228	135725	24888	8246	1632
盐田区	2121	126	24	17040	2283	1138	238
龙华区	20318	1053	336	234605	56550	10481	2630
坪山区	4721	204	72	15545	9427	1374	578
光明新区	8291	204	60	35340	13147	2332	601
大鹏新区	912	79	12	5201	1626	1416	136

第四部分

调查数据分析

◎ 有科技活动的企业占同类企业的比重远低于规模以上企业的占比

◎ R&D投入规模小，仅占全市企业总量的5.6%

◎ 制造业与服务业各占半壁江山

◎ 行业分布较为集中

◎ 区域聚集度高，南山和宝安合计接近五成

◎ 企业自筹资金占绝对地位

一、有科技活动的企业占同类企业的比重远低于规模以上企业的占比

2016年，深圳市规模以下企业156881家，有科技活动的企业8204家，占企业总数的5.2%。其中，有R&D活动的企业2271家，仅占企业总数的1.4%，远低于规模以上企业的28.8%。通过表8可以看出，企业开展科技活动的比例与企业规模呈正相关关系。企业规模越大，开展科技活动和R&D活动的企业占比越高，反之亦然。这也从另一侧面印证了此次抽样调查数据的合理性。

表8　2016年深圳市企业科技活动开展情况

规　模	企业数（个）	#有科技活动	占比（%）	#有R&D活动	占比（%）
规模以上企业	8072	3573	44.3	2324	28.8
#大型	700	460	66.6	316	45.1
#中型	2691	1276	47.4	743	27.6
#小型	4681	1838	39.3	1265	27.0
规模以下企业	156881	8204	5.2	2271	1.4

二、R&D投入规模小,仅占全市企业总量的5.6%

2016年,深圳市规模以下企业科技经费投入193.38亿元,其中R&D经费投入48.21亿元;科技经费、R&D经费分别占全市企业总量(规模以上+规模以下企业数据)的11.2%、5.6%。通过表9可以看出,企业的科技经费投入规模与企业规模同样呈正相关关系。企业规模越大,科技经费、R&D经费投入越多。如2016年大型企业R&D经费投入660.71亿元,占全市企业R&D经费投入总量的76.1%,成为深圳市R&D投入的绝对主力。规模以下企业由于规模小,生存压力大,很难有多余的资金投入研发活动。

表9 2016年深圳市企业科技投入情况

合　计	1721.49	100.0	868.28	100.0
规模以上企业	1528.11	88.8	820.07	94.4
#大型	1200.46	69.8	660.71	76.1
#中型	208.28	12.1	93.04	10.7
#小型	119.37	6.9	66.32	7.6
规模以下企业	193.38	11.2	48.21	5.6

三、制造业与服务业各占半壁江山

与规模以上企业制造业一家独大不同,2016年深圳市规模以下制造业企业投入R&D经费26.62亿元,占全市规模以下企业R&D经费总量的55.2%;服务业投入R&D经费21.59亿元,占44.8%,各占半壁江山。详见表10。

表10 2016年深圳市企业分专业R&D经费投入情况

专　业	R&D经费（亿元）	占比（%）
规模以上企业	820.06	100.0
#制造业	757.38	92.4
#服务业	56.06	6.8
#其他	6.62	0.8
规模以下企业	48.21	100.0
#制造业	26.62	55.2
#服务业	21.59	44.8
#其他	0.00	0.0

四、行业分布较为集中

集中于IT与服务IT

从行业分布看，2016年规模以下企业中信息传输、软件和信息技术服务业投入R&D经费最多，为11.71亿元；其次是计算机、通信和其他电子设备制造业10.48亿元。两大行业合计占规模以下企业R&D经费总投入的46.1%。其余行业R&D经费都不到10亿元，投入较多的行业还有科学研究和技术服务业7.99亿元，设备制造业4.96亿元，化学原料、制品和医药制造业3.10亿元。详见图1、表11。

计算机、通信和其他电子设备制造业，信息传输、软件和信息技术服务业是全市的两大支柱产业，在华为、中兴、腾讯三大领头羊的带领下，研发活动活跃，研发投入巨大。2016年，两大行业规模以上企业R&D经费投入占全市规模以上企业R&D经费总投入的78.3%，远高于规模以下企业占比。因此，从规模以下企业R&D经费投入的行业分布看，符合深圳市的产业结构特征。

采矿业，0.00亿元
其他服务业，1.89亿元
化学原料、制品和医药制造业，3.10亿元
设备制造业，4.96亿元
科学研究和技术服务业，7.99亿元
电气机械和器材制造业，3.73亿元
信息传输、软件和信息技术服务业，11.71亿元
计算机、通信和其他电子设备制造业，10.48亿元
电力、燃气及水的生产和供应业，0.00亿元
建筑业，0.00亿元
其他制造业，4.35亿元

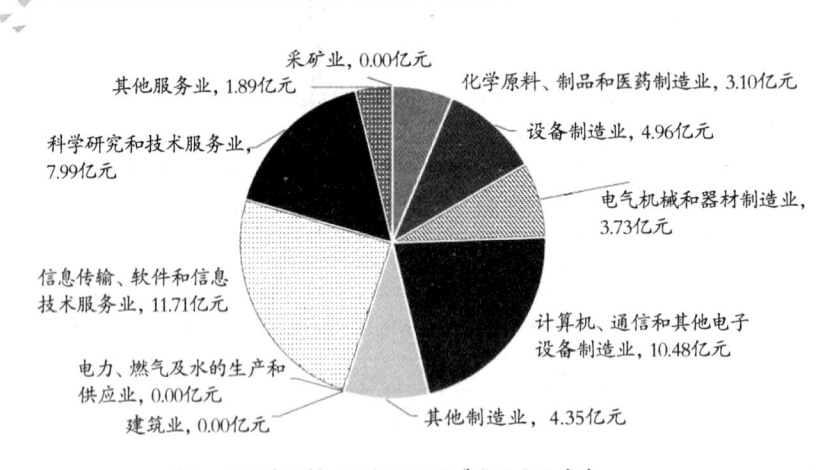

图1 2016年规模以下企业R&D经费投入行业分布

表11　2016年深圳市规模以下企业R&D经费投入行业分布情况

行　业	R&D经费（万元）	占比（%）
合计	482135	100.0
采矿业	0	0.0
化学原料、制品和医药制造业	31036	6.4
设备制造业	49613	10.3
电气机械和器材制造业	37274	7.7
计算机、通信和其他电子设备制造业	104836	21.8
其他制造业	43474	9.0
电力、燃气及水的生产和供应业	0	0.0
建筑业	0	0.0
信息传输、软件和信息技术服务业	117125	24.3
科学研究和技术服务业	79851	16.6
其他服务业	18927	3.9

五、区域聚集度高，南山和宝安合计接近五成

从区域分布看，南山区和宝安区投入R&D经费最多，均约为11.14亿元，合计占规模以下企业R&D经费总投入的46.2%，详见图2、表12。南山区是深圳市的高技术企业聚集区，企业研发活动活跃；宝安区则是深圳市的制造业大区，尤其是计算机、通信和其他电子设备制造业企业很多，这些都是研发活动较为密集的企业，与全市的产业区域分布及各区经济结构现状基本一致。

| 科学度量One |

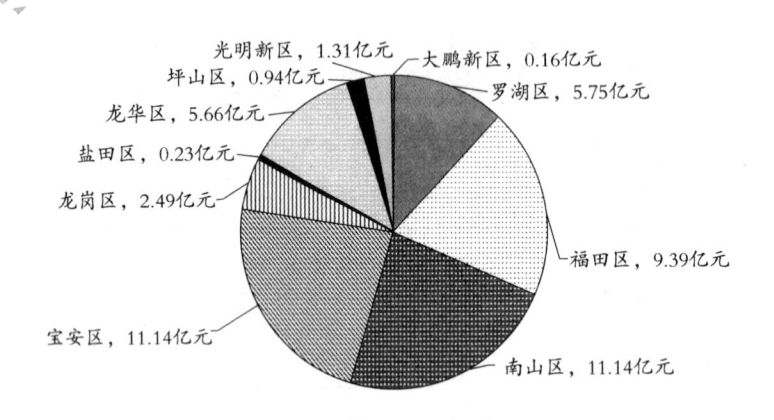

图2 2016年规模以下企业R&D经费投入区域分布

（饼图数据）
- 光明新区，1.31亿元
- 大鹏新区，0.16亿元
- 坪山区，0.94亿元
- 罗湖区，5.75亿元
- 龙华区，5.66亿元
- 盐田区，0.23亿元
- 龙岗区，2.49亿元
- 福田区，9.39亿元
- 宝安区，11.14亿元
- 南山区，11.14亿元

表12 2016年深圳市规模以下企业R&D经费投入区域分布情况

区域	R&D经费（万元）	占比（%）
合计	482135	100.0
罗湖区	57505	11.9
福田区	93944	19.5
南山区	111406	23.1
宝安区	111360	23.1
龙岗区	24888	5.2
盐田区	2283	0.5
龙华区	56550	11.7
坪山区	9427	2.0
光明新区	13147	2.7
大鹏新区	1626	0.3

六、企业自筹资金占绝对地位

从资金来源看,企业资金是规模以下企业R&D经费投入的最大来源。2016年,规模以下企业投入R&D经费48.22亿元,其中来源于企业的资金46.28亿元,占96.0%;来源于政府的资金1.94亿元,占4.0%,详见表13。规模以下企业政府资金占比高于规模以上企业0.9个百分点,对规模以下企业来说,开展研发活动更需要政府的引导和扶持。

表13 2016年深圳市R&D经费资金来源情况

规模	R&D资金(亿元)	政府资金(亿元)	占比(%)	企业资金(亿元)	占比(%)	其他资金(亿元)	占比(%)
规模以上企业	820.06	25.22	3.1	788.82	96.2	6.02	0.7
规模以下企业	48.22	1.94	4.0	46.28	96.0	0.00	0.0

注:2016年深圳市科创委开展的"企业研发资助政策"共资助非"一套表"企业3.43亿元。

第五部分 总结与建议

1 研判

调查结果显示,深圳市规模以下企业R&D经费投入占全市企业总量的5.6%,通过与企业上报给深圳市科技部门的研发投入数据、地税部门的研发加计扣除数据对比、评估,数据基本合理。这个数据一方面表明规模以下企业确实存在R&D活动,在现行科技统计体制下,这部分R&D投入没有被纳入全社会R&D投入;另一方面,表明规模以下企业R&D经费不大,占全市企业总量比例很小,对全社会R&D经费总量影响不大。

十九 深圳市规模以下企业研发统计抽样调查试点情况报告

研判

由于系第一次开展规模以下企业研发统计调查,出于以下几个原因,此次深圳的数据偏保守。一是对企业上报的研发项目严格审核,对于模棱两可的R&D项目一律不计入;二是抽样调查总样本框并非全部规模以下基本单位库,金融业、商业、房地产业均未包含;三是全样本框未全部置信,样本框偏小。

启迪

从调查结果看,尽管深圳企业科技创新较为活跃,但受制于R&D活动周期长、风险高的特点,规模以下小微企业承受能力有限,因此真正开展R&D活动的小微企业少之又少。要提高小微企业的创新能力,政府现有的扶持力度还不够,迫需要制定一些专门的政策、措施来进一步引导小微企业加大科技创新力度。

3 问题

从深圳市这次规模以下企业抽样调查的过程看，由于研发报表较为复杂，又是第一次填报，很多企业提交的报表质量不是很理想，导致统计系统花了大量人力和时间来审核报表。建议在第四次经济普查时进一步加强规下企业的研发统计工作力量，如设计更简洁的规模以下企业科技活动指标、报表等，同时加大规模以下企业统计人员的培训力度，提高企业填报的数据质量。

4 建议

规模以下研发统计相比规模以上统计而言面广、点多、离散，调查技术含量更高，难度相对更大。因此，建议在企业科技创新较为活跃且条件成熟的地区可先行开展、先行纳入，或者可以分行业（如工业）逐步纳入。

十九 深圳市规模以下企业研发统计抽样调查试点情况报告

第六部分

附录

◎ 深圳市规模以下企业研发统计抽样调查方案
◎ 企业填报指南

一、深圳市规模以下企业研发统计抽样调查方案

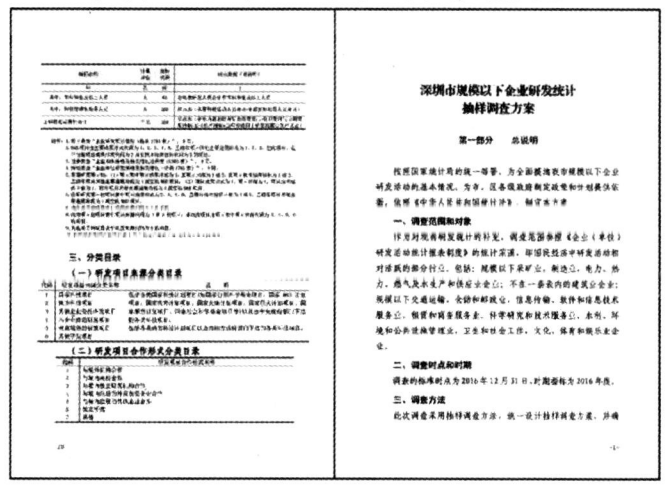

二、企业填报指南

（一）报表统计范围、填报时间及方式

1. 工业 —— 规模以下工业企业
2. 建筑业 —— 不在"一套表"内的建筑业企业
3. 服务业 —— 规模以下服务业企业

填报时间：2017年10月20日至11月20日
填报方式：电子表为主，纸质表为辅。

（二）报表表式

深圳市规模以下企业研发统计抽样调查表
企业研发项目情况

表 号：临调 1701 表
制定机关：深圳市统计普查中心
文 号：深统抽字（2017）9号
有效期至：2017年12月

十九 深圳市规模以下企业研发统计抽样调查试点情况报告

(三) 报表填报说明

企业单位研发项目情况 (临调1701表)

>> 项目名称 (代码乙)

按企业研发项目的立项计划书、项目任务书或项目合同书等有关立项资料中确定的项目名称填写。

注:1. 填报的项目为全部研发项目。
   一行一个项目,必须按企业的实际项目数来填报。
2. 项目名称填写要规范。
   *项目名称不得填写1、2或A、B等过于简单的内容。
   *项目名称不得含有任何标点符号,包括《》、""、/等符号。

>> 项目来源（代码1）
1. 国家科技项目；2. 地方科技项目；3. 其他企业委托科技项目；
4. 本企业自选科技项目；5. 来自境外的科技项目；6. 其他科技项目。

注：1. 按企业实际情况填写，一般来说选择4。
　　2. 如果选择1（国家科技项目）和2（地方科技项目），则代码11（政府资金）应该有数。

>> 项目合作形式（代码2）
1. 与境外机构合作；2. 与境内高校合作；3. 与境内独立研究机构合作；
4. 与境内注册的外商独资企业合作；5. 与境内注册的其他企业合作；
6. 独立研究；7. 其他

注：按企业实际情况填写，一般来说选择6。

>> 项目成果形式（代码3）
01. 论文或专著；02. 自主研制的新产品原型或样机、样件、样品、配方、新装置；03. 自主开发的新技术或新工艺、新工法；04. 发明专利；05. 实用新型专利；06. 外观设计专利；07. 带有技术、工艺参数的图纸、技术标准、操作规范；08. 基础软件；09. 应用软件；10. 其他。

注：1. 一个项目有多种成果形式的，选择最主要的成果形式填报。
　　2. 这一指标填写两位数，即01、02、03等，数字前必须加0。

>> 项目技术经济目标（代码4）
1. 科学原理的探索、发现；2. 技术原理的研究；3. 开发全新产品；4. 增加产品功能或提高性能；5. 提高劳动生产率；6. 减少能源消耗或提高能源使用效率；7. 节约原材料；8. 减少环境污染；9. 其他。

十九 深圳市规模以下企业研发统计抽样调查试点情况报告

>> 项目起始日期（代码5）

项目列入企业计划或签订协议后，有组织进行开发的年月。如项目起始时间为2016年2月，则填写201602。

>> 项目完成日期（代码6）

项目技术鉴定的年月。如2016年8月完成并通过鉴定，填写201608；如项目还未完成，填写预期完成时间；如项目以失败告终，填写000000；如项目未鉴定就投产，则填写投产时间。

注：跨年项目时间不要太长。

项目起始日期与完成日期跨度不要太长，一般要少于5年。

>> 跨年项目所处主要进展阶段（代码7）

1. 研究阶段；
2. 小试阶段；
3. 中试阶段（研究的最终阶段）；
4. 试生产阶段（成果应用）。

注：指的是跨年项目在2016年内处在研发的哪个阶段。

＊非跨年项目不需要填。

>> 参加项目人员（代码8）

企业在2016年内实际参加某研发项目活动的人员。不包括企业研发活动管理人员和外单位参加本企业研发项目的人员以及临时协作人员。

注：若某人同时参与几个研发项目，则按其最主要的项目填报，其他项目免填。

| 科学度量 One |

>> 项目人员实际工作时间（代码9）

指2016年内项目组人员实际工作的时间，按月计算。

注：1. 此数为累计数。如5人做了5个月，则填25。
　　2. 同时参加两个及以上项目的人员，应按项目分别计算工作时间，但1人在报告期内的实际工作时间不得超过12个月。
　　3. 项目人员实际工作时间合计≤项目人员合计×12。
　　4. 人数少时参加项目人员可以为0，但实际工作时间要填。

*人数少时参加项目人员可以为0，但实际工作时间要填。

*合计栏实际工作时间大于项目人员×12时，必须修改好才能上报。

>> 项目经费内部支出（代码10）

指2016年内企业内部用于某研发项目的实际经费支出。包括劳务费、原材料费、设备购置费、其他日常支出、外协加工费等。不包括折旧费用、长期费用摊销和无形资产摊销等费用。

注：1. 填报的是2016年实际投入的经费，而不是立项经费。
　　2. 要注意项目人员和经费的匹配，不能人员很少，经费却很大。

>> 政府资金（代码11）

全称为使用来自政府部门的研发资金，指2016年内企业某研发项目中使用的从政府有关部门得到的研发活动资金，包括纳入国家计划的中间试验费、政府科技贷款等。

注：1. 项目来源为1（国家科技项目）、2（地方科技项目）时，该项应该要填。

企业研发活动及相关情况（临调1702表）

>> 主营业务收入（代码56）

指企业2016年内销售产品的销售收入和提供劳务等经营业务取得的业务收入。

>> 工业总产值（代码57）

指工业企业在2016年内生产的以货币形式表现的工业最终产品和提供工业劳务活动的总价值量。

注：限工业企业填报，建筑业和服务业企业免填。

>> 从业人员平均人数（代码58）

指企业2016年年度平均拥有的从业人员数。

>> 研发人员合计（代码3）

指2016年企业内部直接参加研发项目人员，以及研发活动的管理人员和直接服务的人员。不包括全年累计从事研发活动时间不足制度工作时间10%的人员。

注：1. 研发人员不能大于从业人员，占比要合理。一般来说工业和建筑业企业研发人员超过100人的企业，研发人员占从业人员比重不超过50%。服务业企业比例可适当提高。

2. 要大于等于临调1702表8（参加项目人员之和）。

>> 研发人员合计中全职人员（代码8）

指2016年内企业研发人员中实际从事研发活动的时间占制度工作时间90%及以上的人员。在企业研发活动管理部门（科研管理处、部、科等）专职从事研发管理工作的人员、企业办研发机构中专职从事研发活动以及管理和直接服务人员，以及上述人员以外主要从事研发项目活动的人员可视作全职人员。

>> 研发经费支出合计（代码54）

指2016年内企业研发活动的经费支出合计，包括企业内部的日常研发经费支出，当年形成用于研发的固定资产支出和委托外单位开展研发的经费支出。

>> 使用来自政府部门的研发资金（代码21）

指2016年内企业使用的从政府有关部门得到的研发活动资金，包括纳入国家计划的中间试验费、政府科技贷款等。

注：1. 必须大于等于临调1701表中"11"政府资金之和。如项目表中项目有来源为国家或地方的科技项目，则这里不应为空。

2. 填报的是2016年已经使用的政府资金。

>> 企业内部的日常研发经费支出（代码9）

指2016年内企业内部研发活动的直接支出，以及用于研发活动的管理费、服务费以及外协加工费等支出。包括人员人工费、原材料费、折旧费用与长期费用摊销、无形资产摊销和其他费用。不包括委托外单位进行研发活动而转拨给对方的经费支出，也不包括当年形成用于研发的固定资产支出，以及购买专利等无形资产支出。

>> 人员人工费（代码10）

指2016年内企业支付给研发人员的工资薪金，包括基本工资、奖金、津贴、补贴、各种保险、年终加薪、加班工资以及与研发人员任职或者受雇有关的其他支出。

注：1. 要注意人员人工费与3（研发人员）的匹配，涉及人均工资。

>> 原材料费（代码11）

指2016年内企业为实施研发项目而购买的原材料等相关支出。如：水和燃料（包括煤气和电）使用费等，实际消耗的原材料、辅助材料、备用配件、外购半成品，用于中间试验和产品试制达不到固定资产标准的模具、样品、样机及一般测试手段购置费、试制产品的检验费等。

>> 折旧费用与长期费用摊销（代码12）

指2016年内企业为实施研发活动而购置的仪器和设备以及在用建筑物的折旧费用，包括研发设施改建、改装、装修和修理过程中发生的长期待摊费用。

>> 无形资产摊销（代码13）

指2016年内企业因研发活动需要购入的专有技术（包括专利、非专利发明、许可证、专有技术、设计和计算方法等）所发生的费用摊销。

> 其他费用（代码14）

指2016年内企业为研发活动所发生的除人员人工费、原材料费、折旧费用与长期费用摊销、无形资产摊销等费用之外的其他费用，包括用于研发活动的设计费、装备调试费、办公费、通信费、专利申请维护费、高新科技研发保险费等。

注：要注意人员人工费、原材料费与其他费用三者的关系，一般来说其他费用占比要低，一般不超过25%。

> 当年形成用于研发的固定资产支出（代码19）

指2016年内企业形成的用于研发的固定资产原价。对于科研与生产共用的固定资产应按比例进行分摊，其中仪器和设备一般应按使用时间进行分摊，建筑物一般应按使用面积进行分摊。

注：1. 用于研发的固定资产才统计，用于生产的不算。
　　2. 仅填报当年形成的，不包含以往年份形成的研发资产。

> 仪器和设备（代码20）

指2016年内企业形成的用于研发的固定资产中的仪器和设备原价，其中设备包括用于研发的各类机器和设备、试验测量仪器、运输工具、工装工具等，电脑也算。

> 委托外单位开展研发的经费支出（代码15）

指2016年内企业委托外单位或与外单位合作进行研发而拨给对方的经费，不包括外协加工费。

注：临调1702表(9+20-12-13)≥临调1701表项目经费（10）之和。如果大于，大企业可以相差大一点，一般企业不能超过100万。

十九 深圳市规模以下企业研发统计抽样调查试点情况报告

>> 期末机构数（代码24）

指截止到2016年年末企业办研发机构的数量。企业办研发机构指企业自办（或与外单位合办），管理上同生产系统相对独立（或单独核算）的专门研发活动机构，如企业办的技术中心、研究院所、研发中心、开发部、实验室、中试车间、试验基地等。

注：1. 研发机构不需要政府审批。
  2. 机构人员不能过少（小于5人）。
  3. 同一个机构被国家或省级有关部门同时认定为国家级或省级技术中心的，应按一个机构填报。
  4. 与外单位合办的研发机构若主要由本企业出资兴办，则由本企业统计，否则应由合办方统计。
  5. 不含企业在国外或我国港澳台地区设立的研发机构数。

>> 机构人员合计（代码25）

指2016年企业办研发活动机构中从事研发活动的人员合计。

>> 机构经费支出（代码29）

指2016年企业办研发机构用于内部开展研发活动实际支出的总费用。包括机构人员劳务费（含工资）支出、机构业务费支出、管理费支出、固定资产购建支出以及其他维持机构正常工作的日常费用等的支出总和。不包括相关折旧费用、长期费用摊销和无形资产摊销等费用。

注：小于等于9-12-13+20。

> 期末仪器和设备原价（代码30）

指截止到2016年年底企业办研发机构固定资产中仪器和设备的原价，不包括长期闲置不用的仪器和设备。

> 当年专利申请受理数（代码32）

指2016年内企业作为第一申请人向境内外知识产权行政部门提出专利申请并被受理的件数。

注：1. 要注意投入与专利的匹配性。
    2. 必须是第一申请人，第二、第三等申请人不算。

> 发明专利（代码33）

指2016年内企业作为第一申请人向境内外知识产权行政部门提出发明专利申请并被受理的件数。

注：1. 注意专利与发明专利的区别。
    2. 必须是第一申请人，第二、第三等申请人不算。

> 期末有效发明专利数（代码34）

指截止到2016年12月31日企业累计作为第一专利权人拥有的、经境内外知识产权行政部门授权且在有效期内的发明专利件数。

注：1. 此数据为累计数。
    2. 必须是第一专利权人，第二、第三等专利权人不算。

十九 深圳市规模以下企业研发统计抽样调查试点情况报告

>> 其中：已被实施（代码52）

指截止到2016年12月31日企业累计作为第一专利权人拥有的、经境内外知识产权行政部门授权且在有效期内的发明专利中已被实施的件数。专利实施是指专利权人自行或其他单位及个人经专利权人许可，为生产经营目的制造、使用、许诺销售、销售、进口其专利产品，或者使用其专利方法以及使用、许诺销售、销售、进口依照该专利方法直接获得的产品。

注：1. 此数据为累计数
  2. 必须是第一专利权人，第二、第三等专利权人不算。

>> 新产品产值（代码38）

指2016年企业生产的新产品的产值。新产品是指采用新技术原理、新设计构思研制、生产的全新产品，或在结构、材质、工艺等某一方面比原有产品有明显改进，从而显著提高了产品性能或扩大了使用功能的产品。新产品产值、新产品销售收入既包括经政府有关部门认定并在有效期内的新产品，也包括企业自行研制开发，未经政府有关部门认定，从投产之日起一年之内的新产品。

>> 期末拥有注册商标（代码42）

指截止到2016年12月31日企业累计拥有的注册商标件数。

注：1. 包括在境内和境外注册的商标件数。
  2. 一件商标在境内外同时注册时只统计一件。

>> 形成国家或行业标准（代码44）

指2016年企业在自主研发或自主知识产权基础上形成的经有关部门批准的国家或行业标准项数。参与制定的也算。

>> 研究开发费用加计扣除减免税（代码45）

指企业按有关政策和税法规定税前加计扣除的研究开发活动费用所得税。

注：1. 对尚未得到2016年减免税额的企业，按2015年实际减免税额填报。
2. 如果2015年没有获得，2016年获得减免税的企业，则填2016年的预估数。

>> 高新技术企业减免税（代码46）

指高新技术企业按照国家有关政策依法享受的企业所得税减免额。

注：1. 对尚未得到2016年减免税额的企业，按2015年实际减免税额填报。
2. 如果2015年没有获得，2016年获得减免税的企业，则填2016年的预估数。

>> 引进境外技术的消化吸收经费支出（代码47）

指2016年内企业用于购买国外或我国港澳台地区技术的费用支出，包括产品设计、工艺流程、图纸、配方、专利等技术资料的费用支出，以及购买关键设备、仪器、样机和样件等的费用支出。

>> 引进境外技术的消化吸收经费支出（代码48）

指2016年内企业引进境外技术的消化吸收经费支出。引进技术的消化吸收指对引进技术的掌握、应用、复制而开展的工作，以及在此基础上的创新。引进技术的消化吸收经费支出包括：人员培训费、测绘费、参加消化吸收人员的工资、工装、工艺开发费、必备的配套设备费、翻版费等。消化吸收经费支出中属于研发活动的经费支出，除包含在本项外，还要计入研发经费支出。

>> 购买境内技术经费支出（代码49）

指2016年内企业购买境内其他单位科技成果的经费支出。包括购买产品设计、工艺流程、图纸、配方、专利、技术诀窍及关键设备的费用支出。

>> 技术改造经费支出（代码50）

指2016年内企业进行技术改造而发生的费用支出。技术改造指企业在坚持科技进步的前提下，将科技成果应用于生产的各个领域（产品、设备、工艺等），用先进工艺、设备代替落后工艺、设备，实现以内涵为主的扩大再生产，从而提高产品质量，促进产品更新换代，节约能源，降低消耗，全面提高综合经济效益。

附录 19-2 肯定评价和相关材料

1. 国家统计局宁吉喆局长的批示

2. 国家统计局社科文统计部分地方统计局座谈会邀请函

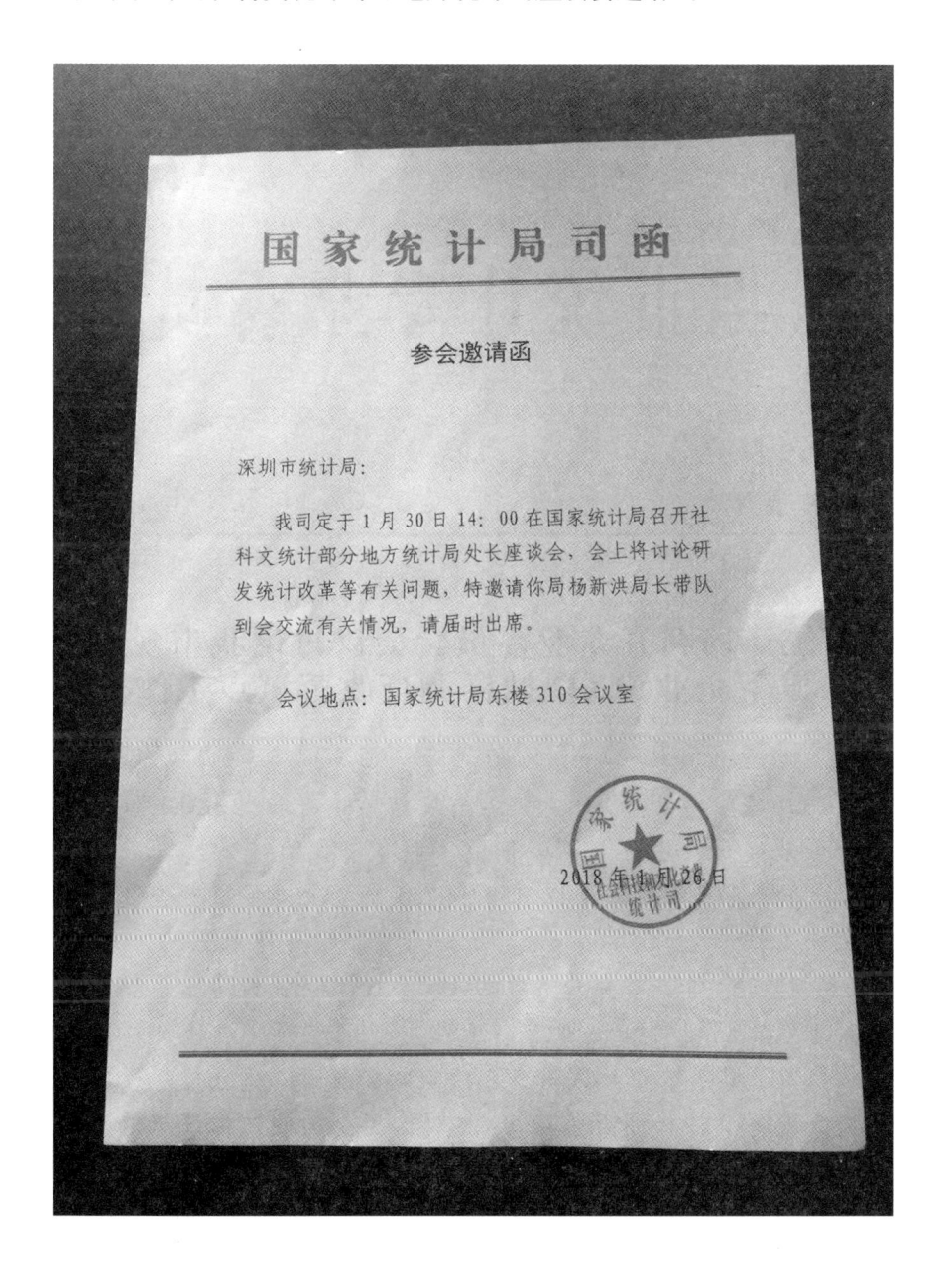

国家统计局司函

参会邀请函

深圳市统计局：

我司定于1月30日14:00在国家统计局召开社科文统计部分地方统计局处长座谈会，会上将讨论研发统计改革等有关问题，特邀请你局杨新洪局长带队到会交流有关情况，请届时出席。

会议地点：国家统计局东楼310会议室

2018年1月26日

3. **深圳市统计局召开专业委员会会议讨论规模以下企业 R&D 抽样调查改革试点工作**

深圳市统计专业委员会

(90)

深圳市统计局　　　　　　　　　　　二〇一七年九月二十八日

市统计局召开专业委员会会议讨论我市规模以下企业 R&D 抽样调查改革试点工作

2017 年 9 月 18 日上午，市统计局党组书记、局长、统计专业委员会主任杨新洪同志主持召开第九十次统计专业委员会会议，专题讨论我市规模以下企业 R&D 抽样调查改革试点工作。

杨新洪局长首先传达了 9 月 11 日国家统计局宁吉喆局长来我市调研时和深圳市委王伟中书记座谈交流统计创新的情况。根据宁局长的指示，我市要在全国率先开展规模以下企业 R&D 抽样调查改革试点工作，为全国的统计改革继续探路。接下来,大家就抽样调查的时间、范围、对象、要求和工作部署以及部门分工等问题进行了深入讨论和研究。

杨新洪局长表示,此项改革是国家局宁局长亲自布置,起点高、责任大。我们要遵循最简洁、最科学的原则制定好抽样调查方案,充分利用现有的研发统计资源,依托现有的研发统计力量,用最快的速度完成此项改革试点工作。杨新洪局长还对此次抽样调查工作提出了"一高一低,以快为先"的具体要求,即调查样本要多,调查数据要真实,时间进度要快。

胡卫东、谢军徽、夏有亮、戴建平等局领导和局办公室、社科处、投资处的有关同志参加了会议。

分送:各区统计局、各新区统计机构。市局各处(专业办)、室、中心,统计专业委员会各委员、专员。

抄送:艾学峰副市长、吴优副秘书长,本局领导。

深圳市统计局办公室　　　　　2017年9月28日印发

4. 深圳市统计局召开专业委员会会议修订规模以下企业R&D抽样调查方案

深圳市统计专业委员会

（92）

深圳市统计局　　　　　　　　　　　　　　二〇一七年九月二十七日

市统计局召开专业委员会会议修订我市规模以下企业R&D抽样调查方案

2017年9月25日下午，市统计局社科处处长李俊文动议发起第九十二次统计专业委员会会议，专题讨论由社科处草拟的《深圳市规模以下企业研发统计抽样调查方案》（讨论稿）。局党组成员、总统计师夏有亮和社科处、办公室、综合处、核算处、法规处、贸外处、普查中心、数管中心及福田区、宝安区统计局的相关同志参加了此次会议。

夏有亮总统计师首先通报了向国家统计局社科文司察志敏司长汇报此次调查的有关情况，察司长对深圳开展规模以下企业R&D情况调查给予充分肯定与大力支持，同时希望深圳的调查应尽可能客观、真实地反映规下企业R&D投入的规模、行业分布，为国家规范 R&D 调查提供参考与指引。接下来，李俊文和李树生同志分别就草拟的《方案》作了必要的介绍和说明，与会同志纷纷对抽样调查方案、调查组织、数据收集渠道、样本设计等问题进行了充分讨论和研究。

最后，夏有亮总统计师提了四点要求：一是社科处要吸纳大家好的建议，对方案进一步修改完善；二是抽样调查的整个方案必须科学、经得起检验；三是采取分层抽样方法，使调查更有针对性、科学性，总样本量 5% 较为合适；四是接下来调查的布置往前安排，让各区可以同劳动力调查错开，市局负责对区和街道培训，区负责对企业培训。

分送：各区统计局、各新区统计机构，市局各处（专业办）、室、中心，
　　　统计专业委员会各委员、专员。

抄送：艾学峰副市长、吴优副秘书长，本局领导。

深圳市统计局办公室　　　　　　　　　　　2017年9月28日印发

5. 深圳市统计局召开专业委员会会议审议规模以下企业 R&D 抽样调查数据

深圳市统计专业委员会

（108）

深圳市统计局　　　　　　　　　二〇一七年十二月二十八日

市统计局召开专业委员会会议
审议我市规模以下企业 R&D 抽样调查数据

2017年12月26日上午，市统计局党组书记、局长、统计专业委员会主任杨新洪同志主持召开第108次统计专业委员会会议，审议我市规模以下企业研发统计抽样调查数据和修订抽样调查报告。

会上，社科处汇报了我市规模以下企业 R&D 抽样调查改革试点工作开展情况和《深圳市规模以下企业研发统计抽样调查报告》撰写情况，并对此次抽样调查数据进行了详细说明。接下来，与会委员进行了研究、讨论。杨新洪局长表示，经过全市统计系统3个多月的努力，规模以下企业 R&D 抽样调查改革试点各项工作进展顺利。调查数据经多次试算、评估，并与市科技、地税部门数据比对，结果基本符合逻辑，比较客观、真实地反映了我市规模以下企业研发投入的规模、构成及分布情况，基本达到了国家局在我市开展此项试点工作的目标。接下来，希望社科处再加一把劲，抓紧时间收集各方意见，进一步修订、完善好调查报告，在12月底以前上报国家统计局。

夏有亮总统计师和工交能源处、现代服务业处、贸易外经处、投资处、核算处、社科处的有关同志参加了会议。

分送：各区统计局、各新区统计机构，市局各处（专业办）、室、中心，统计专业委员会各委员、专员。

抄送：艾学峰副市长、吴优副秘书长、本局领导。

深圳市统计局办公室　　　　　　　　　　2017年12月29日印发

6. 深圳市统计局关于开展全市规模以下企业研发统计抽样调查的通知

深圳市统计局文件

深统通〔2017〕35号

深圳市统计局关于开展全市规模以下企业研发统计抽样调查的通知

各有关单位：

为贯彻落实中共中央"大众创业、万众创新"精神，监测、评估"双创"建设进程，根据国家统计局和深圳市委主要领导的指示精神和专项安排，决定在全市范围内开展规模以下企业研发统计抽样调查。现将有关事项通知如下：

一、调查目的

全面摸清我市规模以下企业研发活动的总体规模和分布情况，了解企业研发活动的投入产出、研发机构的设立、研发项目以及政府相关政策的落实等情况，为监测、评估"双创"建设进程和制定科技政策提供依据。

二、调查对象和范围

调查对象为国民经济中研发活动相对活跃行业的规模以下企业。涉及行业范围包括：采矿业，制造业，电力、热力、燃气及水生产和供应业，建筑业，交通运输、仓储和邮政业，信息传输、软件和信息技术服务业，租赁和商务服务业，科学研究和技术服务业，水利、环境和公共设施管理业，卫生和社会工作，文化、体育和娱乐业。

三、调查的主要内容

调查的内容主要包括企业的生产经营情况、研发项目情况、研发活动情况、研发机构情况、专利申请授权情况以及政府相关政策的落实情况等。

四、调查时间

此次调查的标准时点为2016年12月31日，时期指标为2016年度。

五、填报时间及方式

报表填报时间为2017年10月11日-11月10日

报表填报方式为电子报表或纸质报表。

六、调查的组织实施

此次调查由市统计局统一组织，各级统计机构共同完成。

深圳市统计局

2017年9月28日

（联系人：李树生，电话：88120185）

深圳市统计局办公室　　　　　　　　2017年9月28日印发

二十 2017年深圳"三新"统计数据与相关情况

为顺应经济发展新常态及深圳市委、市政府对统计改革创新新要求,针对深圳较早出现的"新产业、新业态、新模式"等"三新"经济形态,在国家统计局大力支持下,2016年深圳获得全国首个"三新"统计改革试点批文。按国家统计局《新产业、新业态、新商业模式专项统计报表制度》,结合深圳"三新"经济出现"新、先、特、优"情况,经过两年来不断探索、改革与实践,"三新"已纳入常规统计,统计数据稳定,较好完成"三新"统计各项任务与要求。

2017年,初步核算并经广东省统计局核定,深圳生产总值为22438.39亿元,按可比价格计算,比上年增长8.8%。其中,新经济成为经济增长新动力,经初步统计与核算,2017年深圳"三新"经济增加值为9829.06亿元,占GDP比重为43.8%;新增企业增加值为1081.65亿元,占GDP比重为4.8%。

(一)形成较完善的以新产业为主的"三新"统计制度

定期更新、实时维护新兴产业名录库。新兴产业统计主要采用企业法,在标准认定和范围界定上,由相关职能部门提供。由市发展改革委、市科技创新委、市经贸信息委、市委宣传部等职能部门,根据本市产业发展规划共同认定符合政策条件的法人单位,形成涵盖工业、商业、服务业和建筑业四个行业的新兴产业单位名录库。在此基础上,按照企业一套表制度,对企业进行规模认定,筛选出符合一套表平台统计范围的"四上"企业,生成新兴产业常规统计调查单位库。

建立健全新兴产业报表制度,规范统计调查方法。2013年11月,根据市委、市政府制定的一系列产业发展规划,先行制定《深圳市战略性新兴产业报表制度(试行)》,为全面反映深圳市战略性新兴产业调查单位生产经营情况奠定了坚实基础。2016年5月，进一步细化统计调查方法，修订《深圳市战略性新兴产业报表制度（试行）》，出台《深圳市战略性新兴产业报表制度（2016）》，并适应四大未来产业发展趋势，制定《深圳市未来产业报表制度（2016）》。

制定增加值核算方法，实时监测新兴产业企业发展情况，加强相关部门数据共享联动机制，确保统计数据质量。在数据来源上，立足现有"四上"一套表企业数据库，以国家联网直报系统为依托，直接从一套表平台上采集企业数据，实现由间接采集转为直接采集，从而提高数据处理效率和数据生成过程的透明度和可控性。对"四上"企业，采取全面定期统计报表调查方法测算相关统计指标，按照企业行业归属，采集对应行业报表数据。工业、批发和零售业、建筑业企业按增加值率法，服务业企业按收入法测算增加值指标。对"四下"企业，利用第三次全国经济普查数据及抽样调查推算相关统计指标。在质量控制上，与相关部门指标比对修订调整。加强与地税局、国税局等相关部门联系，对新兴产业企业相关指标数据进行比对和验证，修正、补充、完善统计数据，提高数据质量。

为确保真实反映新兴产业规模与发展情况，在计算新兴产业增加值时，对交叉重复部分进行剔重处理。一是对增加值排名前20家的企业，如果存在产业之间交叉情况，采用系数予以拆分；二是在计算新兴产业合计数时剔除产业之间交叉重复部分。

（二）新兴产业成为新旧动能转换推进器

1. 新兴产业占经济总量超四成

新兴产业按七大战略性新兴产业和四大未来产业共11个产业进行统计。其中，七大战略性新兴产业为：新一代信息技术产业、互联网产业、新材料产业、生物产业、新能源产业、节能环保产业和文化创意产业；四大未来产业为：海洋产业，航空航天产业，机器人、可穿戴设备和智能装备产业及生命健康产业。截至2017年年末，全市"四上"新兴产业企业6589家，其中，工业3618家，服务业2014家，批发和零售业649家，建筑业308家；实现增加值9183.55亿元（已剔除行业间交叉重复），按现行价格比上年增长13.6%，比上年提高3.0个百分点（见图20-1），占GDP比重达到40.9%，比上年提高0.6个百分点。

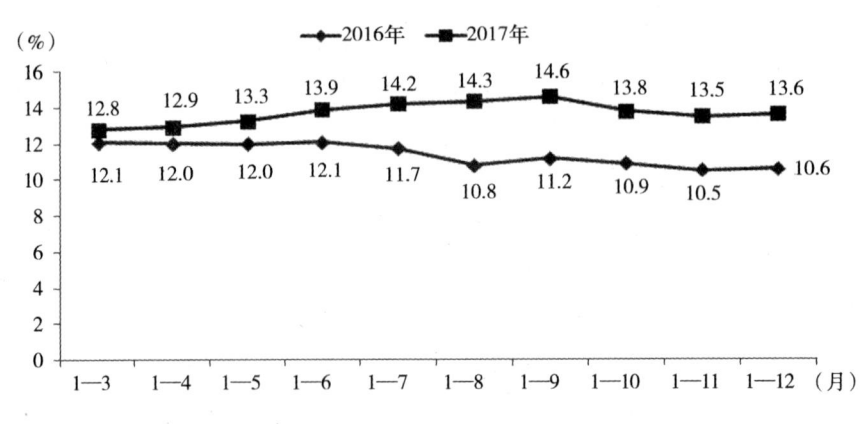

图 20-1　2016—2017 年深圳市新兴产业增加值增速分月情况

从 2009 年开始有新兴产业统计以来，9 年间，全市新兴产业增加值保持平均每两年跨过 1000 亿元的频率，增速持续保持两位数增长，真正实现稳定、高速增长（见表 20-1）。

表 20-1　　　　2017 年深圳市新兴产业各产业增加值情况　　　　单位：亿元，%

指标名称	增加值	增速
新一代信息技术	4592.85	12.5
文化创意	2243.95	14.5
互联网	1022.75	23.4
新能源	676.40	15.4
节能环保	671.10	12.7
机器人、可穿戴设备和智能装备	639.64	15.1
新材料	454.15	15.1
海洋	401.45	13.1
生物	295.94	24.6
航空航天	146.64	30.5
生命健康	98.12	19.5

注：(1) 表中各产业之间有交叉重复情况。
　　(2) 表中增加值的增长速度按现价计算。

新兴产业 11 个产业中,10 个产业增加值规模上百亿元;3 个产业超千亿元;8 个产业增长速度高于全市新兴产业平均增速(见图 20-2)。产业集聚效应和集群效应逐渐凸显。

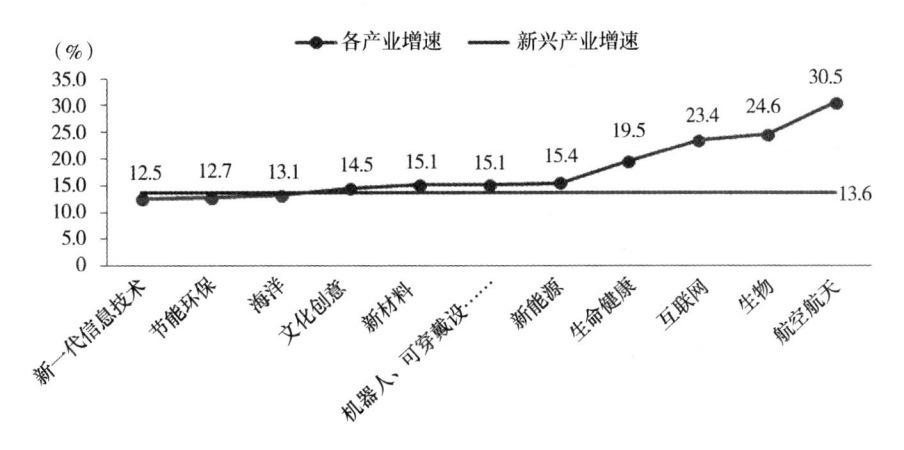

图 20-2 2017 年深圳市新兴产业各产业增加值增速情况

2. 新兴产业对工业发展支撑作用加强

深圳新兴产业涵盖工业、服务业、批发和零售业、建筑业四个行业领域,占全市新兴产业增加值比重分别为 71.3%、21.8%、3.0% 和 3.9%(见图 20-3)。新兴工业既是全市新兴产业最重要的组成部分,又是推动全市工业发展的生力军。2017 年,新兴产业中工业企业增加值占全市规模以上工业增加值比重达到 78.0%,按可比价格计算,比上年增长 10.2%,领先全市规上工业企业平均增速 0.9 个百分点。

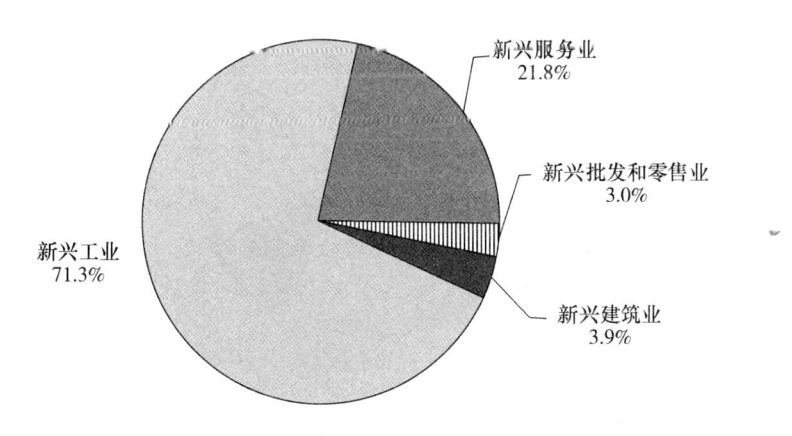

图 20-3 2017 年深圳市新兴产业行业结构分布情况

深圳新兴产业经过9年的发展,已形成一批具有较强自主创新能力和技术引领作用的龙头企业,成为新兴产业的中坚力量。据统计,增加值排名前20强的新兴产业企业全年创造的增加值占全市新兴产业增加值的比重为45.2%,对全市新兴产业增加值增长的贡献率达到56.9%。

随着互联网、航空航天、新材料、机器人、可穿戴设备和智能装备等新兴产业的快速发展,继华为、中兴、腾讯等一批深圳本土企业成为世界知名品牌之后,大疆、柔宇、光启、优必选等一批新兴企业正在蓬勃发展,增长势头喜人。其中,大疆集团增加值增速超过57.0%,优必选增加值增速超过25.0%,这批新兴企业为助力新技术与传统产业相融合,为推动产业升级、行业增长提供了有力支撑。

3. 新兴产业带动区域转型,区域发展各有所长

新兴产业的集聚效应有力支撑了区域经济的转型升级。分区域看,按增加值规模由高到低排列(见图20-4),南山区新兴产业增加值2821.89亿元,占全市新兴产业增加值比重为30.7%;龙岗区2314.21亿元,占比25.2%;宝安区1244.97亿元,占比13.6%;龙华862.79亿元,占比9.4%;福田区714.89亿元,占比7.8%;光明新区342.91亿元,占比3.7%;坪山区313.90亿元,占比3.4%;罗湖区277.17亿元,占比3.0%;大鹏新区214.18亿元,占比2.3%;盐田区76.64亿元,占比0.8%。

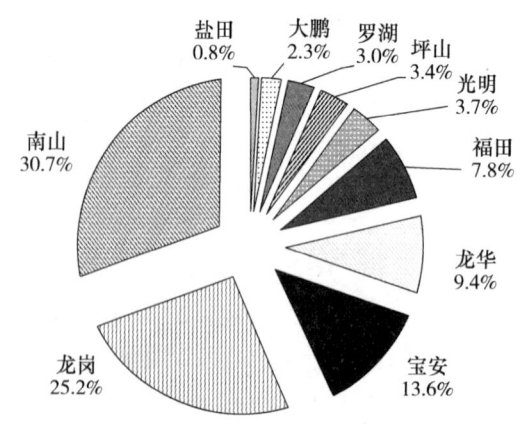

注:图中比重相加不等于100%,是由于数值修约误差所致,未做机械调整。

图20-4 2017年深圳市新兴产业各区分布情况

从增加值增速看,与全市新兴产业增速对比,10个区呈现"五高五低"现象(见图20-5),坪山区增长幅度最大,增长22.8%,遥遥领先全市增速9.2个百分点;紧接其后的是龙岗区和光明新区,分别增长18.6%和18.1%,高于全市增速5.0个、4.5个百分点。南山区增长16.0%;宝安区增长12.6%;罗湖区和盐田区均增长8.6%;大鹏新区增长6.2%;福田区增长4.9%;龙华区增长3.1%,低于全市增速10.5个百分点。

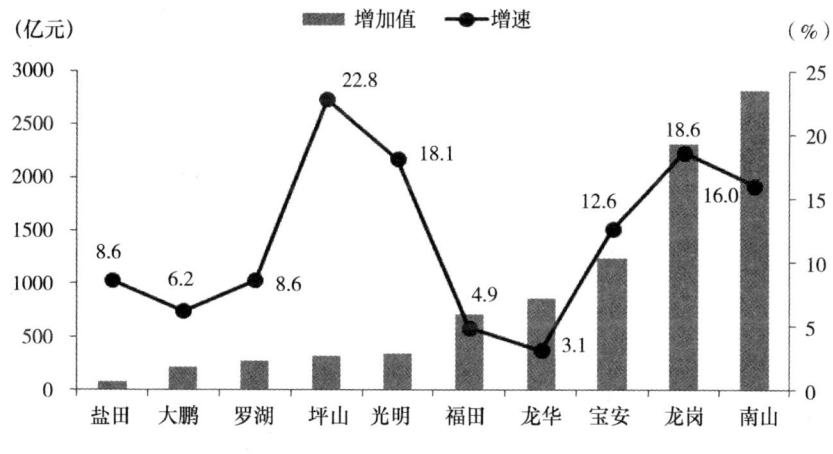

图20-5 2017年深圳市各区新兴产业增加值、增速情况

从新兴产业占各区生产总值来看,大鹏新区的比重为64.9%,为各区最高,超过全市比重(40.9%)24个百分点,南山、龙岗、坪山新兴产业占各自生产总值的比重也分别以61.3%、60.0%和51.9%的高份额占比领跑全市。

(三)新业态新商业模式持续发展

1. 供应链企业依托"一套表"进行专业统计

深圳供应链企业主要以电子商务为工具,为中小企业提供外贸综合服务,其利润来源主要依靠两方面:一是为客户提供贸易执行、综合物流服务,根据客户交易额的一定比例收取服务费;二是为资金紧张、贷款难的中小企业提供垫款、融资服务获得利息收入。按照现行统计制度,我们分别在规上服务业、批发和零售业报表制度中对供应链企业进行统计。具体以企业年度增加值占商品销售额比重推算企业快报增加值。

2017年,新业态中 195 家供应链企业共创造增加值 152.46 亿元,增长 10.8%,占 GDP 的 0.7%。其中,贸易代理实现增加值 59.8 亿元,增长 5.2%,占供应链企业的 39.2%;其他机电设备及电子产品批发实现增加值 35.4 亿元,增长 38.7%,占 23.2%;其他化工产品批发实现增加值 21.6 亿元,增长 2.2%,占 14.2%。

2. 新模式采用商业综合体及大个体进行统计

商业综合体按《国家统计局关于开展城市商业综合体统计专项调查的通知》(国统字[2015]109 号)开展城市商业综合体专项调查,获得初步数据。其中,零售业用行业增加值占行业营业收入的比重反推综合体中零售业增加值;餐饮业用行业增加值占行业营业收入比重反推综合体中餐饮业比重;服务业用行业增加值占行业营业收入比重反推综合体中服务业增加值。"大个体"统计通过探索建立"大个体+协会"统计调查新模式,对华强北电子市场、水贝珠宝市场、大芬村油画市场等专业市场的大个体户开展统计调查。通过创新机制,向保健协会、大芬美术产业协会、电子行业协会、茶叶流通协会等十多家行业协会(事务所)获取数据。制定并试行《深圳市统计局关于加强专业市场"大个体"统计数据质量工作业务指引》,确保"大个体"数据质量。其中,批发和零售业用行业增加值占行业商品销售额比重反推"大个体"批发和零售业的增加值;住宿和餐饮业用行业增加值占行业商品销售额比重反推"大个体"住宿和餐饮业的增加值。

2017 年,新商业模式实现增加值 493.05 亿元,增长 11.5%,占 GDP 比重 2.2%。其中,城市商业综合体增加值 94.82 亿元,增长 17.4%;"大个体"增加值 398.23 亿元,增长 10.2%。在商业综合体中,零售业 61.9 亿元,增长 16.1%;餐饮业 15.8 亿元,增长 18.3%;服务业 17.1 亿元,增长 21.5%。在"大个体"中,批发业 214.8 亿元,增长 9.5%;零售业 158.8 亿元,增长 11.8%;住宿业 0.9 亿元,增长 15.5%;餐饮业 23.8 亿元,增长 6.2%。

(四)新增"四上"企业增势良好

2017 年新增"四上"企业增势良好,全市一年共新增规上企业 3432 家,反映深圳创新经济变化较快较大,体现经济新旧动能转换,新经济新动能在新增企业上得到较为全面反映。

新增规模以上工业企业 960 家，占规模以上工业企业的 14.4%，实现增加值 451.97 亿元，增长 126.8%。

新增限额以上批发业企业 1122 家，实现商品销售额 5070.06 亿元，增长 28.6%，高于全市限上 17.8 个百分点；新增限额以上零售业企业 143 家，实现商品销售额 302.16 亿元，增长 53.3%，高于全市限上 39.7 个百分点；新增限额以上住宿业企业 17 家，实现营业额 4.88 亿元，增长 46.7%，高于全市限上 36.7 个百分点；新增限额以上餐饮业企业 74 家，实现营业额 13.11 亿元，增长 7.4%，低于全市限上 0.3 个百分点。新增 1356 家商业企业，共实现增加值 255.68 亿元，增长 29.7%。

新增规模以上服务业企业 933 家，实现营业收入 990.5 亿元，增长 29.9%，高于全市规上服务业 8.8 个百分点。新增规模以上服务业其他营利性服务业 567 家，实现增加值 374.0 亿元，增长 37.6%，其中软件和信息技术服务业企业 331 家，实现增加值 243.4 亿元，增长 41.1%；互联网和相关服务业企业 32 家，实现增加值 27.7 亿元，增长 8.2%；商务服务业企业 158 家，实现增加值 86.1 亿元，增长 41.9%。

（五）"三新"统计创新得益于"专业机制创新"

面对"三新"经济统计改革创新任务重、时间紧、要求高，深圳统计局迎难不难，攻坚克难，按照国家局《新产业、新业态、新商业模式专项统计报表制度》，结合深圳实际，适时组织力量实施《深圳市"三新"统计报表制度》。在应用专业力量与提高业务能力上，打造创新专业工作机制，成立统计专业委员会（见图 20-6）。

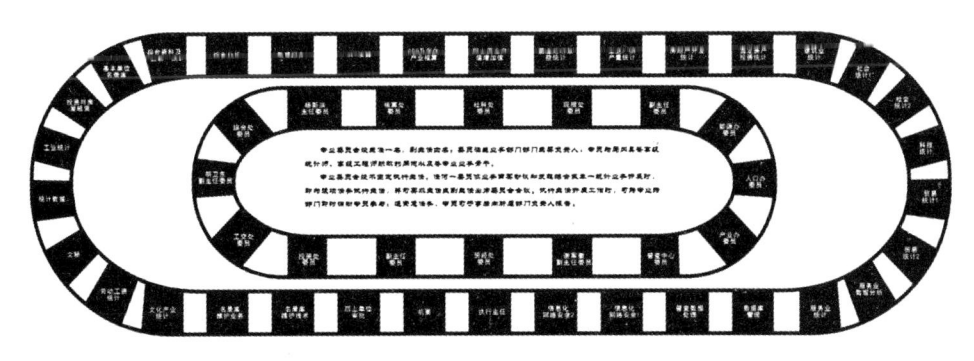

图 20-6 深圳市"扁平、平等、等效"统计专业（咨询）委员会

深圳统计局这一专业委员会以"扁平,减环少缚;平等,崇敬专业;高效,不论身份"为核心价值观。局长任专业委员会主任;委员会涵盖业务部门主要负责人;专员为局内具备高级统计师、高级工程师职称的同志以及各专业业务骨干。专业委员会设不固定执行主任。任何一委员依业务需要动议和发起综合或单一统计业务开展时,即为该项任务执行主任,并可要求主任或副主任出席委员会会议。执行主任开展工作时,可跨专业跨部门即时调动专员参与;遇紧急任务,专业可于事后向所属部门负责人报告。专业委员会依托若干各类专员启动专业工作,务实业务的有效性和针对性,确保每个时期和阶段"三新"统计业务贯穿执行。专业委员会以"扁平、平等、高效"方式运作,有效解决"三新"统计专业中的难点、疑点,大大缩短业务流程,提高专业研究与破解问题效率难题。

"三新"经济具有渗透、融合、高成长、动态变化特性,统计上仍面临界定难、采集难、核算难等问题,今后在建设现代化经济体系中深圳依然面临经济业态与形态层出不穷的问题,仍需国家局继续予以厚爱与支持,以"9+n"上不封顶的改革创新意志和脚步,一如既往、脚踏实地推行每一项改革,切实不负国家局对深圳这一统计改革创新平台的使命担当,不断为全国统计改革创新提供可借鉴的"深圳样本",促进深圳统计改革创新一直往前走。

附录一　国家统计局关于同意深圳开展统计改革创新试点的批复

中华人民共和国国家统计局

国统设管函〔2016〕164号

国家统计局关于同意
深圳开展统计改革创新试点的批复

深圳市统计局:

你局《关于深圳统计改革创新试点任务、时间和成果事项的请示》(深统字〔2016〕29号)收悉。经研究,批复如下:

我局同意你局开展研发支出核算方法改革研究、"三新"及新经济统计改革试点、服务业生产指数编算试点、房屋租赁业统计调查、"五大发展理念"统计评价指标体系、基本单位方法制度改革创新试点、500万元以下固定资产投资项目抽样调查、"未能观测金融"改革创新试点、地方资产负债表编制试点等9项统计改革创新试点。关于研发支出核算方法改革研究,请提前于2017年2月底前向国家统计局上报试点研究报告。

我局将积极支持和指导试点工作,期待取得可推广、可复制的改革创新成果。请你们勇于创新,大胆探索,不断总结经验。试点过程中的好做法、成效和问题,请及时向国家统计局报告。

(此页无正文)

国家统计局
2016年11月29日

抄送：广东省统计局。

附录二　国家统计局宁吉喆局长关于深圳统计改革创新试点的批示

附录三　榜样的力量

榜样的力量

《机关党建动态》专刊创刊号

中共深圳市直属机关工作委员会　　　　　　2017年4月19日

★

【编者按】

2017年是党的十九大召开之年，是习近平总书记视察深圳五周年，也是市委确定的"城市质量提升年"。为进一步学习和宣传深圳市直机关工委系统不断涌现出来的各级各类基层党组织和共产党员先进典型，着力讲好深圳机关党建故事，传播好深圳机关党建声音，提振精气神，凝聚正能量，推动深圳机关党建工作上新水平，为深圳经济特区各项事业发展提供精神力量，为迎接党的十九大胜利召开营造浓厚氛围，市直机关工委于2017年3月创办了《榜样的力量》专刊。

现推出《榜样的力量》创刊号。本期将刊发深圳市统计局党组和机关党委在加强学习型、服务型、创新型党组织建设过程中，以质量提升为引领，坚持理论联系实际，坚持问题导向，坚持开拓创新，先后探索出一批国内领先、影响较大的统计业务改革创新成果，推动了党建和业务双融合，积累了宝贵的经验。现印发全系统党组织，以供学习借鉴。

【典型事迹】

深圳市统计局加强"三型"党组织建设打造统计工作的深圳质量

党的十八大对全面提高党的建设科学化水平进行了新部署，提出建设学习型、服务型、创新型政党的任务要求。近年来，深圳市统计局党组和机关党委认真贯彻落实党的十八大精神，认真开展党的群众路线教育实践活动、"三严三实"专题教育和"两学一做"学习教育，严格对照《准则》和《条例》要求，以质量提升为引领，切实加强"三型"党组织建设，打造统计工作的深圳质量，推动党建和业务双融合。先后荣获全国经济普查先进集体以及市文明单位、"双到"考核优秀单位等荣誉。2016年至今，获国家统计局局长宁吉喆肯定性批示11次，市党政领导同志批示60余次。

（一）抓学习、夯基础，建设"学习型"党组织

学习是基础，是执政兴国之基，是赢得发展、赢得未来的根本之道。深圳市统计局坚持以党组中心组理论学习为龙头，完善学习机制，拓展学习平台，丰富学习载体，扎实开展学习型党组织建设。

一是强化制度建设。出台《深圳市统计局党内学习制度》，规范学习方式和内容，以深入学习贯彻以习近平同志为核心的党中央治国理政新理念新思想新战略、习近平总书记系列重要讲话精神和对广东、深圳工作重要批示精神等为重点，长期学、深入学、反复学，推进"两学一做"学习教育常态化制度化；对学习成效进行量化考核，纳入部门和个人绩效，提升学习质量。

二是强化理论学习。坚持以政治学习为根本，狠抓党组中心组理论武装，紧扣当前思想政治要求、深圳经济社会发展和统计工作实际，凸显"红""专""博"特点，每月定题开讲。发挥"传帮带"作用，将党组中心组理论学习的人员范围由党组成员扩大至副处级以上领导干部，并适当吸收劳动模范、先进工作者和高级职称专业人员等参加，扩大学习覆盖面；在其他党员干部做主旨发言时，党组成员主动帮其"把脉"，进行专门指导。2016年理论学习共举办13场，有40余人次做主题发言。

三是强化专题辅导。党组书记带头讲党课,增强党员干部的党性修养;邀请党建专家、市纪委周晓笛和财经行家、市财政委邓广同志专题辅导学习《准则》《条例》以及廉政知识、财经纪律,筑牢党员干部廉政思想防线。

四是强化平台整合。充分运用"共产党员""全国党建云平台""广东省直党建""深圳机关党建"等网站和微信公众号,组织党员干部在线学习,提高理论素养水平。建立机关党委、党支部微信群,及时推送政治学习资料,发布工作动态、活动通知,提供缴纳党费渠道;定期组织开展"微讨论"活动,鼓励党员积极分享心得、交流体会。

(二)重服务、强作风,锤炼"服务型"党组织

服务是宗旨,做好服务是党组织和党员干部发挥作用、完成使命的重要途径。深圳市统计局坚持问题导向,发扬务实作风,切实发挥好统计职能,用"数字"说话,积极为市委、市政府决策和经济社会发展服务。

一是服务市委、市政府决策。统计数据源于经济社会发展变化,其背后是生动的经济社会现象,预示着发展趋势。2016年1—2月,深圳市统计局在对企业上报数据进行分析研判时,发现华为的数据存在异常,通过走访调研得知,华为终端将逐步移师东莞。该局立即起草专题报告呈请市委、市政府主要领导,建议高度重视大型骨干企业,实施"一企一策",切实解决发展深圳实体经济之急。市委、市政府主要领导对专报高度重视,先后进行详细批示批注,并促成有关部门及时出台相关政策,为服务大型企业发展和提升经济发展环境发挥了重要的作用。

二是服务基层民生实事。推行服务基层工作机制,每位党组成员负责联系2—3个区和街道,每月最少开展一次走访调研活动,与基层单位和企业统计员交流工作经验。市党代表、局党组书记杨新洪经常赴结对社区为党员讲党课,指导社区完成"两学一做"学习教育等活动;下基层社区看望慰问老党员,结对帮扶解决他们的困难,并主动争取为社区引进项目资金,帮助扩大社区居民就业和提高收入。

三是服务企业发展。2016年以来,局党组成员加大赴企业调研的力度,对部分新产业"四上"企业和市重点大型企业进行分工跟踪,平均每月赴企业调研10次以上。党组书记杨新洪在赴松日数码调研时得知,该企业价值2000多万元的关键设备被盗,对企业生产经营活动造成了重大影响。随后,他多次向有关方面和市委领导反映情况,建言加大侦破力度、有效服务企业急需。此事得到市委、市政府主要领导高度重视并亲自督办。最终该案成功告破,给企业发展生产提振了信心、

鼓舞了干劲，让企业更加重视和支持统计工作。

四是服务干部成长。针对普查中心、数管中心长期存在的超职数配备干部和人员积压问题，以及直属事业单位奖励性绩效奖金分配方式争议等历史遗留问题，通过增设内设机构、优化岗位设置、人员竞聘上岗和规范调整事业单位奖励性绩效奖金分配方案等措施，得以圆满解决，从而打通了事业单位干部的发展通道，激发了干部工作积极性。

（三）促创新、提质量，打造"创新型"党组织

创新是一个民族进步的灵魂，是科学发展的不竭动力，也是一个组织永葆生机活力的源泉。深圳市统计局不断创新，以"台账主题活动树"为突破，推动党建和业务双融合，促进深圳统计工作不断上新水平。

一是创新党建理念。在党支部开展"台账主题活动树"探索，以党建为"主干"、业务为"枝干"，交融并进，有机结合，如实记录工作进展，构建统计业务与党建工作相融合的"台账"工作法，真正形成"一张皮"。目前，已逐步明晰"党建台账"建设标准和覆盖范围，为发挥党组织战斗堡垒和党员先锋模范作用打下了坚实基础。

二是创新管理机制。成立统计专业（咨询）委员会，在扁平化管理、内部资源整合共享方面展开积极探索，大大缩短了办事流程，提高了办事效率。强化岗位责任制，将责任到人落到实处。改革完善全局年度考核办法和内部绩效考核机制，尽量淡化部门平衡和身份层级，注重突出干部工作实绩。成功与国家统计局建立干部挂职锻炼工作机制，选派优秀统计干部到国家统计局挂职，成功推荐干部到统计系统外任职交流，选派干部到基层挂职锻炼，等等。

三是创新业务模式。2016年，在市委、市政府主要领导同志的具体推动下，深圳统计改革创新成果取得国家统计局高度重视，在先后获得房屋租赁、研发支出、服务业生产指数、"三新"和新经济统计、未观测金融等全国唯一统计改革创新试点批文基础上，更是获得了"一揽子"试点批复。国家统计局印发《关于同意深圳开展统计改革创新试点的批复》，将"五大发展理念"统计评价指标体系、基本单位方法制度改革、500万元以下固定资产投资抽样调查、地方资产负债表编制并入其间，期待深圳取得可推广、可复制的改革创新成果。国家统计局局长宁吉喆高度肯定深圳统计改革创新成果，认可"深圳做法""深圳经验"为国家统计方法制度创新探索提供的鲜活有益借鉴，特许深圳改革创新试点不封口，不断有任务。

目前,"深圳经验""深圳做法"正被更广泛地借鉴和应用。国家统计局已将《国民经济行业分类》修订时限由10年一次下调至5年一次,以更好适应当前经济发展实际。"三新"和新经济统计、研发支出计入GDP、深圳市五大发展理念统计评价指标体系等研究成果获许纳入国家统计方法制度改革创新框架,并以《要情专报》形式上呈国家领导层;500万元以下固定资产投资和"未能观测金融"统计调查结果,成为国家领导层决策重要参考;深圳已有部分增加值获许纳入GDP,国家统计局特许深圳在发布原有GDP同时另外公布一个纳入研发支出数据后的GDP。深圳市统计局多次受邀参加国家统计局重要会议,推介改革创新经验。

参考文献

一 中文文献

[1] 钞小静、任保平：《中国经济增长质量的时序变化与地区差异分析》，《经济研究》2011 年第 4 期。

[2] 陈梦根：《2008SNA 实施与国家统计发展战略》，《统计研究》2012 年第 3 期。

[3] 陈新、王科欣：《世界各国科技研发投入的分析与思考——科技研发投入分析之一》，《广东统计报告》2014 年第 9 期。

[4] 戴亦一：《社会资本存量估算中永续盘存法的应用研究——基于社会资本估算的国民核算视角》，《厦门大学学报》2009 年第 2 期。

[5] 董雪兵、王争：《R&D 风险、创新环境与软件最优专利期限研究》，《经济研究》2007 年第 9 期。

[6] 高敏雪：《美国国民核算体系及其卫星账户应用》，经济科学出版社 2001 年版。

[7] 宫彤：《工业生产指数问题解答》，《中国统计》1997 年第 1 期。

[8] 广东省统计局课题组：《广东经济增长质量和效益研究》，《统计与预测》2014 年第 4 期。

[9] 国家统计局国际统计信息中心、统计设计管理司课题组：《国外工业生产指数定义和计算方法简介》，2001 年。

[10] 何平、陈丹丹：《R&D 支出资本化可行性研究》，《统计研究》2014 年第 3 期。

[11] 核算司 GDP 生产核算处：《将研发支出纳入 GDP 核算的思考》，《中国统计》2014 年第 2 期。

[12] 姜旭朝、丁昌锋：《民间金融理论分析：范畴、比较与制度变迁》，《金融研

究》2004 年第 8 期。

[13] 经济合作与发展组织：《弗拉斯卡蒂手册 研究与试验发展调查实施标准》第 6 版，上海科学技术文献出版社 2010 年版。

[14] [苏] 卡马耶夫：《经济增长的速度和质量》，陈华山、左东官等译，湖北人民出版社 1983 年版。

[15] 李建军：《基于货币吸收分析与 GDP 修正数据的未观测货币规模估算：1978—2005》，《财贸经济》2006 年第 6 期。

[16] 李建军：《中国"未观测金融"指标体系的设计与测估》，《数量经济技术经济研究》2010 年第 5 期。

[17] 李建军：《中国未观测货币金融状况指数与经济景气指数——理论设计与内在关系的实证研究》，《财贸经济》2008 年第 7 期。

[18] 李剑：《研发效率、技术外溢与社会收益率度量》，《山西财经大学学报》2011 年第 7 期。

[19] 李金昌、徐蔼婷：《未被观测经济估算方法新探》，《统计研究》2005 年第 11 期。

[20] 李娟伟、任保平：《重庆市经济增长质量评价与分析》，《重庆大学学报》（社会科学版）2014 年第 3 期。

[21] 李小平：《自主 R&D、技术引进和生产率增长》，《数量经济技术经济研究》2007 年第 7 期。

[22] 李永友：《基于江苏个案的经济发展质量实证研究》，《中国工业经济》2008 年第 6 期。

[23] 联合国等：《2008 国民账户体系》，中国国家统计局国民经济核算司、中国人民大学国民经济核算研究所译，中国统计出版社 2012 年版。

[24] 刘丽杰：《工业生产指数（IIP）国际动态研究——基于中国工业发展速度的对比分析》，辽宁东北财经大学 2011 年版。

[25] 刘亮、于新华：《生产指数的几个理论问题》，《中国统计》1996 年第 12 期。

[26] 刘树成：《论又好又快发展》，《经济研究》2007 年第 6 期。

[27] 柳剑平、程时雄：《中国 R&D 投入对生产率增长的技术溢出效应》，《数量经济技术经济研究》2011 年第 11 期。

[28] 孟凡鹏：《我国制造业 R&D 资本折旧率估计研究》，浙江工商大学 2012 年版。

[29] 倪红福、张士运、谢慧颖：《资本化 R&D 支出及其对 GDP 和经济增长的影响分析》，《统计研究》2014 年第 3 期。

[30] 邱东、曾宪报：《权数的起源与发展》，《中国统计》1997 年第 12 期。

[31] 任碧云、高之岩、张彤进：《未观测金融对货币供应量的影响分析》，《北京工商大学学报》（社会科学版）2013 年第 2 期。

[32] "SNA 的修订与中国国民经济核算体系改革"课题组：《SNA 关于生产资产的修订及对中国国民经济核算影响的研究》，《统计研究》2012 年第 12 期。

[33] 孙慧钧：《关于权数与赋权方法分类的探讨》，《东北财经大学学报》2009 年第 4 期。

[34] 孙继芳：《谈一谈对权数的认识》，《呼伦贝尔学院学报》2001 年第 3 期。

[35] 唐杰、孟亚强：《效率改善、经济发展和地区差异》，《数量经济技术经济》2008 年第 3 期。

[36] 田光宁：《未观测金融与货币均衡研究》，中国金融出版社 2008 年版。

[37] 王积业：《关于提高经济增长质量的宏观思考》，《宏观经济研究》2000 年第 1 期。

[38] 王科欣、陈新：《广东 R&D 投入情况分析——科技研发投入分析之二》，《广东统计报告》2014 年第 9 期。

[39] 王孟欣：《美国 R&D 资本存量测算及对我国的启示》，《统计研究》2011 年第 6 期。

[40] 王孟欣：《我国区域 R&D 资本存量的测算》，《江苏大学学报》（社会科学版）2011 年第 1 期。

[41] 魏和清：《SNA2008 关于 R&D 核算变革带来的影响及面临的问题》，《统计研究》2012 年第 11 期。

[42] 吴延兵：《R&D 存量、知识函数与生产效率》，《经济学（季刊）》2006 年第 7 期。

[43] 向蓉美、叶樊妮：《永续盘存法核算资本存量的两种途径及其比较》，《统计与信息论坛》2011 年第 3 期。

[44] 徐蔼婷、李金昌：《中国未被观测经济规模——基于 MIMIC 模型和经济普查数据的新发现》，《统计研究》2007 年第 9 期。

[45] 徐蔼婷：《未被观测经济规模估算：收支差异法的适用性与创新性研究》，《统计研究》2008 年第 12 期。

[46] 许宪春:《关于我国国民经济核算体系的修订》,《全球化》2014 年第 1 期。

[47] 许宪春:《国际标准的修订与中国国民经济核算体系改革研究》,北京大学出版社 2014 年版。

[48] 杨林涛、韩兆洲、王科欣:《SNA2008 下 R&D 支出纳入 GDP 的估计与影响研究》,《统计研究》2015 年第 11 期。

[49] 杨林涛、韩兆洲、王昭颖:《多视角下 RD 资本化测算方法比较与应用》,《数量经济技术经济研究》2015 年第 12 期。

[50] 杨林涛:《一种可供选择的产业集聚测度新方法——来自已有测度方法比较的启示》,《上海经济研究》2014 年第 4 期。

[51] 杨绪忠:《从权数的形式分类谈权数》,《江苏统计应用研究》2003 年第 4 期。

[52] 杨仲山:《SNA 的历史:历次版本和修订过程》,《财经问题研究》2008 年第 12 期。

[53] 易昌良:《2015 中国发展指数报告——"创新 协调 绿色 开放 共享"新理念、新发展》,经济科学出版社 2016 年版。

[54] 袁卫、赵路、钟卫等:《中国 R&D 理论、方法及应用研究》,中国人民大学出版社 2009 年版。

[55] 张芳:《研发支出在会计核算与国民经济核算中的比较研究》,《财会研究》2011 年第 2 期。

[56] 张军、吴桂英、张吉鹏:《中国省际物质资本存量估算:1952—2000》,《经济研究》2004 年第 10 期。

[57] 张军、章元:《对中国资本存量 K 的再估计》,《经济研究》2003 年第 7 期。

[58] 张军超、杨文宇:《北上广深经济增长质量测度和分析》,《工业技术经济》2016 年第 3 期。

[59] 张茉楠:《顺应全球新趋势 全面改革中国国民核算体系》,《金融与经济》2014 年第 9 期。

[60] 郑学工、董森:《关于编制生产指数的初步研究》,《调研世界》2011 年第 8 期。

[61] 中国人民大学国民经济核算研究所、国家统计局国民经济核算司:《服务业生产指数编制手册》,2008 年。

[62] 朱发仓:《工业 R&D 价格指数估计研究》,《商业经济与管理》2014 年第 1 期。

二 英文文献

[1] Barro, Robert, J., "Quantity and Quality of Economic Growth", *Working Papers of Central Bank of Chile*, Central Bank of Chile, 2002.

[2] Bosworth, D. and M. Rogers, "Market Value, R&D and Intellectual Property: An Empirical Analysis of Large Australian Firms", *The Economic Record*, No. 77, 2001.

[3] Chan, L. K. C., J. Lakonishok, and T. Sougiannis, "The Stock Market Valuation of Research and Development Expenditures", *Journal of Finance*, No. 56, 2001.

[4] Chow, G. C., "Capital Formation and Economic Growth in China", *Quarterly Journal of Economics*, Vol. 114, 1993.

[5] Ekeland, L., J. J. Heckman, and L. P. Nesheim, "Identification and Estimation of Hedonic Models", *NBER Working Paper NO. 9910*, No. 8, 2013.

[6] Fraumeni, Barbara, M., and Sumiye Okubo, "R&D in the National Accounts: A First Look at Its Effect on GDP", *Measuring Catiital in the New Economy*, 2005.

[7] Goto Akira, Kazuyuki Suzuki, R&D Capital, "Rate of Return on R&D Investment and Spillover of R&D in Japanese Manufacturing Industries", *Review of Economics and Statistics*, Vol. 71, No. 4, 1989.

[8] Griliches, Zvi., Lichtenbegr Frank, "Interindustry Technology Flows and Productivity Growth: A Reexamination", *Review of Economics Statistics*, Vol. 66, No. 2, 1984.

[9] Griliches, Zvi., "Productivity R&D and Basic Research at the Firm Level in the 1970s'", *American Economic Review*, Vol. 76, No. 6, 1980.

[10] Griliches, Zvi., *R&D and Productivity*, Chicago: University of Chicago Press, 1998.

[11] Griliches, Zvi., "R&D and the Productivity Slowdown", *American Economic Review*, Vol. 70, No. 2, 1980.

[12] Griliches, Z., "Research Costs and Social Returns: Hybrid Corn and Related Innovations", *Journal of Political Economy*, No. 5, 1958.

[13] Griliches, Z., *R&D, Education and Productivity: A Retrospective*, Cambridge,

MA: Harvard University Press.

[14] Hall, B. H., and R. Oriani, "Does the Market Value R&D Investment by European Firms? Evidence from a Panel of Manufacturing Firms in France, Germany, and Italy", *International Journal of Industrial Organization*, No. 24, 2006.

[15] Jennifer Lee, Andrew G. Schmidt, "Research and Development Satellite Account Update Estimates for 1959 – 2007", *Survey of Current Business*, Vol. 90, No. 12, 2010.

[16] Mansfield, E., "Rates of Return from Industrial R&D", *American Economic Review*, No. 55, 1965.

[17] Marissa et al., "Measuring R&D in the National Economic Accounting System", *Survey of Current Business*, No. 11, 2014.

[18] Mcculla, S., A. Holdren, S. Smith, "Improved Estimates of the National Income and Product Accounts: Results of the 2013 Comprehensive Revision", *Survey of Current Business*, No. 9, 2013.

[19] OECD Publication, *Compilation Manual for an Index of Services Production*, 2007.

[20] OECD, *Experience of OECD Countries in Implementing the SNA* 2008, 7th Meeting of the Advisory Expert Groupon National Accounts, New York, 2012.

[21] OECD, *Frascati Manual: Proposed Standard Practice for Surveys on Research and Experimental Development (6th Edition)*, Paris: OECD Publishing, 2002.

[22] OECD, *Handbook on Deriving Capital Measures of Intellectual Property Products*, Paris: OECD Publishing, 2010.

[23] Pakes Ariel, Schankerman Mark, "The Rate of Obsolescence of Knowledge, Research Gestation Lags, and the Private Rate of Return to Research Resources", *NBER Working Paper*, Vol. 346, 1979.

[24] Perkins, D. H., "Reforming China's Economic System", *Journal of Economic Literature*, Vol. 26, No. 2, 1998.

[25] Young, Alwyn, "Gold into Base Metals: Productivity Growth in the People's Republic of China during the Reform Period", *NBER Working Paper Series*, Vol. 7856, 2000.

跨入2017"金鸡报福":
怎么大风越狠,你心会越静

——厚爱2016籴充十,郭同欣赋于深圳统计"9+n"改革创新的历史性所得

这座城市里
统计人
踏着力气,踩着梦想
如一丝飘尘
一直随大风方向而去
却总有着坚定
与不停的勇气
书写每日
不一样

1/
2016
对深统计
而言
负重行走
籴充十
正如猴年一样
跃升挑战新高度
受命
五大发展理念

变为统计符号
却引发
一场墙内开花墙外香
获得"一目了然"之称
如今
直通北海
北院,改革一红果。

2/
R&D
在顶层上
试点试算
有了新成果
七位顶级专家
画像
除了统计还经济
得出
结论与建议
纷纷扬扬
值得2017

科学度量 One

重视
求实一种方法
总量、折率
锁定,改革二青果。

3/
新经济
从海里来
深圳拔个头春得
路遥知马力
急风吹劲草
一年下来
"三新"变"多新"
新产业、新业态、新商业模式
升级、供给侧、质量效益
动能转换、速度换挡
步入新常态
无为有为
京来批报"开阔眼界"
经济份额
新半,改革三鲜果。

4/
鹏城
流淌着
外来人口
房屋租赁增加值
低估漏计
多诟病
房地产业重

却名臭
可是,你我又如此
不能自持离开
宛如生活中
咸带鱼,虽咸却要
依存与笑纳
说不出口
暗续,改革四涩果。

5/
要数据
先入库,曾几何
多少质疑
多少张嘴游说
急行访问
换来
慢慢化解
奈何深圳这片
经济沃土
新新新,长长长
多新快长
来不及
才在月头相恋
却可月落洞房
改新
动态按季入库
新 1 号批示
金鸡报福
总有时
好效,改革五坚果。

6/
500万
以下
固定资产投资,抽样调查
一个月
看似面广量大
可更多是不解风情
唯是两个人间故事
却能获得中国统计
点赞
决心大、行动快、已见效
"向同志们和杨局长致敬"!
原话
原汁原味
以下占比以上
12.2%,宝贵的结论
决策,改革六熟果。

7/
资产
负债编算
乃核算GDP
五张重表之一
亦然,难之难
可这个
除了指门认路之人外
却为
一个人的安静世界
敬业,探索
职业,坚守
换来求变求新

突破,哪怕那么一点点
竖V,改革七稀果。

8/
经济
短板服务业
而GDP核算短板
依在服务业
门类众多
渐次剥离,未能吻合
我说
只找缘起有因
便是功
失败乃成功之母
为此
在生产性指数编算上
一直这样走过
国内外,美国英国
寻求再寻求
视野,改革八瓜果。

9/
九九
归来,终秘密
从地下经济
到SNA
未观测金融
好听又中听
一次次呼唤这个名儿
每次改革创新
都离不开

科学度量 One

统计专业(咨询)委员会
而这次用的次数
最多最密最难
难亦美
一路下来
调整、纠偏、突破
向前
45%—50%未观到
在新兴电子与传统黄金服装业
金融活动增加值
获得过程
如中统中情之旅
神秘,改革之九异果。

——每天一起新

我不留恋这个头衔,因为要让贤
我珍惜这个平台,因为如此有爱
我希望这个时光,因为春天期待
我常常洞开大脑,因为面对不简单
我恪守职责、忠于体制,却要脚踏实地、
顶天立地,因为无法自辩自救。

尽管如此,世界依然。
我一直会这样:大地为床,天空为被,随
风而去。

统计虐我千百遍,我待统计如初恋。

走近分享中国统计改革落地深圳，与有荣焉（代后记）

笔耕之余，掩卷静思，细心观省"9+n"中国统计改革落地深圳。尽管这是基层统计改革创新一个小局里跨出的一小步，却蕴藏着全国统计革故鼎新态势大局上的一大步。从这里描述出由两个365天日日夜夜所铸造出的深圳统计改革迈步创新轨迹，无不同变革精神相通达，与求新务实融一体。

多少年头风雨中，改革一直是深圳的根，创新乃为深圳之魂，置身这一方园的深圳统计也不例外，义无反顾，顺势选项，改革再改革，创新再创新，方为正路。

曾几何时，深统计已悄然成为中国统计改革创新的代名词，成为中国统计改革创新的先试田，成为探索统计改革创新的尖兵。而这一切全面、可喜的变化，均发生在近两年。它既源于深圳天然改革土壤的厚植，也承蒙中国统计顶层的厚爱，还有深圳一线统计专业"操盘手"的不懈精进与付出。

当中国统计改革按宁吉喆局长指示以"9+n"落地深圳，并以上不封顶落在深圳统计人行动跟前时，立即吹响深圳统计人改革创新的号令，让不畏困难、奋发向上的统计人迸发出前所未有的力量，夜以继日，锐意进取，脚踏实地，求新求变，努力探索，深化改革新路径。

这里让我想起深圳统计改革创新背后的许多人。

尤为在中华人民共和国统计局国徽大印下达深圳局落实九项中国统计改革任务后，深圳统计的领头羊、引领者杨新洪博士以其专业职业独特的视角视野，亦政亦军般以西点军校22条军规和统计专业（咨询）委员会平台机制与大家一路勤勉挑灯夜战，只争朝夕把握时机，顺势而为迎难不难，创新思维负重拼搏，讲究方法攻坚克难，有效地破解一个又一个改革堡垒，获益匪浅，且极具存在感。

这当中的每个人，都值得我们深深向他（她）致以崇高敬意，每个人直接或间接关联者皆与有荣焉。

科学度量 One

这里不分排名顺序,有吉喆、兴瑞、许勤、伟中、祖德、晓超、来运、如桂、学峰、陈彪等领导的鼓励与指示要求;有班子成员卫东、军徽的加勉与支持;有老领导或老同事唐杰、邓广、必祥、昌斌的厚爱;有各处、室、中心与相关部门负责人建平、俊文、冯春、陈中、文韵、沈宜、有亮、志林、庆军、秋兰、居理、李杨与赵蓉、继军、琼辉、达军、跃华等诸位仁兄一起营造的改革创新环境支撑;更有统计团队中绮玲、素芳、博巍、轩国、玉梅、黄熙、袁珣、庚轩、树生、珊珊、赵森、周丽、苑飞、志峰、大伟、晓辉、梁佳、侯锋、力勋、梁焱、朱越、邓琼、张玮、莹莹、赵莉、高璐、秋芳、利文、宇燕、志辉、春华、雪飞、其芳、俊宏、剑辉、高翔、刘平、春如、燕萍、林茹、水金、吴冰、娅莉、诗琴、莫蓉、桂勋、王琪、陶霜、唐迎、艳春、杨芳、叶斌、周岚、冬梅、洁莹、李劼、叶静、何娟、宋力、好意等统计专员和非专员及离退休统计人员的参与奉献,尚有子林、礼义、兆州、万达等高级专家与宇劼、永宪、科欣、林清等高级专业人工的鼎力支持,还有未能一一点到与挂一漏万的朝夕相处的统计同仁,他们都深刻地常驻在罙充十心中,是深圳统计人的骨肉至亲,伴随见证了中国统计落地深圳的"9+n"改革创新这一历史时刻。在那不经意的瞬间,挽着手一起向好走强,这份情结无疑在深圳市民中心B区的红塔楼中留下深刻而美好的记忆。

那些一直勤奋在我身边工作,既获得耳濡目染又常常一起共渡难关的腾芳、雪涛、彦祺、军超、喆雯、朝霞、立红、邹皓、海宁、姚辉、建洪等诸君亦参与其中,他们也一直是一群名叫"付出了辛苦却带不走能力"的鲜活年轻人,极具实力,无愧为环简高效的坚定执行者与心灵感应者。

在西城月坛南街月儿高挂的深夜,一个人独处独守的时光中,我扪心自问,惊喜于中国统计的首长给深圳这座充满活力的计划单列市,及时架设一个改革创新计划单列管道,让深圳统计改革创新在短短的时间内爆发出巨大的原动力。这有着十年磨一剑的蕴藏与等待,是一次厚积薄发的集中律动,我会永远记住并特别感谢中国统计顶层对深圳统计改革创新的主导者与各专业司管理层给予的温暖厚爱和鼎力支持。

随着改革时序的推开,中国统计改革在深圳的试行试点,均无不是在宁吉喆局长、鲜祖德副局长等国家统计局专家领导的高度重视与热忱指引下,有序地落在深圳先行先试。这一串"抓铁有痕、踏足留迹"的改革脚步,在深圳统计的方阵上一直充满着速度与激情。深圳统计在实现这一蜕变中所呈现出的硕果多彩纷呈。比如,短评快的改革项目成果,当即被中国统计首长点赞为"行动快、决心大、已见效";一些几年磨一剑的创新项目成果报告,被首长批示很耐读,试点研究相当深入,统计方法

走近分享中国统计改革落地深圳,与有荣焉(代后记)

制度改革要提倡这种精神;有些对改革创新共性问题的建议和想法,首长则画龙点睛批示相关专业方面予以重视吸纳并研复。

当下,改革创新给深圳统计带来无尽的红利与鞭策,正如改革任务上不封顶一样,源源不断地、不被封口地涓涓而出,汇聚在潺潺改革创新溪流上。值得一提的是,2017年5月17日上午10点,我在国家统计局设计管理司程子林司长办公室交流业务时,子林司长当着我及综合处处长栗瑞梅与高婷同志的面说:"宁局长对你们房屋租赁业统计调查核算研究成果的报告做了批示,评价很高,向您表示祝贺!我要求各处都要学习你们扎实的工作作风。"说此番话时,他那发自内心的欣喜之情溢于言表,当然这里还有我作为挂任设管司副司长,也是他的业务管理协调协助者的因子。末了,他进一步说,这些改革创新成果应作为原创设计编辑出版,还可作为设管司"两学一做"学以致用的教材。

所以,此时此刻,我要大声地呼唤,"9+n"项中国统计改革落地深圳,其执行过程艰辛磨人,但结果却甘甜实诚,既一以贯之体现求实主体方法,又缜密秉承实证主义要求,追逐求实坐实真实,求变求新去伪存真,内涵丰富,意义非凡。在这个过程中,所有里者见者为者,早已拧成一股厚力之绳,携手行走,共担风雨剥蚀,分享与有荣焉。

一切一切的祝福,温暖地融入心坎。

杨新洪
2017年5月17日于北京